D1526528

HISTORIA MÍNIMA DE LA
EXPANSIÓN FERROVIARIA
EN AMÉRICA LATINA

HISTORIA MÍNIMA DE LA EXPANSIÓN FERROVIARIA EN AMÉRICA LATINA

Sandra Kuntz Ficker
coordinadora

EL COLEGIO DE MÉXICO

385.09809034
H67326
      Historia mínima de la expansión ferroviaria en América Latina /
      Sandra Kuntz Ficker, coordinadora -- 1ª ed. -- México, D.F. : El
      Colegio de México, 2015.
      361 p. ; 21 cm -- (Colección Historias mínimas ; v. 26)

      ISBN 978-607-462-844-9

      1. Ferrocarriles -- América Latina -- Historia -- Siglo XIX.
      2. Ferrocarriles -- América Latina -- Historia -- Siglo XX. 3. Ferro-
      carriles -- Aspectos económicos -- América Latina -- Historia --
      Siglo XIX. 4. Ferrocarriles -- Aspectos económicos -- América La-
      tina -- Historia -- Siglo XX. I. Kuntz Ficker, Sandra, coord. II. ser.

Primera edición, 2015

DR © EL COLEGIO DE MÉXICO, A.C.
      Camino al Ajusco 20
      Pedregal de Santa Teresa
      10740 México, D.F.
      www.colmex.mx

ISBN 978-607-462-844-9

Impreso en México

ÍNDICE

LA EXPERIENCIA FERROVIARIA
EN AMÉRICA LATINA: UNA INTRODUCCIÓN

Sandra Kuntz Ficker

Desde la invención de la rueda hace más de 5 000 años, en el transporte terrestre se hicieron pocas innovaciones a lo largo de la historia. Durante siglos, el único medio disponible para el traslado de bienes y personas por tierra fue el de carros tirados por animales —si no consideramos la posibilidad de montar directamente sobre animales, por supuesto—. De ahí que se pueda decir sin temor a exagerar que el tren jalado por una locomotora de vapor, utilizado por primera vez en 1825, fue la más importante innovación en la historia del transporte terrestre hasta la aplicación del motor de combustión interna al automóvil a finales del siglo XIX. Todavía pasaron varias décadas antes de que los vehículos automotores empezaran a competir con los ferrocarriles, puesto que para ello era necesario que se tendieran caminos pavimentados en los cuales pudieran transitar. Mientras esto ocurrió, los ferrocarriles fueron el principal vehículo terrestre moderno para el movimiento de bienes y personas. Al reducir drásticamente los costos del transporte, intensificaron el flujo de mercancías entre comarcas distantes y aumentaron la movilidad de la población; acortaron distancias e integraron mercados y territorios. Todo ello ha hecho que el periodo centenario que arranca en el tercer decenio del siglo XIX sea considerado por muchos como la *era del ferrocarril*.

Desde sus orígenes en Inglaterra, el transporte ferroviario se expandió rápidamente por Europa y Estados Unidos, donde en

1840 existían ya 3 000 km de vía construida, mismos que se habían multiplicado por 10 para 1860. En ese país el sistema de canales proporcionaba un medio alternativo muy económico para muchas rutas del interior, pero las vías férreas tenían las ventajas de que se podían tender en cualquier lugar y estar disponibles en forma ininterrumpida a lo largo del año. De acuerdo con Rodrigue, Comtois y Slack, el costo del transporte se redujo en 95% entre 1815 y 1860 gracias a la existencia del ferrocarril. En Estados Unidos, la madurez del sistema se alcanzó probablemente entre 1869 y 1883, lapso en que se concluyeron las cuatro rutas transcontinentales (entre el Atlántico y el Pacífico) que habrían de atravesar su extenso territorio.

En América Latina, esta innovación en el transporte tocó por primera vez en Cuba, con el tendido de una vía férrea de 28 km desde La Habana hasta Bejucal. La línea se terminó en 1837, cuando la isla era aún colonia española, 12 años antes de que el ferrocarril apareciera en España. Aunque en 1836 se otorgó una concesión para construir ferrocarriles en México, el proyecto quedó trunco durante varios decenios. Si se excluyen las colonias británicas (en Jamaica y la Guyana Británica se colocaron las primeras líneas en el decenio de 1840), habrían de transcurrir casi quince años antes de que el resto de Latinoamérica conociera el transporte ferroviario. Ello ocurrió en 1851, cuando comenzó a operar el ferrocarril Lima-Callao en Perú y se concluyó la primera línea férrea en Chile, con 80 km de extensión. En el mismo decenio se inauguró la comunicación ferroviaria en Brasil (1854), Panamá (1855) y Argentina (1857). Para el decenio de 1870 operaban las primeras líneas de México, Colombia y Uruguay. Si se considera el diverso ritmo de avance de un lugar a otro, puede estimarse que en América Latina el sistema ferroviario alcanzó una etapa de madurez hacia principios del siglo XX, aunque el distinto alcance de la expansión ferroviaria en cada país obligue a matizar el significado de esta noción.

Aun cuando el tema de los ferrocarriles ha sido objeto de estudios monográficos en casi todas las naciones latinoamericanas, hasta la fecha se han publicado pocos trabajos que adopten una perspectiva histórica y cuya cobertura geográfica rebase el horizonte nacional, ya no digamos que abarque la región en su conjunto. Es por ello digno de mención el trabajo coordinado por Jesús Sánz sobre los ferrocarriles en Iberoamérica, publicado en 1998, un esfuerzo loable que incluyó no sólo un conjunto de monografías sino una recopilación de datos estadísticos de gran utilidad. En los últimos lustros sólo podemos añadir a esa obra pionera los artículos de Alfonso Herranz, que con propósitos comparativos han incluido varios países de América Latina en pos de objetivos analíticos muy específicos.

El propósito de este libro es ofrecer un acercamiento al estudio de los ferrocarriles en América Latina delimitado por tres criterios básicos. En primer lugar, en vez de intentar una síntesis que abarque apretadamente todos los países de América Latina, hemos optado por profundizar en el análisis de ocho casos representativos de distintas zonas geográficas, cada uno a cargo de un especialista del país en cuestión. México (escrito por la autora de estas líneas), las Antillas hispanas (Oscar Zanetti) y Colombia (Juan Santiago Correa) en el centro-norte del continente; Brasil (Maria Lúcia Lamounier) y Perú (Luis Felipe Zegarra) en el área central de Sudamérica, y Uruguay (Gastón Díaz), Argentina (Andrés Regalsky y Elena Salerno) y Chile (Guillermo Guajardo) en el extremo sur. El principal sacrificio de esta selección son los países centroamericanos, así como los casos de Bolivia, Venezuela, Ecuador y Paraguay en Sudamérica. No obstante, la selección abarca 95% de lo que fue la red ferroviaria de América Latina y el Caribe en 1912, y un porcentaje aún mayor en el que podría considerarse el momento culminante de la expansión a fines del decenio de 1920. Los casos elegidos ilustran también experiencias diversas en términos del ritmo de construcción, las políticas de fomento, el origen y las formas de propiedad, el trazado de las líneas y su relación con otros medios de transporte, así como los efectos del ferrocarril. De ahí que su estudio permita ilustrar los diversos "modelos" de desarrollo ferroviario adoptados en la región y los distintos matices en la contribución económica de este medio de transporte en el conjunto latinoamericano.

En segundo lugar, en vez de escribir una historia general de los ferrocarriles, hemos optado por concentrar nuestra atención en lo que denominamos "*la era de la expansión ferroviaria*". Empleamos esta designación para referirnos al periodo en el cual la construcción de vías férreas se produjo con mayor intensidad, que en términos generales coincidió con los años en que los ferrocarriles gozaron de un virtual monopolio del transporte terrestre moderno y tuvieron por ello un mayor efecto en las áreas afectadas por su paso. En todos los casos analizados esta "era dorada" de los ferrocarriles llegó a su fin en algún punto durante la primera mitad del siglo XX, y generalmente antes de la depresión de los años treinta. A diferencia de lo que sucedió en otras latitudes, el declive que se experimentó entonces no se revirtió posteriormente, lo que significó la marginación del transporte ferroviario de la vida económica y social de esta región. De conformidad con este criterio, todos los capítulos dedican la parte medular del análisis a la era de la expansión en la historia ferroviaria de su país. No obstante, el periodo posterior, desde que empieza el declive hasta la reciente experiencia de la privatización de los sistemas ferroviarios y la situación actual, se aborda también brevemente en el epílogo con que se cierra cada uno de los capítulos. El resultado es una visión de conjunto de la historia de los ferrocarriles de cada país en la que se privilegia el estudio del periodo en el que aquéllos fueron más importantes para la vida nacional. Cabe aclarar que este criterio no significa que la cobertura temporal sea la misma en todos los capítulos del libro: como veremos en seguida, la fase expansiva de los ferrocarriles tuvo una duración diversa en los diferentes países, debido a que tanto el arranque de la construcción como el inicio del declive se produjeron en momentos distintos.

En tercer lugar, el enfoque que adoptamos para estudiar la era de la expansión ferroviaria es el de la historia económica. Esto significa concentrar el análisis en aspectos como las implicaciones económicas de la falta de medios de transporte y las consecuencias de su disponibilidad; las pautas de inversión y las formas y orígenes de la propiedad; los enlaces de los ferrocarriles con el resto de la actividad económica, así como el alcance de su contribución a la economía de cada país o región. Otras dimensiones de la historia ferroviaria, como la social, política o cultural, pueden ser mencionadas en forma incidental, pero básicamente quedan fuera de nuestro espectro analítico. El acercamiento que ofrecemos desde la historia económica tampoco es exhaustivo. Aunque en algunos capítulos se aborda el transporte de pasajeros, la atención se centra en el tráfico de carga, que en todos los países representó al menos dos terceras partes del negocio ferroviario y cuyos efectos en la economía son más claramente perceptibles y han sido más estudiados por la historiografía. Cuestiones relacionadas con la dinámica empresarial se tratan en forma somera, y el aspecto laboral no es materia de análisis por considerarse un objeto de estudio complejo que merece por sí mismo una indagación. Por cuanto el propósito es presentar una *historia mínima*, hemos procurado combinar el uso de una estructura analítica relativamente sencilla y un lenguaje llano con el propósito de ofrecer una visión rigurosa y actualizada acerca de este fenómeno. Por requerimientos editoriales, hemos omitido las referencias de pie de página, aunque ofrecemos una bibliografía básica por país y procuramos hacer mención de los autores de las ideas o propuestas interpretativas que se manejan en el cuerpo de cada uno de los trabajos.

LOS HILOS CONDUCTORES

Si bien los capítulos poseen rasgos particulares relacionados con las especificidades de cada caso y con el estilo propio de sus autores, hemos procurado establecer hilos conductores comunes a fin de imprimir cierta armonía en el conjunto y de construir argumentos que faciliten la comparación. En tal sentido, todos los textos se ocupan en alguna medida de los siguientes temas: *a)* el estado de los transportes antes de la llegada del ferrocarril; *b)* el proceso de expansión ferroviaria: su periodización, el origen de las inversiones y las características de la propiedad (pública/privada, nacional/extranjera), así como los costos y las políticas de fomento adoptadas por los gobiernos; *c)* las características del sistema ferroviario durante la era de la expansión: el trazado de la red, su funcionamiento, sus alcances y limitaciones; *d)* el impacto económico de los ferrocarriles: el cambio en los costos del transporte y sus consecuencias en la organización y la integración de la economía, las relaciones de los ferrocarriles con otras actividades económicas, los ahorros sociales. Como se mencionó, los capítulos concluyen con un epílogo en el que se narra la evolución del sistema ferroviario en lo que podría llamarse "la era del declive", es decir, desde el momento en que la era de la expansión llegó a su fin hasta la época actual. Las siguientes páginas toman elementos de estos capítulos para ofrecer algunas comparaciones, así como una visión de conjunto sobre los países estudiados.

El transporte antes del ferrocarril

Un rasgo común a todos los países latinoamericanos, y por supuesto a los que nos ocupan en este volumen, es la precaria situación del transporte terrestre antes de la llegada del ferrocarril. Muchas veces se trataba de caminos angostos que perpetuaban las antiguas rutas indígenas; otras, de carreteras habilitadas durante la Colonia que sin embargo habían sido desatendidas durante décadas tras la Independencia. Aun en países que invirtieron en la reparación de sus caminos, como Chile, los trabajos, además de costosos, resultaban lentos e imperfectos. En incontables zonas las condiciones naturales creaban grandes dificultades al tránsito, debido a una orografía abrupta o al paso de ríos —y la falta de puentes para cruzarlos—. En casi todos lados las carreteras existentes eran de uso estacional, puesto que en época de lluvias se volvían prácticamente intransitables. Incluso en Cuba, que por su condición insular y su forma alargada dependía un poco menos del transporte terrestre, el suelo arcilloso y la prolongada temporada de lluvias obstaculizaban el movimiento de bienes y personas desde el occidente hasta el puerto de La Habana.

En todos los casos estudiados, los principales medios de transporte disponibles eran los animales (caballos, llamas, mulas); en casi todos, las carretas jaladas por animales (caballos, mulas y más comúnmente bueyes) y, para el traslado de pasajeros, los carruajes o diligencias. Cada uno proporcionaba ventajas bajo ciertas condiciones, pero en conjunto ofrecían poca capacidad de carga, eran considerablemente lentos y de costo elevado. En Colombia, donde los caminos se superpusieron a las estrechas rutas indígenas, predominaron por esa misma razón las mulas y los cargadores humanos, pero ambos tenían una capacidad de carga muy reducida. En Perú casi no existían vías en las que pudieran transitar vehículos con ruedas, por lo que prevalecía el transporte a lomo de mula y llama. Cuando las condiciones lo permitían, se utilizaban carretas para el movimiento de productos regionales o manufacturas importadas, pues podían transportar mayores volúmenes aunque estuvieran constreñidas a ciertas rutas y temporadas del año.

En territorios extensos, como los de Brasil, Argentina y México, los traslados podían ser extremadamente prolongados. En

Argentina, como narran Regalsky y Salerno, las grandes distancias que separaban a las ciudades importantes se combinaban con la precariedad del sistema de transporte para hacer que el recorrido en carreta entre Buenos Aires y Mendoza (unos 1 000 km) tomara 50 días; 30 días hasta Córdoba, a 700 km de la capital. La velocidad de los traslados se duplicó con la introducción de carros de cuatro ruedas (en vez de carretas montadas sobre dos ruedas), cuyo uso implicaba, sin embargo, un costo mayor. Incluso en naciones pequeñas los recorridos podían ser excesivamente dilatados: en Uruguay, consumía 20 días trasladarse por carreta desde Montevideo a Artigas, una distancia de 600 km. En algunos casos, a los inconvenientes derivados de la distancia y las condiciones geográficas se sumaban los de origen social o institucional. Por ejemplo, en México el tráfico carretero estaba sujeto a peajes y a los costos y regulaciones que imponían las aduanas interiores y, al igual que en otros lugares, padecía el acecho de salteadores que infestaban los caminos.

Lo que creaba una gran diferencia entre los países del subcontinente en lo que respecta al tráfico interior era la disponibilidad o no de ríos navegables. Mientras que Argentina, Colombia, Brasil y Uruguay tenían rutas de navegación fluvial que sustituían o complementaban al transporte carretero, México, las Antillas y Perú carecían en gran medida de ellas, o por lo menos no las tenían en donde se les necesitaba, es decir, en las zonas más habitadas (como en Perú). Entre los países que disponían de comunicación fluvial había también grandes diferencias, pues mientras que algunos disfrutaban de ella en grandes extensiones del territorio o para conectar las zonas más pobladas, como Colombia y Brasil, otros se beneficiaban de ella sólo para unas cuantas poblaciones del litoral, como Argentina y Uruguay. La navegación fluvial tenía las ventajas del bajo costo, una mayor capacidad de carga y en la segunda mitad del siglo —y en algunos lugares— la introducción de la tecnología del vapor, pero estaba obviamente restringida por los itinerarios que marcaban el cauce de los ríos y sus fragmentos navegables.

Todas las naciones que se estudian aquí poseen zonas costeras que posibilitan el tráfico de cabotaje entre las poblaciones de los litorales. Aunque en principio éste no debe considerarse parte de la comunicación interior, en países relativamente pequeños y con una amplia franja costera, como Uruguay, estrechos y alargados, como Chile, o insulares, como las Antillas, aquél constituía un medio importante para la comunicación entre ciudades y asentamientos costeros en los que se concentraba una parte considerable de la población. Los alcances de esta clase de tráfico frecuentemente estaban limitados por la falta de instalaciones en los puertos y, entonces, por el menor tamaño y capacidad de carga de las embarcaciones que podían arribar a ellos. En países con grandes extensiones tierra adentro, el cabotaje no contribuía en medida significativa a resolver el problema de un transporte interior precario ni a superar la fragmentación territorial resultante, sobre todo si, como en el caso de México, la mayor parte de la población no habitaba en las costas, sino en la meseta central.

Las consecuencias de un sistema de transportes insuficiente y costoso abarcaban todos los ámbitos de la vida de un país, desde el político-administrativo hasta el militar, pasando por las dimensiones social y cultural. Entre sus implicaciones económicas cabe mencionar, por su importancia, la fragmentación de los mercados, que se traducía en una escasa densidad de los intercambios y en el carácter altamente discriminatorio de la canasta de productos transportables. Mientras que las mercancías de alto valor por unidad de volumen (como los metales preciosos o productos agrícolas como la vainilla y el café) podían tolerar los costos del traslado en estas condiciones, productos baratos como los que componían la canasta básica (maíz, frijol, papa) se veían constreñidos a consumirse localmente o a recorrer distancias muy breves, pues su bajo precio no soportaba el elevado costo del transporte. La falta de integración de los mercados desalentaba la especialización productiva y la producción en gran escala, al tiempo que impedía el aprovechamiento de las ventajas comparativas de cada región.

Ritmo y características del auge ferroviario

La aparición del nuevo medio de transporte terrestre despertó grandes expectativas en todo el mundo. Apenas 10 años después de la instalación en Inglaterra de las primeras vías sobre las que correría una locomotora movida por vapor, en México y Cuba se otorgaron concesiones para iniciar proyectos de este tipo. En México su realización se postergó durante 36 años, pero en Cuba se produjo de inmediato, lo que llevó a la inauguración de un ferrocarril tan temprano como en 1837. Como nos informa Oscar Zanetti, este acontecimiento hizo de la isla caribeña el séptimo país del mundo y el primero de América Latina en disponer de la gran innovación del siglo XIX. Transcurrieron casi tres lustros antes de que otros países de la región inauguraran un camino de hierro: en 1851, Perú abrió una ruta entre Lima y Callao, y Chile el primer tramo en la zona minera del norte. Pronto se sumaron, aunque en un principio con extensiones modestas, Brasil (1854) y Argentina (1857). Colombia tuvo una experiencia temprana con la construcción del Ferrocarril de Panamá entre 1850 y 1855, pero más bien tardía respecto al resto de los proyectos, que arrancaron apenas en el decenio de 1870. Uruguay y México deben considerarse como casos tardíos, aunque por razones distintas. Uruguay, por la simple razón de que la primera concesión se otorgó apenas en 1866, para una línea abierta en 1869, y México porque la construcción de la línea entre la capital y el puerto de Veracruz avanzó penosamente y con largas interrupciones a partir de 1837, abriendo a la operación algunos fragmentos antes de inaugurarse en 1873.

El hecho es que para 1870 Cuba encabezaba la lista de países latinoamericanos que disponían de vías férreas con 1 300 km construidos, seguido de lejos por Brasil (745) y Argentina (732). En este aspecto, sólo sería rebasada 10 años más tarde, cuando Brasil, Argentina y Perú exhibirían una extensión de más de 2 000 km (y Cuba de menos de 1 500), antes del salto espectacular que se produciría en los años ochenta y llevaría a Brasil, México y Argentina a rondar los 10 000 km de red.[1] Este resultado denotaba el inicio de la mayor fase expansiva en la historia de los ferrocarriles latinoamericanos, perceptible ya en los decenios de 1880 y 1890, pero que alcanzó su mayor intensidad entre 1890 y 1910. En este lapso de 20 años, se tendió un promedio de 3 759 km por año de vías férreas en América Latina. A partir de 1910 el crecimiento de las líneas procedió a un ritmo mucho menor (1 562 km por año, en promedio), y se volvió insignificante entre 1930 y 1950 (387 km anuales), revelando que la era de la expansión ferroviaria había llegado a su fin. Aunque la fase expansiva no se dio exactamente de la misma forma y en los mismos tiempos en cada uno de los países, la forma de campana de la gráfica 1 ilustra con claridad el ciclo referido.

En términos generales, el arranque del proyecto de expansión ferroviaria tuvo que ver con el logro de cierta estabilidad política y el ascenso de regímenes liberales —autoritarios o no— con ideas muy claras respecto a lo que se requería para impulsar la prosperidad nacional. Éstas incluían cambios en las reglas del juego orientadas a crear mejores condiciones para la inversión, una actitud de mayor apertura respecto al mundo exterior y el convencimiento de que el ferrocarril constituía una condición *sine qua non* para el adelanto económico. Ciertamente, la precocidad de Cuba en el ámbito ferroviario se explica por su temprana inserción en el mercado internacional como proveedora de

---

[1] Estos y otros datos que permiten comparar los distintos países pueden encontrarse en el apéndice de "Indicadores", al final del volumen.

Gráfica 1. Crecimiento promedio anual de los ferrocarriles, en ocho países latinoamericanos, 1890-1950

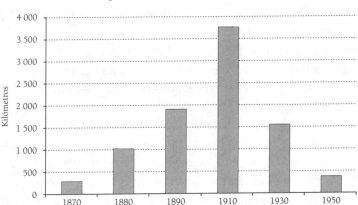

Fuente: véase apéndice de Indicadores al final del volumen.

azúcar, y condiciones similares impulsaron el tendido de las primeras líneas en Chile y Brasil. Pero en otros países de la región, desde Argentina y Perú hasta México, el primer impulso para la construcción de ferrocarriles tuvo lugar antes de que se produjera el auge exportador, como resultado del empeño modernizador de las élites liberales.

Lo que es más, incluso en aquellos países en los que el tendido de vías férreas respondió al estímulo de actividades exportadoras, las primeras líneas fueron el resultado de energías domésticas. En estos emprendimientos participaban propietarios y comerciantes nativos con el apoyo de los gobiernos nacionales (y en ocasiones provinciales), aunque en general sus logros fueron modestos. Cuba vuelve a ser una excepción en este último sentido, puesto que el éxito exportador le permitió conformar una red de dimensiones respetables que hasta 1880 había podido prescindir de la participación directa de capital extranjero, con la peculiaridad adicional de que casi dos terceras partes (14 000 de 20 000 km) de la red que llegó a ostentar estuvo compuesta por los llamados "ferrocarriles industriales", es decir, vías construidas por las compañías azucareras o mineras para su uso privado.

En Perú, varios empréstitos y el *boom* del guano impulsaron un auge de construcción por parte del Estado entre 1865 y 1875 (1 700 km en 10 años), que fue complementado por los recursos de hacendados que financiaban la construcción de líneas para conectar sus propiedades con las ciudades o los puertos. En México, tras el *impasse* que siguió a la terminación del Ferrocarril Mexicano en 1873, el gobierno federal otorgó concesiones y ofreció subsidios a los gobiernos estatales con miras a fomentar la conformación de una red férrea con recursos propios, con un logro extremadamente modesto (226 km construidos en cuatro años). Lo cierto es que estas realizaciones "autónomas" tenían un límite insalvable. Más temprano que tarde, la magnitud de la empresa ferroviaria y la brecha tecnológica que separaba a las economías latinoamericanas de esta innovación marcaron los alcances de estos esfuerzos pioneros con recursos nacionales.

La existencia de estos antecedentes permite enfocar la siguiente fase, más exitosa gracias al arribo del capital extranjero, bajo una óptica algo distinta. Es conocida la idea, por lo demás cierta, de que esa fase, iniciada en la década de 1880, se correspondió con el ciclo expansivo del mercado internacional de capitales y la búsqueda de alternativas de inversión que además sirvieran para vincular comercialmente a los países receptores con el mundo atlántico. Pero existe otra dimensión del proceso, menos destacada por la literatura, consistente en el hecho de que las élites políticas y empresariales locales tenían en la mira el mismo proyecto de modernización e inserción en la economía mundial y encontraron en el nuevo contexto internacional una oportunidad única para llevarlo a cabo. Vista de esta manera, la creciente participación de inversionistas extranjeros en las empresas ferroviarias latinoamericanas aparece menos como una imposición ajena a los intereses nacionales, y más como la oportunidad que las élites locales esperaban para dinamizar sus economías y encaminarse por la senda del progreso material.

En promedio, se tendieron 1 000 km anuales de vías férreas en América Latina durante el decenio de 1870. Ese ritmo casi se duplicó entre 1880 y 1890 y volvió a duplicarse entre 1890 y 1910. Durante estos 20 años se construyó un promedio anual de 3 800 km de ferrocarril en Latinoamérica, una cifra a todas luces notable que señala la fase de más intenso crecimiento de la red en la región. Entre 1910 y 1930 se produjo una desaceleración en la expansión de las líneas, con 1 500 km como promedio anual, antes de caer a menos de 400 km por año en los dos decenios siguientes. Respecto al *timing* de la expansión, se identifican dos patrones principales. La mayor parte de los países experimentó la fase de más intenso crecimiento antes de 1910, de manera que para ese año habían construido al menos dos terceras partes del sistema que llegarían a tener para 1930. Un grupo minoritario, formado por Colombia y Perú, vivió la etapa de mayor expansión entre 1910 y 1930, lapso en el cual se tendió entre 55 y 70% de las líneas disponibles en 1930.

Así, el ciclo expansivo de los ferrocarriles latinoamericanos se cerró en algún momento entre la primera Guerra Mundial y la crisis de 1929. Para los países con predominio de influencia británica, el año de 1914 marcó el fin de la etapa de crecimiento, por lo menos de aquella protagonizada por el capital extranjero. En Uruguay y Argentina simplemente se detuvo el tendido de líneas, aunque las empresas siguieron invirtiendo en la realización de mejoras y la incorporación de ciertas innovaciones, como la transición al uso de gasoil, la electrificación o la introducción de locomotoras diésel en ciertos tramos. En países de arranque tardío (como Colombia y Perú) o de predominio estadounidense en la propiedad de las empresas (como Cuba y Puerto Rico), la expansión continuó hasta 1929. De hecho, en Perú la tercera parte de la red fue construida entre 1910 y 1930, incluyendo dos importantes ferrocarriles eléctricos. En México, la guerra civil que estalló a fines de 1910 truncó prematuramente un proceso que quizá hubiera continuado por dos décadas más. Así lo sugiere el número de concesiones que en aquel año se encontraban vigentes y en vías de materializarse y que debieron ser suspendidas, algunas definitivamente, como consecuencia de la Revolución.

Público y privado, nacional y extranjero

El interés de los capitalistas extranjeros y de los gobiernos nacionales podía converger en el propósito general de construir ferrocarriles, pero no necesariamente en otros aspectos del proyecto modernizador. Mientras que aquéllos buscaban facilitar el aprovechamiento de los recursos naturales que ofrecían las áreas abiertas por el ferrocarril, éstos abrigaban un propósito más amplio de mejoramiento e integración material que sólo en parte se derivaría del logro de aquel objetivo. De ahí que en algunos casos el arribo de la inversión foránea no cancelara la participación de empresarios locales y particularmente del Estado en la promoción de vías férreas, sobre todo en ciertas rutas consideradas estratégicas para el país. Por lo demás, esta participación se veía favorecida por el creciente éxito económico de las actividades exportadoras, al cual contribuyó en mayor o menor medida la existencia del ferrocarril. En algunos casos, como el de Chile, se produjo entonces una suerte de división del trabajo en virtud de la cual los capitales extranjeros se concentraron en las zonas productoras de riqueza exportable, mientras que el Estado tuvo una activa participación en la expansión ferroviaria hacia las zonas del centro y el sur, con el propósito de integrarlas. En otros casos, como el de Argentina, los recursos externos y del Estado se combinaron para cumplir objetivos que no parecieron contradictorios: por un lado, la integración territorial, la expansión de la frontera agrícola y de colonización (con líneas hacia Santa Fe, Córdoba y Tucumán); por el otro, la promoción de las exportaciones, primero ganaderas y luego cerealeras (en la provincia de Buenos Aires y la región pampeana).

La participación del Estado tampoco se deja reducir a un solo patrón. En Chile, como se relata en el capítulo respectivo, existió desde 1884 una compañía ferroviaria estatal que creció con el tiempo mediante la adquisición de empresas originalmente privadas. Algo similar sucedió en Brasil, donde la presencia estatal fue una constante a lo largo de todo el proceso. De hecho, para 1914, 60% de las líneas en este país eran de propiedad pública —aunque con predominio de administración privada—. En Uruguay, en cambio, a la llegada del capital extranjero el Estado no participó de manera directa en el negocio ferroviario, sino que lo hizo solamente mediante la promoción de las empresas privadas. En Cuba, la recesión económica provocada por el descenso de los precios y de la producción azucarera en el decenio de 1880 provocó un retroceso en la participación de los gobiernos locales y el progresivo traspaso de las principales líneas a manos de empresas extranjeras. En Perú, los activos de propiedad estatal se entregaron a empresas privadas como un mecanismo para el pago de la deuda pública. En Jamaica, el primer tramo de vía, originalmente privado, alternó entre la propiedad pública y la privada hasta quedar definitivamente en manos del Estado en 1900. En México, la fase expansiva en el tendido de líneas fue dominada por capitales foráneos, con la excepción de un tramo que el gobierno consideraba estratégico (el que cruzaba de un lado a otro el Istmo de Tehuantepec) y cuya construcción financió en forma directa recurriendo al endeudamiento para comprar los servicios de un contratista.

En términos generales, la etapa de mayor auge en la construcción coincidió con el apogeo de las exportaciones latinoamericanas, en el que convergieron grandes flujos de inversión extranjera con una etapa de estabilidad y prosperidad en las finanzas públicas de los países participantes. En esta fase los países sudamericanos, crecientemente vinculados por sus intercambios comerciales a Gran Bretaña, recibieron de ese país la mayor parte de los recursos para la expansión de los caminos de fierro, incluso si en ocasiones se empleaba tecnología estadounidense para su equipamiento. En Argentina y en Brasil las inversiones británicas se complementaron en menor medida con las de capital francés, y durante un corto periodo (entre 1907 y 1914) con las de Estados Unidos. México fue el único país que recurrió casi por igual a los dos principales mercados de capitales de la época para construir sus ferrocarriles: el británico y el estadounidense. Con la excepción del Ferrocarril de Panamá, fue sólo a partir de 1898 que Estados Unidos incursionó seriamente en la construcción de ferrocarriles en otras áreas de América Latina: entre los que estudiamos, Cuba y Puerto Rico, pero también lo harían en los países de América Central.

Buena parte de la inversión se sufragó mediante la colocación en los mercados financieros de títulos-valores (acciones, *debentures*, obligaciones), adquiridos básicamente por rentistas que buscaban sólo un rendimiento para sus ahorros, y en este sentido se trataba de inversiones de portafolio. No obstante, casi todas las compañías se constituyeron y permanecieron firmemente en manos de empresarios de los mercados donde se colocaron dichos valores, lo que las define como inversiones directas. Desde hace algunos años se viene utilizando para este tipo de empresas la denominación de *free-standing companies*. El término fue acuñado por Mira Wilkins para referirse a compañías formadas en un país (por ejemplo, Gran Bretaña) con el propósito de operar en otro (digamos, Argentina), sin que aquéllas estuvieran conectadas en términos legales o de propiedad con alguna otra compañía que operara en el país de origen dentro de la misma línea de actividad. Esto las distingue de las modernas multinacionales que imperaron en la inversión internacional durante el siglo XX, sobre todo por parte de Estados Unidos. Con pocas excepciones, las empresas extranjeras que nos ocupan tenían esta característica y deben ser consideradas, desde la perspectiva del país que aportaba los fondos, como inversiones directas. En Sudamérica era común que en estas empresas hubiera también participación de capital doméstico. Por ejemplo, en Argentina muchos accionistas eran miembros de la comunidad británica en Buenos Aires o empresarios nativos con intereses en las áreas que habría de servir el ferrocarril, por lo que Colin Lewis definió esas empresas como "anglocriollas". Por lo demás, en este país también las compañías de capital francés (aunque estuvieron controladas desde el comienzo por grandes establecimientos bancarios de París), se conectaban, mediante negocios relacionados, con la élite local.

Las empresas británicas en México también operaron como *free-standing companies*. En cuanto a las de origen estadounidense, aunque por prescripción contractual todas eran jurídicamente mexicanas y autónomas respecto a cualquier interés en su país de origen, muchas se encontraban conectadas en términos accionarios a compañías que operaban en ese país, de las cuales eran en realidad una extensión. Tras la dramática experiencia de la intervención francesa, el gobierno de Porfirio Díaz tuvo el acierto de introducir en los contratos una prescripción según la cual todas las empresas concesionarias se considerarían como mexicanas y se someterían a la jurisdicción de tribunales mexicanos, sin la posibilidad de recurrir a leyes o gobiernos extranjeros. Esta norma, que en Argentina se aplicó también tempranamente bajo la forma de la Doctrina Calvo, sentó un precedente importante y valioso que preservó a los países de injerencias indebidas como resultado de la presencia de importantes intereses económicos extranjeros en el negocio ferroviario. En Colombia, en cambio, Juan Santiago Correa refiere que como resultado de la ausencia de este precepto, las concesiones estuvieron sujetas a juicios y arbitrajes por tribunales internacionales, así como a continuas negociaciones diplomáticas con otros gobiernos. Esta falla institucional alcanzó visos de extrema gravedad en el caso del Ferrocarril de Panamá, donde actuó como factor desestabilizador para el país debido a la asimetría de poder entre el gobierno de Colombia y el correspondiente a los propietarios de la empresa (de Estados Unidos).

Casi siempre el inicio de la experiencia ferroviaria estuvo marcado por el otorgamiento de concesiones sobre una base casuística que, del lado del gobierno, parecía responder a la lógica de que, habiendo una carencia absoluta, todas las líneas que se pudieran construir eran buenas. Del lado de los inversionistas, es de esperar que prevaleciera una racionalidad empresarial ligada a la obtención de beneficios. De ahí que los primeros ferrocarriles se tendieran en zonas pobladas y desarrolladas o con un ostensible potencial de crecimiento en el corto plazo. Luego, es probable que empezaran a diferenciarse los proyectos conforme a objetivos distintos, aunque el otorgamiento de las concesiones seguía careciendo de un plan general. En algunos casos se expidieron en una fase más o menos temprana reglamentos y leyes que pretendían ordenar la política de concesiones, u organismos encargados de regular la operación del sistema, como en Chile. Sólo en una etapa de madurez, en algunos países se observa un afán de planeación y jerarquización que llevó a establecer prioridades y otorgar grados diferenciados de respaldo gubernamental, como ocurrió claramente en México tras la crisis financiera de inicios del decenio de 1890.

El fomento a la expansión ferroviaria

Si la expansión del mercado financiero internacional hizo disponibles grandes masas de capitales para la inversión, la mayor capacidad recaudatoria de los Estados receptores derivada del auge exportador proveyó los recursos para respaldar los proyectos, aunque ello ocurrió, naturalmente, de acuerdo con las circunstancias de cada nación.

Como narra Oscar Zanetti en el capítulo sobre las Antillas, Cuba fue el único país que no se vio en la necesidad de otorgar subsidio alguno como forma de estimular la construcción de vías férreas, las cuales aparecían por sí mismas como un negocio rentable para los inversionistas —en un principio, predominantemente nacionales—. Sólo a partir del siglo XX el gobierno acordó un subsidio proporcionalmente modesto para las líneas estadounidenses que buscaban comunicar el hasta entonces marginado oriente de la isla. Fuera de esta situación excepcional, todos los países se vieron empujados a fomentar la expansión ferroviaria debido a la conjunción de dos percepciones. Por un lado, que era ésta una empresa riesgosa cuya rentabilidad para los mercados financieros donde debía fondearse estaba en duda, por lo que en ausencia de subsidios no se llevaría a cabo. Por el otro, que se trataba de un proyecto indispensable para el progreso y la integración nacional, razón por la cual era merecedor del respaldo estatal.

Ahora bien, el paso de este consenso más o menos unánime entre los gobiernos (de América Latina y otras partes del mundo) al diseño específico bajo el cual habría de subsidiarse a las compañías constructoras no era sencillo ni mucho menos automático. El análisis de las consideraciones que condicionaron las distintas formas de subvención a los ferrocarriles y la historia de los debates que seguramente precedieron su implementación está por hacerse. De los casos estudiados aquí se desprenden algunas reflexiones de interés.

Encontramos en nuestra muestra ejemplos representativos de las distintas modalidades de subvención al tendido de vías férreas. Las más recurrentes eran la garantía de rentabilidad otorgada por el Estado, el subsidio fijo por kilómetro construido, el otorgamiento de tierras y la concesión de una "zona de privilegio" por un tiempo determinado para evitar la competencia de otras líneas. A ellas se sumaban las exenciones comúnmente otorgadas a la importación de materiales y equipo ferroviario. La comparación permite sopesar que hubo gobiernos mesurados en el otorgamiento de subsidios (como el de México) y otros sumamente generosos (como el de Brasil en una primera etapa), todo ello enmarcado en las circunstancias prevalecientes en cada país y en la forma en que éstas evolucionaron a lo largo del periodo.

En Brasil, tal como describe Maria Lúcia Lamounier, las líneas que se tendieron en la zona cafetalera eran muy lucrativas y podían prescindir del apoyo estatal; no así las que se construyeron en la zona azucarera. Aquí, las primeras concesiones gozaban de casi todos los beneficios mencionados: la garantía de utilidades (de entre 5 y 7%), la zona de privilegio de 30 km a ambos lados de la línea, las exenciones de impuestos a los materiales importados y una más, que no aparece en los otros casos: la prioridad para explotar el subsuelo y comercializar los terrenos baldíos situados en la zona de privilegio. El plazo de las concesiones, originalmente de 90 años, se redujo en 1870 a 50 años, y en 1873 se empezó a sustituir la garantía de interés con un subsidio por kilómetro construido. Ambos tipos de subsidio se extinguieron por ley a fines de 1903. En Colombia se combinaron las distintas formas de subvención, incluyendo las concesiones de tierras, los subsidios por kilómetro construido y la garantía de rendimiento (de entre 6 y 7% sobre el capital suscrito), sufragada con endeudamiento externo. Como explican Regalsky y Salerno en el capítulo respectivo, también en Argentina se adoptaron estas tres modalidades, aunque la principal fue la garantía de utilidades. En Perú se recurrió a varios de estos mecanismos, que se fueron adoptando en forma sucesiva. La primera empresa obtuvo un privilegio exclusivo sobre la ruta elegida por 25 años, la cesión de los terrenos públicos necesarios para la construcción y facilidades en la compra de los terrenos de particulares. La segunda compañía recibió, además de lo anterior, un subsidio en vales y la garantía de retorno de 6.5% sobre el capital invertido, que en proyectos posteriores se elevó a 7% durante 25 años. Finalmente, a partir de 1869 se otorgaron subsidios directos por kilómetro mediante la emisión de bonos de deuda pública. En Chile las dos modalidades principales, utilizadas sobre todo para promover el tendido de líneas en el centro-sur del territorio, fueron los subsidios fijos por kilómetro de vía y la garantía de retorno sobre el capital invertido. En México privó una sola modalidad: el subsidio por kilómetro construido, que a partir de cierto momento (mediados del decenio de 1890) sólo se otorgó a las líneas consideradas prioritarias. La concesión de tierras se consideraba riesgosa para la soberanía, dada la vecindad con Estados Unidos y la aún cercana experiencia de pérdida del territorio frente a ese país. La garantía de utilidades ni siquiera se contempló en los esquemas de financiamiento. Además del subsidio, se adoptó la práctica común de eximir a las empresas del pago de derechos a la importación de materiales y equipo y otorgar un derecho de vía (de 70 metros a ambos lados de la línea), para lo cual se tomaban gratuitamente los terrenos cuando eran públicos y se expropiaban (por causa de utilidad pública y mediante indemnización), cuando fueran de propiedad privada.

Todas las modalidades tenían ventajas y defectos. La garantía de utilidades, común en las naciones sudamericanas, podía incentivar la sobrecapitalización de las empresas y dejaba en el aire la cuestión del costo efectivo que para el gobierno tendría la construcción del sistema. Daba lugar a construcciones de tramos con fines especulativos (de obtención de la garantía, más que de ofrecimiento de servicios de transporte), como sucedió en Colombia. Cuando la garantía se establecía como un valor fijo por kilómetro construido (como en Uruguay), alentaba la prolongación innecesaria de las líneas. Además, en el momento de operar las empresas, podía conducir a la práctica de otorgar servicios mínimos para reducir gastos o inflar los costos de operación (como en Argentina), puesto que el gobierno garantizaba sus ganancias. En Uruguay, donde estuvo en vigor este esquema desde la primera concesión en 1866, una década más tarde se buscaron formas de minimizar sus desventajas. Según explica Gastón Díaz en el capítulo respectivo, se supuso un costo fijo por kilómetro para el pago de la garantía (la cual en 1892 se redujo de

7 a 6%), y se estableció que las compañías debían devolver cualquier ganancia por encima de 8% anual al gobierno hasta completar la suma de las garantías pagadas en años anteriores. Durante el periodo de expansión, las empresas británicas en Uruguay casi nunca reportaron ganancias superiores a este tope, y por tanto, esto no sucedió. Sin embargo, el gobierno no pagó puntualmente la garantía acordada, y antes de 1892 (en que se regularizó su pago) frecuentemente lo hizo en bonos de deuda pública, reduciendo el costo del financiamiento. También en Argentina se introdujeron cambios en la política inicial para atenuar las fallas de este mecanismo. El acuerdo original, de un rendimiento de 7% durante 40 años, se modificó posteriormente para limitar tanto la tasa (a 5%) como la duración (a 20 años) de la garantía y a partir de 1895 fue sustituido por la entrega de títulos públicos.

El otorgamiento de un subsidio por kilómetro podía alentar a las compañías a proyectar un trazado más largo de lo necesario y a construir líneas al menor costo posible, de manera que el subsidio cubriera la mayor parte de éste. De hecho, en Brasil se aplicaron ambos esquemas en forma sucesiva, y ambos fueron señalados como defectuosos: de la garantía de utilidades se decía que alentaba la ineficiencia, y del subsidio por kilómetro que promovía la construcción de líneas zigzagueantes y baratas. No obstante, en la segunda opción hay algunas ventajas que parecen hacerla preferible para un Estado promotor: permitía estimar de antemano con mayor grado de aproximación el costo de la construcción de cada línea y ponía en manos de las empresas la tarea de hacer que su inversión fuera rentable. Por otra parte, en varios casos, como Uruguay y México, los subsidios no se pagaron como se convino en los contratos de concesión. En Uruguay el incumplimiento se concentró en el periodo anterior a 1892 y representó una disminución de 2% en la rentabilidad media de las empresas. En México, a los pocos años de iniciado el programa de construcción una crisis financiera obligó al gobierno a suspender el pago de subsidios y a renegociar su forma, de modo que del pago en efectivo se transitó a bonos de la deuda interna y, en ciertas concesiones tardías, a certificados aduanales.

Finalmente, las concesiones de terrenos baldíos constituían un mecanismo ideal para países de gran extensión, puesto que por un lado no representaban un gasto para el Estado y por el otro se trataba de recursos con un bajo costo de oportunidad que en manos privadas podían valorizarse y aprovecharse productivamente. En Estados Unidos fueron una de las estrategias de financiación que además impulsó la expansión hacia el Oeste, con consecuencias positivas para la colonización y el desarrollo de la agricultura en un esquema *farmer* de propiedades de regular tamaño. En Latinoamérica, este esquema se utilizó solamente en dos casos: Colombia y Argentina. En Colombia, según nos explica Juan Santiago Correa, impulsó un intenso proceso de privatización de la tierra que se concentró en pocas manos, con consecuencias sociales negativas, y sólo en algunas ocasiones significó también la ampliación de la frontera demográfica y agrícola hacia las zonas afectadas. En Argentina, una nación con tierra abundante y población escasa, es posible que los efectos se acercaran más a los que se produjeron en Estados Unidos, con un efecto favorable para la ocupación del territorio y la expansión de la frontera productiva. Ello, no obstante, lleva a preguntarse cuáles fueron las razones por las que este mecanismo se utilizó sólo en forma limitada, y por qué no se le prefirió en Brasil, el más extenso territorio de la región.

El debate sobre el papel de los ferrocarriles en América Latina

En los países avanzados, el acercamiento convencional al estudio de los ferrocarriles hasta mediados del siglo XX atribuía una significación crucial a esta innovación en el tránsito al crecimiento económico moderno. En la versión más conocida de esta interpretación, Walter Rostow consideró a los ferrocarriles el factor singular más importante en el despegue económico. En tanto industria (de la construcción de vías férreas), demandaba bienes de producción, recursos financieros y capital humano en una escala sin precedentes, brindando un estímulo vigoroso al desarrollo de todas las ramas de la actividad económica que podían proveerlos. En tanto oferente de servicios de transporte, contribuía a facilitar los traslados y a disminuir su costo, constituyéndose en un vehículo poderoso para la integración de mercados y la especialización productiva. En la terminología de Albert Hirschmann, el primero de estos efectos recibió el nombre de eslabonamientos (o enlaces) hacia atrás, mientras que al segundo se le denominó eslabonamientos (o enlaces) hacia delante.

La incorporación de técnicas econométricas al campo de la historia económica que se produjo a partir de entonces en Estados Unidos abrió una nueva línea de acercamiento al estudio de los efectos económicos del ferrocarril que puso en cuestión el enfoque anterior. Con la nueva metodología, las percepciones más bien impresionistas sobre sus poderosos efectos podían ser puestas a prueba estadísticamente. En este contexto, la idea que con más frecuencia se ha sometido al análisis econométrico es la de la contribución directa de los ferrocarriles al crecimiento de la economía mediante la reducción en los costos de transporte. La técnica en cuestión consiste en calcular, bajo ciertos supuestos, cuántos recursos ahorró un país en un año determinado al trasladar determinados volúmenes de carga mediante el ferrocarril, en lugar de usar el medio de transporte alternativo más eficiente disponible. Como estos ahorros constituyen una determinada suma monetaria, es posible expresarlos como porcentaje del PIB del país en cuestión en el año elegido para la estimación.[2]

Los resultados de este análisis sobre los llamados efectos directos del ferrocarril en el crecimiento para el caso de Estados

---

[2] Para una explicación más detallada del procedimiento de estimación de los ahorros sociales, véase el capítulo de Luis Zegarra sobre Perú.

Unidos fueron totalmente inesperados. En efecto, las investigaciones independientes de Robert Fogel y Albert Fishlow demos-
traron que, contra la percepción convencional y el sentido común, los ferrocarriles habían proporcionado un beneficio más
bien modesto a la economía estadounidense, al arrojar ahorros
sociales en el transporte de carga equivalentes a "tan sólo" 5%
del PIB de un año en distintos momentos de la segunda mitad del
siglo XIX. La técnica se difundió internacionalmente, arrojando
respuestas contrastantes en los distintos países en que se aplicó:
en algunos el beneficio habría sido mayúsculo, en otros moderado y en otros más, insignificante. Después de numerosos estudios casuísticos parece surgir un patrón acerca de los factores
que condicionan la magnitud del impacto directo del ferrocarril
en lo que se refiere al transporte de carga. En forma sintética,
éstos serían una función del tamaño del sistema ferroviario, la
disponibilidad (o no) de medios alternativos eficientes y de bajo
costo y la elasticidad de la demanda de transporte respecto a los
cambios en su precio. Lo que merece destacarse es que la percepción original acerca del impacto de los ferrocarriles en la economía cambió en forma definitiva a partir del empleo de este
acercamiento. Mientras que los enlaces hacia atrás siguen siendo
considerados como un poderoso factor de dinamización económica para los países avanzados, los efectos directos están en cada
caso sujetos a medición y no pueden darse por sentados.

El estudio de los ferrocarriles en América Latina se llevó a
cabo durante muchos años bajo un horizonte interpretativo distinto, dominado por diversas versiones de la teoría de la dependencia. Con algunos matices, en la historiografía sobre el tema
ha predominado la idea de que los ferrocarriles fueron construidos para facilitar la vinculación de las economías latinoamericanas con el mercado mundial en el marco de una división internacional del trabajo que les asignaba el papel de proveer de
materias primas a los países avanzados. Ello explicaría que las
inversiones se originaran en los países industriales, los cuales

se encontraban interesados en promover esta vinculación para abastecerse de las materias primas en cuya producción también se involucraron. También explicaría, según la lógica dependentista, el que junto con los capitales se importaran los materiales y el capital humano empleados en el desarrollo de las obras, para estimular mediante estos enlaces a las economías de los países avanzados.

Los elementos que integran esta idea conforman una visión básicamente negativa del fenómeno que nos ocupa. El proyecto de crecimiento ferroviario es reducido a ser parte de la "penetración" del capital extranjero en América Latina, con consecuencias negativas para la soberanía y para las opciones de desarrollo. En el mismo tenor, los ferrocarriles mismos se identifican con un vehículo para la extracción de riquezas y la distorsión de las economías, estrechando aún más las alternativas de crecimiento y ahondando la dependencia respecto a los países avanzados. Las inversiones ferroviarias son concebidas como resultado de una doble motivación por parte de los países avanzados: la búsqueda de destinos para la inversión y el interés por apropiarse de las materias primas que las economías latinoamericanas podían proveer. Esta lógica explica ciertamente el impulso que dio inicio al crecimiento ferroviario en algunas áreas de Latinoamérica, por ejemplo en el norte chileno. En este caso, el desinterés por construir un tejido ferroviario que rebasara el estrecho propósito de encauzar las exportaciones de minerales se tradujo en la fragmentación del trazado y en una variedad de anchos de vía que prácticamente imposibilitaba la interconexión. Pero ésta es una situación más bien extrema que, como veremos en seguida, no refleja la experiencia más común de la región.

Aunque en algunos aspectos pretendemos matizar o cuestionar esta vertiente interpretativa, empecemos por conceder que esa doble motivación produjo un fuerte condicionamiento de los ciclos de la economía internacional sobre los ciclos de inversión ferroviaria. Así lo prueban los dos grandes episodios en que una crisis financiera internacional interrumpieron la construcción de vías: por un lado, la crisis de la casa bancaria Baring, que se hizo sentir desde Argentina hasta México a inicios del decenio de 1890, y por el otro la Gran Depresión de 1929, que marcó el fin de la era de la expansión en casi toda América Latina. Si bien esto es cierto, hay otros aspectos de la visión dependentista que requieren revisarse a la luz de la evidencia empírica para probar su validez. Un ejemplo concreto de esto tiene que ver con los eslabonamientos del sector ferroviario con otras actividades económicas, que la teoría de la dependencia suele negar o ver como contraproducentes al suponer que sus beneficios se concentraron en el sector exportador, lo cual habría favorecido una forma distorsionada de crecimiento e impedido la industrialización. Lo cierto es que, mientras que en las etapas iniciales del desarrollo ferroviario los enlaces hacia atrás fueron prácticamente nulos para las economías latinoamericanas —puesto que la demanda de bienes de producción y capital humano fue satisfecha por los países avanzados—, los enlaces hacia delante pudieron ser significativos, por lo que resulta crucial estimar en cada caso su magnitud. En el mismo sentido, no hay por qué asumir que sus efectos se restringieron a ciertos ámbitos de la actividad económica, por lo que es importante identificar sus áreas de influencia en cada caso particular.

Respecto a la percepción negativa de la participación del capital extranjero en la construcción de los ferrocarriles latinoamericanos, es interesante hacer notar que en aquellos países en que la clase empresarial nativa, en ocasiones apoyada por el Estado, intentó promover con sus propios recursos la construcción de líneas férreas, el resultado fue muchas veces descorazonador. En Uruguay, los empresarios que se asociaron para construir el primer ferrocarril, pese a contar con la participación accionaria del Estado, no lograron concluir la línea con sus propios recursos, debiendo recurrir a la bolsa de Londres y posteriormente traspasar la línea a una compañía inglesa. En México, el esfuerzo inicial de otorgar concesiones a los gobiernos estatales que promoverían la participación de empresarios locales en la construcción de pequeños tramos de vía que eventualmente se unirían para conformar una red, derivó en el tendido de apenas 226 km de líneas en el lapso de cuatro años. Sin negar los aspectos negativos del condicionamiento externo, es preciso reconocer que sin los capitales provenientes de los países avanzados es probable que los ferrocarriles no se hubieran construido durante este periodo en América Latina. Como se mencionó, en un segundo momento el Estado fue más exitoso al participar directamente en el tendido de líneas con propósitos de soberanía e integración nacional, pero esto sólo fue posible una vez que se fortaleció en términos políticos y financieros, en parte como resultado del auge exportador.

Por lo que se refiere a los enlaces hacia atrás, los estudios que se presentan en este volumen ofrecen una refrescante variedad de tonalidades respecto a la interpretación convencional. Si bien no todos los capítulos abordan este tema, los que lo hacen aportan dos matices principales a la explicación de corte dependentista. Un primer matiz consiste en ofrecer una explicación más compleja sobre las razones por las que, en el momento inicial, en estos países no se produjeron enlaces hacia atrás a medida que las economías adoptaban la innovación ferroviaria. En vez de responsabilizar a los intereses extranjeros de la imposibilidad de crear eslabonamientos hacia atrás en las economías latinoamericanas, se reconocen los constreñimientos internos que pudieron actuar en ese sentido. En la época en que dio inicio el proceso de expansión ferroviaria en América Latina, no existían los elementos necesarios para que la formación de las compañías y la construcción de líneas se alimentaran de las energías y recursos disponibles con que contaba cada nación. En proporción a las dimensiones de la empresa ferroviaria, los mercados de capital eran exiguos, las industrias productoras de bienes de capital inexistentes, lo mismo que las habilidades en ingeniería y de otro tipo que demandaba el sector.

Un segundo matiz resulta también pertinente a partir de varias de las experiencias abordadas aquí. Si en un primer momento las economías no estaban en condiciones de proveer estos insumos y debían recurrir al exterior para satisfacer su necesidad, la construcción y operación de los ferrocarriles crearon las condiciones para que, en un segundo momento, algunos de ellos se produjeran internamente, al menos en el seno de las economías más desarrolladas de la región. Aunque este fue un proceso paulatino y de alcances limitados, su existencia contribuye a modificar la percepción habitual. Por ejemplo, en Brasil, aunque la mayor parte del material ferroviario era importado, desde las últimas décadas del siglo XIX empezaron a producirse algunos enlaces de carácter industrial. Tal como se explica en el capítulo de Lamounier, esto ocurrió particularmente en la construcción de carros y vagones, ruedas de locomotoras, ejes y otras piezas de ferrocarril, así como en la fabricación de ladrillos y azulejos. Su producción tenía lugar en numerosos talleres, "embriones industriales" de la época, tanto de las propias compañías ferroviarias como de empresarios privados que además ofrecían servicios de reparación y mantenimiento. Algo similar sucedió con el capital humano: mientras que al principio tuvo que ser llevado del exterior, la existencia de los ferrocarriles impulsó el establecimiento de escuelas politécnicas y de ingeniería, que progresivamente subsanaron la carencia inicial. En México, la operación de los ferrocarriles impulsó la explotación de los yacimientos carboníferos del norte, que desde el decenio de 1890 abastecieron parte del combustible utilizado por las locomotoras. En las primeras décadas del siglo XX, el petróleo mexicano sirvió para facilitar la transición energética de algunas empresas. La formación de maquinistas en escuelas establecidas entonces hizo posible la "mexicanización" del personal ferroviario en los primeros lustros del siglo XX. Finalmente, en esos mismos años dos terceras partes de la demanda de rieles empezó a satisfacerse con la producción de la primera planta siderúrgica de América

Latina, que se estableció en el país con capitales nacionales en 1903. En Chile, para el decenio de 1920 se habían creado enlaces con plantas productoras de equipo ferroviario a las que el gobierno otorgó cierta protección desde 1888, contribuyendo al desarrollo de la industria mucho antes del inicio formal de las políticas de sustitución de importaciones. En Argentina, la participación de capitalistas nacionales en las empresas ferroviarias parece sugerir que el negocio ferroviario representó un estímulo al desarrollo del mercado de capitales en el país. En otros lugares, es ciertamente probable que la falta de yacimientos minerales (como en Uruguay) o el grado de atraso (como en Colombia o Perú) impidieran que la economía respondiera más enérgicamente a la demanda de capitales, insumos y personal calificado que representaba la introducción del ferrocarril.

Pero acaso los mayores avances en nuestro conocimiento tienen lugar en lo que se refiere a los enlaces hacia delante. En este ámbito, los autores de este libro concuerdan en la percepción de que los principales efectos del ferrocarril en América Latina se produjeron en su función como medio de transporte. Si bien en muchos casos resulta evidente que la motivación original detrás de la expansión ferroviaria fue la de dar salida a los productos exportables, esta constatación no oculta la variedad de propósitos que se perseguían con la introducción de ferrocarriles y de resultados que se alcanzaron como consecuencia de su funcionamiento. Vale la pena destacar distintos patrones que se observan en este aspecto del problema.

En un primer grupo de naciones, los ferrocarriles desempeñaron un papel importante en el desarrollo de un sector exportador y al mismo tiempo ejercieron efectos benéficos significativos en la colonización, la integración del territorio, la ampliación de la frontera productiva y la formación de un mercado interno. En los países más avanzados de la región, impulsaron también el desarrollo del sector moderno de la economía y la industrialización. Cabe hacer notar que en ocasiones las líneas férreas que cumplían una u otra función no necesariamente eran las mismas. Según nos explica Guillermo Guajardo, en Chile los ferrocarriles del norte sirvieron al propósito de dar salida a los minerales de exportación, mientras que los del centro-sur fueron fundamentales para la integración económica de la nación. Fenómenos similares tuvieron lugar en otros países, como Brasil y Argentina, en los que las primeras líneas se tendieron para favorecer las exportaciones, mientras que impulsos sucesivos, financiados en parte con los frutos del éxito exportador, surtieron efectos favorables en la dimensión interna.

En México no parece tan evidente que el propósito original de la construcción de las líneas fuera alentar las exportaciones. Con excepción del pequeño sistema de ferrocarriles en la península de Yucatán, relacionados con la exportación de henequén, las vías férreas cruzaron el territorio de la República de norte a sur y de este a oeste, siguiendo el trazado de las rutas coloniales. De hecho, si se considera que las principales áreas exportadoras durante los inicios de la expansión se encontraban en la zona del Golfo de México —sin contar algunos polos de riqueza minera en el norte—, resulta un tanto forzado afirmar que las extensas vías que se tendieron con dirección norte-sur, atravesando una inmensa zona desértica, apuntaban al fomento de las exportaciones. Independientemente de cuál fuera su propósito original, sería casi imposible discernir la funcionalidad de las distintas líneas, como si ésta hubiera tenido un carácter excluyente. La ampliación de la frontera agrícola y demográfica, la creación de polos de desarrollo y de urbanización y una reorganización espacial de la actividad económica que permitió aprovechar mejor las ventajas comparativas de las distintas regiones beneficiaron a la economía como un todo, impulsando de manera concurrente la modernización económica y al sector exportador.

En un sentido similar, cabe destacar los matices revisionistas que se perciben incluso en el caso de vías férreas que todos los estudiosos han considerado volcadas al mercado exterior. Un buen ejemplo lo proporcionan las líneas articuladas en torno al Río Magdalena, en Colombia, a cuya función innegable de conexión de las zonas cafetaleras con el mercado mundial debe añadirse, en opinión de Correa, el papel que jugaron en la integración de las diversas zonas entre sí y en la apertura de nuevos ejes de colonización agrícola. Junto a ellas existieron otras rutas que dinamizaron la actividad económica regional y crearon circuitos agroganaderos y mineros al interior de los departamentos.

En los años recientes se ha dado una revaloración de la dimensión interna de la contribución de los ferrocarriles a las economías de América Latina. En todos los casos estudiados aquí se reconoce el importante papel desempeñado por este medio de transporte en la consolidación política, la colonización y el desarrollo de áreas de la actividad económica conectadas con el sector interno. Sin embargo, tal vez sería también pertinente revalorar en un sentido positivo su papel en los procesos exitosos de integración al mercado mundial que tuvieron lugar en este periodo. En efecto, no puede perderse de vista que, al fin y al cabo, la difusión de la innovación ferroviaria fuera de los países avanzados se debió a un proceso de integración de la economía mundial y que fue en ese contexto que el ferrocarril ejerció sus mayores efectos. Ello requiere, no obstante, una revaloración de la era de las exportaciones que construya una imagen más balanceada, matizando la interpretación convencional e incorporando los efectos positivos de ese fenómeno. En economías como las de Argentina, Uruguay, Chile y Cuba los ferrocarriles contribuyeron al despliegue de un sector exportador que permitió aprovechar sus ventajas comparativas y comenzar a explotar recursos que permanecían ociosos. En algunos de ellos, como es notablemente el caso de Cuba, el incuestionable éxito de ese proceso es opacado por las distorsiones que la especialización excesiva pudo haber impuesto al desarrollo económico de largo plazo. Incluso en una situación como ésta, cabe preguntarse cuáles eran las alternativas realmente asequibles en esa época, y si éstas hubieran producido mejores frutos. Cualquiera que sea la respuesta a esta pregunta, es incuestionable que en todos los casos el auge exportador proporcionó grandes beneficios a las economías de la región. Entre ellos cabe destacar varias décadas de crecimiento sostenido y de prosperidad en las finanzas públicas, así como el impulso de obras de infraestructura, no sólo ferroviaria, que favorecieron la expansión de otras ramas productivas, todo lo cual representaba una mejora sustancial respecto a la trayectoria anterior.

Frente a la revaloración positiva de los efectos del ferrocarril que se aprecia en casi todos los textos que componen este volumen, llaman la atención aquellos casos en que éste parece haber tenido un efecto modesto o incluso insignificante en la economía. De acuerdo con los autores de los capítulos respectivos, ésta habría sido la experiencia de Uruguay y Perú. En el primero de estos países, Gastón Díaz matiza las interpretaciones convencionales marcadamente negativas, destacando efectos benéficos como la consolidación de Montevideo frente a las fuerzas centrífugas del interior y la modernización del sector ganadero (mediante el transporte del ganado a bajo precio para conducirlo a los frigoríficos). Sin embargo, sugiere que los efectos fueron pobres frente a las expectativas generadas y respecto a lo que sucedió en otros países. Por lo que se refiere a Perú, entre los efectos positivos del ferrocarril Luis Felipe Zegarra destaca los de conectar a algunos pueblos de la sierra y reducir drásticamente la velocidad de los traslados. Sin embargo, menciona dos constreñimientos fundamentales: por un lado, que el trazado ferroviario no alcanzó a la mayor parte de la población, de manera que 85% del total sólo tenía acceso a medios primitivos de transporte; por el otro, que en ciertos traslados, el flete ferroviario resultaba más elevado que el de la alternativa tradicional, tema sobre el que volveremos más adelante. Lo interesante acerca de estos casos es que las limitaciones al impacto estaban dadas por circunstancias en principio ajenas al ferrocarril. En Uruguay, por la escasez de inmigración y de apoyo estatal para la colonización en zonas abiertas por el ferrocarril que eran aptas para el cultivo. En Perú, por la limitada extensión y el reducido alcance de la red ferroviaria, en buena medida como resultado de las dificultades técnicas y el alto costo que representaba la construcción a través de la cordillera de los Andes.

Al estudiar los efectos que el ferrocarril tuvo en las formas y los costos de transporte, los capítulos arrojan resultados un tanto inesperados —por lo menos respecto al efecto generalmente positivo que cabría esperar conforme al sentido común—. En varios casos el efecto fue inequívocamente favorable, pues el transporte ferroviario ofreció una alternativa más eficiente y a un costo menor para la comunicación interior. Por ejemplo, en Argentina el costo medio por tonelada/kilómetro cayó (en pesos corrientes) de 0.035 pesos oro a mediados del siglo XIX a 0.015 en 1884 y a 0.010 en 1913. En México, en un promedio que incluye las cinco empresas de mayores dimensiones, ese indicador cayó (en pesos constantes de 1900) de 15 centavos en 1880 a 2.5 centavos en 1910. Sin embargo, en lugares como Uruguay, Perú y algunas zonas de Brasil, los ferrocarriles no desplazaron completamente a los medios tradicionales debido a que éstos ofrecían ventajas de costo y disponibilidad que aquellos no pudieron superar. En Brasil, por ejemplo, la existencia de ferrocarriles no resolvía por sí misma todos los problemas de transporte, pues deficiencias como la diversidad de anchos de vía o una ubicación inadecuada de las estaciones creaban limitaciones a su utilización. El caso de Perú es elocuente en este sentido, pues mientras que en algunas zonas el transporte ferroviario era el más económico, en otras ofrecía ventajas poco relevantes en el contexto social del país, como la seguridad y la velocidad en el traslado, mientras que los medios tradicionales los superaban en un aspecto crucial: eran más baratos. En otros lugares como Chile y Colombia, las tarifas ferroviarias sí eran más bajas y beneficiaron a la economía, pero a costa de la rentabilidad de las empresas, lo cual fue hasta cierto punto contraproducente pues redujo el atractivo de la inversión en el sector.

El enfoque del ahorro social ha contribuido a conformar una imagen más precisa del impacto directo de los ferrocarriles en algunas de las economías de América Latina. De acuerdo con las investigaciones de John Coatsworth, Alfonso Herranz y William Summerhill, que en parte se retoman en los capítulos que conforman el libro, existe una gran variedad de resultados, que se corresponden con los diversos elementos condicionantes del impacto en cada país. En Argentina, Brasil y México, donde los ferrocarriles contribuyeron a una reducción considerable en los costos del transporte y sirvieron grandes territorios que gracias a ellos se abrieron a la actividad económica, los ahorros sociales por concepto de carga fueron elevados. Dependiendo de los supuestos que se adopten, cálculos para años anteriores a la primera Guerra Mundial indican que aquéllos podrían estimarse (como porcentaje del PIB) en 18% para Brasil, 25% para México y 26% para Argentina.[3] En cambio, en Perú, donde los ferrocarriles tuvieron una penetración territorial y demográfica limitada, los ahorros sociales habrían sido reducidos y tardíos, alcanzando un máximo en 1918, de 9% del PIB. Razones similares limitaron los efectos directos del ferrocarril en Colombia, pues no sólo la red ferroviaria fue pequeña y de construcción tardía, sino que la comunicación fluvial ofreció una alternativa eficiente y económica durante todo el periodo. Ello explica que, en la estimación máxima proporcionada por María Teresa Ramírez, el ahorro social haya sido a lo sumo de 8% del PIB en 1927. Resultados similares se

---

[3] En realidad, las estimaciones arrojan resultados muy distintos conforme a los supuestos que se asumen. Por ejemplo, si se supone una elasticidad de la demanda elevada (de 0.75), los ahorros sociales habrían representado alrededor de 11% del PIB de México en 1910; con elasticidades menores el resultado arroja hasta 25% del PIB, y bajo supuestos adicionales, hasta 38.5%. Ello muestra que si bien se trata de un ejercicio útil, sus resultados deben manejarse con cautela.

obtienen en territorios pequeños y poco poblados, ejemplifi-cados aquí por el caso de Uruguay, el cual además disponía de medios eficientes y baratos de transporte alternativo, particular-mente en las zonas ribereñas. De ahí que la estimación de He-rranz para este país sea de apenas 6% del PIB para 1912. El in-terés de este indicador radica en cuantificar el impacto directo que, en términos macroeconómicos, tuvo el ferrocarril en la economía bajo ciertos supuestos. No obstante, es preciso tener en mente los muchos efectos indirectos que no son capturados por este indicador y que favorecieron la actividad económica de las comarcas atravesadas por el ferrocarril. Entre ellos cabe men-cionar la ampliación de la frontera agrícola, la integración de mercados de creciente amplitud y la reorganización espacial de las actividades económicas, todos ellos coadyuvantes a una más eficiente utilización de los recursos y a un mejor desempeño de la economía.

Un último aspecto a considerar en este apartado es el de la rentabilidad de las empresas. Aunque no todos los capítulos pro-fundizan en esta dimensión del fenómeno, puede inferirse que las experiencias fueron muy diversas de un país a otro e incluso de una empresa a otra dentro de un mismo país. La rentabilidad de una empresa dependía de numerosos factores, algunos de los cuales tenían que ver con el entorno de inserción y otras con la propia dinámica empresarial. Como era de esperarse, las com-pañías ferroviarias que por lo general registraron utilidades fue-ron aquellas que se establecieron en las regiones que exhibían un cierto nivel de desarrollo al momento de su arribo, puesto que desde el inicio de sus operaciones explotaron una demanda ya existente y contribuyeron a desarrollarla aún más. El caso más elocuente es el del Ferrocarril de Panamá, que en sus mejores años se encontró entre los más rentables del mundo. En México, ésta fue la experiencia del Ferrocarril de Veracruz. En Cuba, con alguna excepción, las empresas ferroviarias fueron considerable-mente rentables a lo largo de todo el periodo. En Uruguay pagaron un retorno de 3% sobre el capital como promedio entre 1869 y 1913 mientras que la inversión en deuda pública ofrecía 7% de interés; es decir, un rendimiento aceptable si se le compara con otras naciones pero bajo con respecto a otros campos de inversión en ese país. Para no ir más lejos, las líneas que se construyeron con propósitos desarrollistas, independientemente del lugar, tuvieron un menor éxito económico, que dependió en buena medida de la capacidad de respuesta de las áreas abiertas a la actividad. En esta situación se encontraron las líneas que en Brasil, Argentina, Chile o México contribuyeron a poblar zonas distantes e integrar el territorio nacional, con matices derivados de características propias de cada empresa o de las circunstancias de cada país. Esto explica en parte el contraste entre líneas muy exitosas y otras con baja o nula rentabilidad. Un ejemplo, tomado de Summerhill, es el de los ferrocarriles São Paulo y Central de Brasil: mientras que el primero ofreció tasas de retorno de alrededor de 10% entre 1900 y 1913, el segundo exhibió tasas negativas en promedio durante el mismo periodo. Otras razones tienen que ver con la sobrecapitalización de las líneas, que afectó a muchas empresas en México, o con la depreciación de la moneda, que incidió negativamente en la rentabilidad de todo el sector ferroviario en este país. En algunos casos, la garantía otorgada por el Estado mejoró la rentabilidad de las compañías, como ocurrió en Argentina, Uruguay y Brasil. En Colombia, de acuerdo con estimaciones recientes de Meisel, Ramírez y Jaramillo, al menos las empresas ferroviarias construidas en el decenio de 1920 tuvieron retornos positivos, aunque descendentes: en promedio pasaron de alrededor de 9% en 1925 a 3% anual en el decenio de 1930, aunque con grandes variaciones de una empresa a otra.

Aun cuando éste es sin duda uno de los aspectos que requieren una investigación más profunda, de los trabajos realizados hasta ahora se desprenden dos conclusiones preliminares. Primera, que —como sugiere Gastón Díaz para Uruguay—, a la luz de las áreas alternativas de inversión existentes en cada país, es probable que la inversión en ferrocarriles no compensara el costo de oportunidad de los recursos dedicados a ese sector. Segunda, que los beneficios privados de las empresas ferroviarias se encontraron por debajo de los beneficios sociales que los ferrocarriles proporcionaron en todos los países de la región.

El declive

El fin de la expansión ferroviaria debe explicarse en parte por el cierre de un ciclo epocal en el movimiento internacional de capitales y sus consecuencias en la economía global, que para América Latina representó el fin de la era de las exportaciones. Esta transformación se inició con la primera Guerra Mundial y culminó con la Gran Depresión de 1929. El fin del ciclo exportador puede haber provocado el cese en el tendido de vías férreas, pero no tendría por qué haber provocado un declive prolongado en el sector ferroviario como el que se aprecia en los países de la región. En efecto, después de 1930 no sólo las redes ferroviarias prácticamente dejaron de crecer, sino que empezaron a deteriorarse en distintos aspectos y terminaron siendo desplazadas de la centralidad económica que habían disfrutado hasta entonces. Conviene reflexionar acerca de los factores que contribuyen a explicar este resultado.

Desde una postura dependentista, alguno podría sentirse tentado a sugerir que esto se debió a que los ferrocarriles tenían una disposición geográfica apropiada para dar salida a los productos primarios, pero no para sustentar un proceso de industrialización y de crecimiento hacia dentro. Aquélla pudo haber sido, en efecto, la motivación original para construir ferrocarriles en las áreas productoras de bienes exportables. No obstante, incluso en las economías más pequeñas, el prolongado auge de las exportaciones impulsó la construcción de infraestructura ferroviaria más allá de los circuitos exportadores, extendiendo los alcances del ferrocarril a distintas zonas geográficas y a nuevos ámbitos de la actividad económica. En economías más diversificadas o complejas, el transporte ferroviario promovió transformaciones estructurales que contribuyeron a la urbanización y al tránsito hacia la industrialización. Si aquella noción fuera cierta, el fin del modelo exportador debió haber provocado la crisis de las líneas vinculadas a la exportación, pero no de todo el sistema ferroviario, como de hecho sucedió. Lo que es más, las redes carreteras que se tendieron en las siguientes décadas no adoptaron un diseño radicalmente distinto al del tejido ferroviario construido en el marco del modelo exportador. De hecho, en muchas ocasiones siguieron un trazado similar, incluso paralelo, y tuvieron éxito en atraer la carga que generaba el crecimiento hacia dentro. Las razones del declive deben buscarse, pues, en otra parte.

Aunque la comprensión de ese fenómeno amerita una investigación más profunda, vale la pena reflexionar sobre el papel que pudieron desempeñar algunos factores que actuaron en esa coyuntura. Un primer fenómeno coincidente en el tiempo fue la aparición, en el ámbito global, de corrientes nacionalistas e intervencionistas que llevaron a una presencia creciente del Estado en la economía, lo cual naturalmente incidió en el sector ferroviario. En algunos países, como Chile y Brasil, la participación estatal en la propiedad de líneas férreas empezó desde las últimas décadas del siglo XIX. A partir de la primera Guerra Mundial, el Estado ocupó los huecos que, en términos de propiedad y operación de las líneas, fueron dejando las empresas privadas, particularmente extranjeras, en todos los países de América Latina. En algunos casos, como los de Uruguay y México, la intervención del Estado fue precedida por procesos de fusión entre las distintas compañías privadas que provocaron aprensión respecto al control que podían llegar a ejercer sobre este sector estratégico. Así, contra lo que cabría pensar, la retirada de los intereses extranjeros del negocio ferroviario no siempre fue el resultado de su propia iniciativa: en ocasiones aquéllos fueron desplazados como resultado de una decisión de los gobiernos nacionales respecto a lo que en ese momento consideraron como un ámbito esencial para el desarrollo nacional. Fue así como, a fines de la primera década del siglo XX, el gobierno mexicano adquirió la mayoría accionaria de las principales compañías e inauguró un modelo inédito en la región: el de propiedad mixta, con control accionario del gobierno y gestión privada, de la que sería la mayor corporación ferroviaria de Latinoamérica. En la misma década, en República Dominicana y Jamaica el gobierno adquirió ferrocarriles que habían sido construidos con capital estadounidense. En Chile, según narra Guajardo, el ámbito de propiedad estatal de las vías férreas se fue ensanchando hasta rebasar al de propiedad privada en 1911 y continuó ampliándose en los siguientes años ante el debilitamiento de los intereses británicos. En Uruguay, un gobierno con posturas a la vez modernizadoras y nacionalistas puso en práctica medidas que desalentaron la inversión extranjera —en este caso británica— en el sector ferroviario. En todos los casos mencionados, este ensanchamiento de la esfera estatal se empezó a producir incluso antes de la primera Guerra Mundial. En el resto de los países también se intensificó la participación del Estado en el sector ferroviario, aunque en ocasiones en forma un poco más tardía, exhibiendo grados variables de intervención. La nueva participación estatal se generalizó en la región a partir de los años veinte e incluyó aspectos como la planeación de los nuevos tramos a construir, una regulación más estricta de la operación de las compañías, la supervisión técnica de su funcionamiento diario, la determinación de las tarifas y la coparticipación en la gestión y la propiedad de las líneas.

Cabría preguntarse hasta qué punto la creciente presencia estatal resultó benéfica para el desenvolvimiento del sector ferroviario. En algunos países, como Uruguay, Chile y República Dominicana, la inversión del Estado permitió ampliar el tejido ferroviario hasta zonas que habían sido desatendidas por las empresas privadas. En Argentina, aquél retomó en los años veinte la construcción de líneas que había iniciado en 1909 y promovió nuevas conexiones con Chile y Bolivia, aunque todas estas obras se vieron abruptamente interrumpidas por el impacto de la Gran Depresión. En Chile, el gobierno inició un importante proceso de modernización técnica del sistema ferroviario a su cargo, que incluyó el tránsito energético del carbón al petróleo y la electricidad en la línea de Valparaíso a Santiago. En México, la "mexicanización" de las principales empresas en la primera década del siglo permitió eliminar tramos paralelos que se habían construido con fines competitivos, racionalizar la administración y lograr economías que redundaron en una mayor eficiencia operativa. Sin embargo, la Revolución mexicana dio al traste con este modelo de propiedad mixta y gestión privada distorsionando sus propósitos originales y haciendo de la gestión autónoma una ficción. A partir de entonces, el gobierno intervino en forma abierta o velada en el nombramiento de funcionarios, las políticas tarifaria, laboral, de adquisiciones y de operación, imponiendo constreñimientos estructurales al desenvolvimiento de la empresa.

De hecho, el caso de México es una buena ilustración de los claroscuros que exhibió la presencia estatal en el sector ferroviario. En especial, vale la pena reparar en algunos de los efectos negativos cuyo peso en el desempeño del sector se aprecia en todos los países y no se puede menospreciar, aunque no sea fácil de sopesar. Por una parte, la creciente injerencia gubernamental en la fijación de tarifas condujo a la determinación de topes y restricciones que derivó en una reducción de los ingresos de las compañías. Por la otra, el alza de salarios resultante de la movilización obrera apoyada por el Estado mejoró la situación de los trabajadores, pero aumentó considerablemente los costos de operación. La combinación de bajas tarifas y altos costos laborales resultó perjudicial para muchas empresas, pues no sólo detuvo la inversión en el reemplazo y actualización del equipo obsoleto, sino que debilitó progresivamente su situación financiera. Al mismo tiempo, la nueva postura restrictiva por parte del Estado desalentó las nuevas inversiones que hubieran podido contribuir a completar y modernizar el sistema. Privados de crecimiento, inversión e innovación tecnológica, los ferrocarriles fueron tácitamente condenados a una larga decadencia.

Este fenómeno ascendente, pero no lineal, de intervención estatal culminó en procesos de nacionalización que colocaron al sector ferroviario bajo el control del Estado en los años comprendidos entre 1937 y 1971. México abrió esta secuencia con la nacionalización de la principal empresa en aquel año, aunque la de todo el sistema sólo se concluyó en 1970. Tal como reportan los autores de este volumen, le siguieron República Dominicana (1944), Argentina (1946-1948), Uruguay (1948), Brasil (1957), Cuba (1959) y Perú (1971). Las modalidades de esta transición hacia la propiedad estatal de los sistemas ferroviarios fueron muy distintas. En Cuba, como explica Zanetti, se trató de un proceso progresivo que pasó por la nacionalización de una de las dos grandes empresas y el apoyo a la modernización de la otra antes de culminar en la nacionalización de todo el sistema. En Perú y México se produjo mediante la expropiación de los activos ferroviarios por la cual se acordó el pago de una indemnización. En Argentina se llevó a cabo por medio de negociaciones con las empresas para su adquisición por parte del Estado. En Uruguay se produjo como resultado de la venta de las empresas británicas al Estado uruguayo para pagar la deuda acumulada por el Reino Unido con ese país durante la segunda Guerra Mundial. Como se vio, Chile constituye un caso aparte, en el que la temprana y creciente participación del Estado en el sector no pasó por actos de expropiación, pero lo llevó a controlarlo desde el primer tercio del siglo xx.

Un segundo factor a considerar en el declive del sector ferroviario es el de la problemática laboral, brevemente mencionada antes. En todo el mundo, los años posteriores a la primera Guerra Mundial fueron de un ascenso incontenible del movimiento obrero, y América Latina no fue la excepción. En esta región, la resistencia original a los avances de los trabajadores organizados fue reemplazada frecuentemente por algún grado de respaldo estatal, en general bajo la forma de alianzas populistas que favorecían ciertas reivindicaciones obreras al mismo tiempo que legitimaban al régimen. Para lo que aquí interesa, el resultado de esta movilización fue el logro de progresos sustantivos en materia de organización, contratación, derechos, ingresos y prestaciones laborales. Entre ellos cabe mencionar conquistas relacionadas con el proceso de trabajo, como la reducción en la jornada laboral, aumentos salariales e indemnización por despido o accidente, y otras que daban mayor poder de negociación a los trabajadores, como la legalización de los sindicatos obreros, la contratación colectiva y el derecho de huelga. Estos logros hacían más complejas las condiciones en que operaban las compañías. Ante todo, demandaban una parte creciente de sus ingresos para pagar salarios, prestaciones e indemnizaciones, sin que ello se compensara necesariamente con aumentos en la productividad del trabajo. Pero asimismo les imponían condiciones que se consideraban poco compatibles con una administración y operación eficientes, como la promoción fundada en la antigüedad y no en la calificación laboral. Todo ello creaba un contexto radicalmente distinto al que vio nacer a las compañías ferroviarias y que representaba un reto significativo para su supervivencia, fueran éstas de carácter privado o público. En el primer caso, las pérdidas empeoraban su situación financiera empujándolas al endeudamiento o al deterioro de los servicios que podían ofrecer; en el segundo, obligaban al Estado a subsidiarlas, aunque sólo fuera para mantener un servicio que se deslizaba hacia el mínimo indispensable.

Un tercer factor hizo su aparición en este contexto de por sí desfavorable para el sector ferroviario. A partir del decenio de 1920, países como Cuba y México empezaron a construir carre-

teras modernas, aptas para ser utilizadas por el transporte automotor que se iba introduciendo en la región desde principios del
siglo. Ello no representó en todas partes una amenaza inmedia-
ta para las compañías ferroviarias. De hecho, en algunos países
(como Perú y Colombia) éstas se encontraban aún en fase expansiva y en otros (como Argentina y Uruguay) registraron en
este decenio su mayor éxito en términos de volúmenes de carga
y rentabilidad empresarial. No obstante, anunciaba el inicio de
una rivalidad muchas veces agudizada por decisiones gubernamentales respecto al diseño de la red carretera. Aun cuando la
Gran Depresión interrumpió temporalmente esos proyectos, en
las décadas siguientes la construcción de caminos pavimentados y autopistas cobró ímpetu en toda la región y se colocó en el
centro de las prioridades del Estado. De hecho, el desarrollo de
este sector fue presentado entonces como la nueva panacea para
el logro de la modernización económica —en forma parecida a
lo que había sucedido con el ferrocarril medio siglo atrás—. En
Argentina y México, el tendido y pavimentación de caminos formó parte de la política de reactivación económica tras la crisis de
1929, concentrando una porción creciente de recursos estatales
y, al menos en el segundo caso, de capital nacional, mediante la
venta de bonos de deuda interna y el impulso adicional de la re-
tórica nacionalista. En un juego cercano al de suma cero, esto de
por sí implicaba desplazar a los ferrocarriles de las preferencias
de inversión de los agentes públicos y privados, desalentando,
al menos, cualquier nuevo esfuerzo de construcción.

Inicialmente, muchas carreteras se planearon para comple-
mentar el sistema ferroviario, como en Chile y Brasil. No obstante,
de manera progresiva los caminos carreteros empezaron a pro-
longar su trazado original hasta alcanzar autonomía y rivali-
zar con el ferrocarril. En otros países, y contra lo que dictaría el
sentido común, las carreteras se tendieron desde el comienzo en
forma paralela a las líneas férreas, como sucedió en Uruguay. La
alternativa aparente habría sido la de construir una red de carre-

teras y autopistas que complementara el trazado de la red ferroviaria en zonas que ésta no había alcanzado a cubrir, ampliando el alcance geográfico y aumentando la penetración del transporte moderno (ferroviario o carretero) en el conjunto del territorio. Éste fue el plan que se adoptó en Perú hasta 1930, pero después de ese año se impulsó a las carreteras como sustituto de los ferrocarriles, utilizando incluso las ganancias obtenidas en éstos para financiar aquéllas. La razón para privilegiarlas era, según explica Zegarra, el alto costo de los fletes ferroviarios. En Dominicana los caminos conectaron a las principales poblaciones en una medida no alcanzada por los ferrocarriles, desplazándolos paulatinamente; en Puerto Rico, por su cobertura y diseño marginaron por completo al sistema ferroviario. En general, el trazado coincidente entre la red ferroviaria y la red carretera condenaba a ambos sistemas a competir entre ellos, en un contexto que claramente favorecía al segundo a costa del primero. La mayor flexibilidad y menor costo del transporte carretero (más apto, por ejemplo, para cargas pequeñas y en distancias medias y cortas) terminó por prevalecer, marginando a los ferrocarriles de su antigua centralidad económica. En países dotados de medios de transporte fluvial, como Colombia, los ferrocarriles quedaron atrapados entre dos modelos que, por distintas razones, los marginaban: la carga de alto valor fue crecientemente movilizada mediante vehículos automotores, mientras que la de valor más bajo recurrió, siempre que fue posible, al transporte fluvial. De ahí que, en el mediano y largo plazos, la competencia de otros medios de transporte, fundamentalmente del carretero, actuó como un factor que ayudó al prolongado ocaso del sector ferroviario.

Este conjunto de condiciones invita a reflexionar sobre la paradoja representada por una creciente intervención estatal en el sector ferroviario y la marginación de este sector en el ámbito de las prioridades del Estado. Desde este horizonte puede replantearse también el significado histórico del ciclo de nacionalizaciones de los sistemas ferroviarios en América Latina que comenzó a fines del decenio de 1930. Convencionalmente el fenómeno ha sido interpretado como parte de la estrategia de los Estados desarrollistas en pos del control directo de los sectores estratégicos con miras a utilizarlos para impulsar los intereses económicos de la nación. Sin embargo, el hecho de que tanto antes como después de su nacionalización las empresas ferroviarias se encontraran por lo general descapitalizadas, estancadas en su crecimiento y rezagadas tecnológicamente, operando con infraestructura y equipo obsoleto y exhibiendo un desempeño ineficiente, pone en duda esa percepción. Si a ello se suma que los ferrocarriles enfrentaban en abierta competencia a un sistema carretero que experimentaba un intenso proceso de expansión bajo los auspicios del Estado, tal visión resulta aún más difícil de sustentar. No se trata de poner en duda la intención de los gobiernos a la hora de nacionalizar sus sistemas ferroviarios, sino la falta de coherencia entre intenciones y prácticas efectivas. El hecho es que en ninguno de los países aquí estudiados, la nacionalización condujo a una franca revitalización del sistema ferroviario ni, consecuentemente, a una recuperación de su centralidad en la vida económica de los países latinoamericanos, como sí sucedió en otros países del mundo en la segunda posguerra.

En algunos países (Cuba, República Dominicana) los ferrocarriles vivieron un segundo periodo transitorio de bonanza impulsado por las condiciones extraordinarias de la segunda Guerra Mundial, que terminó con ella. Pero en términos generales, los factores que tenían que ver con el deterioro de los sistemas ferroviarios siguieron actuando en la segunda mitad del siglo, generando un círculo vicioso de imposible resolución. A partir de finales de los años ochenta, prácticamente todos los países de la región (con la esperable excepción de Cuba y la menos previsible de Uruguay) emprendieron procesos de reprivatización de sus sistemas ferroviarios, en el marco de una transición más amplia que implicó la liberalización de las economías y la inserción en el nuevo proceso de globalización. En Chile este proceso fue precedido por una reorganización de la empresa estatal que incluyó la reducción de personal y la contracción de los servicios a partir de 1973. Con matices regionales, la experiencia común consistió en la liquidación de empresas públicas que frecuentemente se encontraban al borde del colapso, con el propósito más o menos explícito de crear esquemas multimodales que, en manos privadas, hicieran rentable y eficiente la operación del servicio de transporte. A fin de aumentar la densidad de tráfico y reducir los costos de operación, muchos tramos de vía fueron progresivamente cerrados al público o desmantelados, al tiempo que los servicios ferroviarios fueron limitándose al transporte de carga, eliminando el de pasajeros. En Cuba, según narra Zanetti, la historia prosiguió de una manera algo distinta. En los años ochenta, los ferrocarriles, controlados por el Estado, experimentaron un proceso de modernización tecnológica que les permitió no sólo mantener el servicio de pasajeros, sino incrementar el tráfico de carga y pasaje. Incluso con las limitaciones impuestas por la crisis económica, los constreñimientos que han existido en ese país en el ámbito del transporte automotor obligaron a mantener el servicio de pasajeros en el ferrocarril. Casos extremos en cuanto a la experiencia común fueron los de países antillanos como Puerto Rico, Trinidad y Jamaica, que desmantelaron su red ferroviaria casi por completo antes de finalizar el siglo XX. Mientras que en países de Europa, Estados Unidos o Japón el sistema ferroviario fue revitalizado mediante estrategias que lo adecuaron a las necesidades de sus economías, en América Latina ni las nacionalizaciones de mediados del siglo XX ni las reprivatizaciones de las últimas décadas han podido rescatarlo de una existencia marginal. Aunque esta historia no ha concluido, parece poco probable que desemboque en una era dorada de expansión y centralidad económica como la que se vivió durante la primera globalización.

ALGUNOS PARÁMETROS CUANTITATIVOS

Uno de los hallazgos notables que surge del estudio de los ferrocarriles latinoamericanos es la existencia de un patrón compartido en virtud del cual, más allá de las peculiaridades y los ritmos nacionales, aquéllos han pasado por ciclos comunes de expansión, madurez, declive, nacionalización y (con la siempre presente excepción cubana), reprivatización. Ello se explica en buena medida por el hecho de que, desde el siglo XIX, todos los países de América Latina han adoptado los patrones de crecimiento que han marcado el desenvolvimiento de la economía internacional. Primero, participaron del proceso de globalización que tuvo lugar desde la segunda mitad del siglo XIX hasta el primer tercio del siglo XX. Luego, a partir de la recuperación de la Gran Depresión y hasta el decenio de los ochenta, atravesaron por una fase de crecimiento hacia dentro con fuerte presencia estatal. Finalmente, a partir de entonces ingresaron en una nueva etapa de liberalización e integración global. No obstante, estos elementos comunes, que no son en absoluto producto de la casualidad, no debieran desdibujar los contrastes de la experiencia ferroviaria en los países que conforman esta región. Cobra sentido cerrar este capítulo destacando algunas similitudes y diferencias entre los casos que nos ocupan, con la aspiración de que las páginas anteriores contribuyan a entenderlas mejor. Para ello haremos uso de la información que hemos recopilado en el apéndice al final de este volumen y que los invitamos a revisar.

Lo primero que cabe destacar es que, si se atiende sólo a su extensión, pueden reconocerse en América Latina tres naciones cuyos sistemas ferroviarios alcanzaron los 20 000 km, mientras que todos los demás se encontraron muy por debajo de esa cifra, con Chile como el único país que se acercó a los 10 000.[4] A par-

---

[4] Ello no necesariamente representa una baja densidad en relación con la superficie de los países, pues, como se aprecia en los indicadores y se comentará

tir de este criterio hemos dividido en dos partes la gráfica 2, a fin de representar en la debida escala la extensión del sistema ferroviario de los distintos países.

Más allá de su extensión, lo que aquí interesa destacar es que, como resultado de un inicio y un cierre temporalmente diverso, la fase expansiva de la experiencia ferroviaria latinoamericana tuvo una duración distinta en los países de la región. Como se observa en la gráfica, los ciclos vitales más prolongados fueron los que experimentaron aquellos sistemas que, habiendo empezado tempranamente su crecimiento, continuaron una modesta expansión hasta 1950, como Argentina y Brasil. En otros, un inicio retardado estrechó el arco temporal en que el ferrocarril vivió su época dorada, como sucedió claramente en Colombia y hasta cierto punto en Perú. Además, la gráfica muestra el crecimiento acelerado que experimentaron las redes ferroviarias de la región hasta 1930, y la desaceleración, o incluso retroceso, a partir de entonces.

Vale la pena reparar en algunos indicadores comparables para destacar los contrastes que exhibían los sistemas ferroviarios de los diferentes países en el clímax de su expansión, digamos, hacia 1930. Argentina, Brasil y México destacaban en ese entonces por poseer las redes más extensas, aunque la mayor densidad la tenía indiscutiblemente Cuba, con 47 km de vía por cada 1 000 km^2 de territorio, seguida por Uruguay, Argentina y México. La red de Brasil, pese a su gran extensión, tenía en cambio una densidad muy baja respecto a la inmensidad de su territorio, comparable con la de los países menos dotados de vías férreas en la región, ejemplificados aquí por Colombia y Perú. En términos de la dotación de vías férreas con respecto a la población, tan sólo Argentina despuntaba —debido en parte a su menor densidad demográfica— con más de 3 km por cada 1 000 habitantes, una dotación que duplicaba y hasta triplicaba la de los otros países de la región.

---

en seguida, ésta fue muy elevada en Cuba y en Uruguay, mientras que fue considerablemente baja en Brasil.

Gráfica 2. Extensión de las vías férreas, 1860-2000

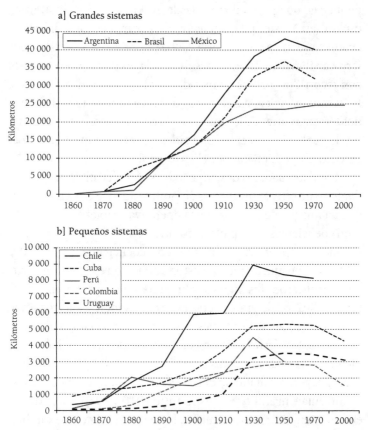

a] Grandes sistemas

b] Pequeños sistemas

Fuente: véase apéndice de Indicadores al final del volumen.

Aunque más allá de estos indicadores básicos la información empieza a ser más fragmentaria, disponemos de algunos parámetros sobre la operación y el desempeño que pueden ser de interés. Algunos conciernen a los servicios de tráfico prestados por los sistemas ferroviarios. En el tráfico de pasajeros, Argentina y Brasil exhiben una escala distinta al resto de América Latina, con cifras que rebasaron los 150 millones de recorridos por año en 1930, mientras que el resto de los países no superaron los 20 millones.

En todos los casos el pasaje recorría distancias relativamente pequeñas, que promediaron desde 26 km (en Argentina) hasta 69 km (en México). La situación de la carga es muy diferente: cuatro países (Argentina, Brasil, Cuba y México) transportaron por ferrocarril más de 10 millones de toneladas de carga en ese año, con recorridos medios de más de 180 km en tres de esos casos. En términos generales, el tráfico de carga proporcionó al menos dos terceras partes de los ingresos derivados del servicio ferroviario, lo cual es consistente con la idea de que éste fue el principal servicio proporcionado por el ferrocarril.

Los datos sobre el desempeño no son suficientemente abundantes para ofrecer un análisis en profundidad. No obstante, surge una imagen de una eficiencia operativa aceptable hasta 1930 (con coeficientes de explotación entre 70 y 90%), que a partir de entonces empeora radicalmente, con coeficientes entre 200 y 300%, lo que indica que los gastos duplicaron (o, como en Uruguay, triplicaron) los ingresos obtenidos de la operación. Un último indicador de gran interés es el de los ingresos ferroviarios como porcentaje del PIB, pues nos permite apreciar la participación del sector ferroviario en la formación de riqueza. Lamentablemente, sólo disponemos de este dato para dos países, México y Uruguay. El resultado no deja de ser revelador: en ambos casos, el porcentaje más alto se registra entre 1910 y 1930, y a partir de entonces empieza a disminuir en forma progresiva e inexorable. Esto confirma lo que con otro tipo de evidencia se sostuvo a lo largo de esta introducción, a saber, que a partir de los años treinta, los ferrocarriles iniciaron un declive que los llevó a perder centralidad en la vida económica de sus respectivos países.

Si bien el carácter fragmentario de los datos impide seguir ahondando en estas comparaciones cuantitativas, tienen la enorme utilidad de mostrar que la existencia de pautas, modalidades y ritmos comunes no llevan a disipar las particularidades irreductibles que tuvo la experiencia ferroviaria en cada uno de los países de América Latina.

BIBLIOGRAFÍA

Coatsworth, John H. (1984), *El impacto económico de los ferrocarriles en el porfiriato. Crecimiento contra desarrollo*, México, Era.

Fishlow, Albert (1965), *American Railroads and the Transformation of the Ante-bellum Economy*, Cambridge, Harvard University Press.

Fogel, Robert W. (1964), *Railroads and American Economic Growth: Essays in Econometric History*, Baltimore, The Johns Hopkins Press.

Herranz-Loncán, Alfonso (2014), "Transport Technology and Economic Expansion: The Growth Contribution of Railways in Latin America before 1914", *Revista de Historia Económica*, vol. 32, núm. 1, marzo, pp. 13-45.

—— (2011), "El impacto directo del ferrocarril sobre el crecimiento económico argentino durante la primera globalización", *Revista Uruguaya de Historia Económica*, vol. 1, núm. 1, noviembre, pp. 34-53.

Hirschmann, Albert (1958), *La estrategia del desarrollo económico*, México, FCE.

Lewis, Colin (1983), "The Financing of Railway Development in Latin America, 1850-1914", *Ibero-Amerikanisches Archiv*, vol. 9, núm. 3-4, pp. 255-278.

Maddison, Angus (2001), *The World Economy: A Millennial Perspective*, París, OCDE.

Meisel R., Adolfo, María Teresa Ramírez y Juliana Jaramillo (2014), "Too Late but Profitable: Railroads in Colombia during 1920-1950", *Borradores de Economía*, núm. 838, Bogotá, Banco de la República.

Mitchell, B.R. (2003), *International Historical Statistics: The Americas, 1750-2000*, Houndmills, Palgrave.

Ramírez, María Teresa (2001), "Los ferrocarriles y su impacto sobre la economía colombiana", *Revista de Historia Económica*, vol. 19, núm. 1, pp. 81-122.

Rodrigue, Jean-Paul, Claude Comtois y Brian Slack (2013), *The Geography of Transport Systems*, Nueva York, Routledge.

Rostow, Walter W. (1961), *Las etapas del crecimiento económico*, México, FCE.

—— (coord.) (1998) *Historia de los ferrocarriles de Iberoamérica (1837-1995)*, Madrid, Centro de Estudios y Experimentación de Obras

Públicas–Centro de Estudios Históricos de Obras Públicas y Urbanismo–Fundación de los Ferrocarriles Españoles.

Sanz Fernández, Jesús (coord.) (1998), *Guía histórica de los ferrocarriles iberoamericanos (1837-1995)* [disco compacto], Madrid, Centro de Estudios y Experimentación de Obras Públicas–Centro de Estudios Históricos de Obras Públicas y Urbanismo–Fundación de los Ferrocarriles Españoles.

Summerhill, William R. (2005), "Big Social Savings in a Small Laggard Economy: Railroad-led Growth in Brazil", *Journal of Economic History*, 65, núm.1, pp. 72-102.

—— (2006), *Order against Progress. Government, Foreign Investment, and Railroads in Brazil, 1854-1913*, Stanford, Stanford University Press.

Wilkins, Mira (1988), "The Free-Standing Company, 1870-1914: An Important Type of British Foreign Direct Investment", *The Economic History Review*, vol. 41, núm. 2, mayo, pp. 259-282.

1
MÉXICO

Sandra Kuntz Ficker

INTRODUCCIÓN

Debido a una suma de factores internos y externos que se rese-
ñarán en su oportunidad, México arribó con retraso a la era del
ferrocarril que a partir de la década de 1830 transformó al mundo occidental. Salvo por una línea inaugurada en 1873, en este
país la época del auge ferroviario arrancó en 1880 y coincidió
temporalmente con el largo régimen autoritario de Porfirio Díaz
(1876-1911) que se conoce como el Porfiriato. No sólo se con-
formó entonces el sistema de vías férreas que en sus rasgos esenciales habría de permanecer hasta tiempos recientes, sino que fue
en este periodo de alrededor de 30 años cuando los ferrocarriles tuvieron una clara centralidad en la vida económica del país,
pues al término de ese lapso diversas circunstancias los llevarían
a un prolongado ocaso.

   Uno de los rasgos principales del Porfiriato fue el esfuerzo
por modernizar la economía mexicana e insertarla favorablemen-
te en la economía internacional. La construcción de ferrocarriles
y de otras obras de infraestructura (puertos, drenaje, electricidad) se colocó en el centro del proyecto de modernización; al
materializarse contribuyeron al inicio de la industrialización en
el marco de un modelo de crecimiento liderado por las exportaciones. El propósito de este trabajo es analizar los alcances del
mayor logro de la modernización porfiriana: la constitución de
una red ferroviaria de alcance nacional. En la primera sección se

describe la situación del transporte en México antes de la llegada del ferrocarril y se exponen las limitaciones que la falta de medios eficientes y baratos imponía al desenvolvimiento económico de la nación. En la segunda se detalla el proceso de expansión de las líneas y el papel que en éste desempeñaron las políticas públicas y el entorno económico dentro y fuera del país. Una tercera sección expone los alcances y limitaciones del sistema ferroviario construido durante este periodo. En la cuarta se aborda la dimensión empresarial de los ferrocarriles y en la quinta su contribución económica durante la etapa de auge. El capítulo finaliza con un epílogo que describe brevemente lo que sucedió con el sistema ferroviario mexicano a partir de entonces.

1. DE LOS CAMINOS AL FERROCARRIL

Como han reconocido todos los estudiosos del tema, las condiciones geográficas de la República Mexicana no son especialmente favorables para la comunicación interior. En México casi no hay ríos navegables y en ambos lados del territorio las extensas zonas costeras están separadas de la meseta central por cadenas montañosas que lo cortan de norte a sur. Históricamente, la difícil topografía elevó los costos de construir y mantener una red carretera. El sistema de caminos que se tendió durante la época colonial fue afectado por la guerra de Independencia (1810-1820) y por las guerras intestinas e internacionales que se sucedieron en el medio siglo posterior a su culminación (en 1821), y sobre estos daños se acumuló el abandono resultante de las dificultades políticas y la escasez de recursos. La precariedad y la carestía del transporte crearon serios obstáculos a la comunicación entre comarcas y regiones, aunque lo cierto es que la falta de integración de los mercados era tan sólo una de las manifestaciones de la fragmentación política y económica de la nación.

La situación política comenzó a estabilizarse a finales del decenio de 1860, cuando el breve imperio de Maximiliano fue derrocado y el ejército francés fue expulsado del país por los liberales, quienes llegaron entonces al poder para permanecer en él durante los siguientes 50 años. Sin embargo, la situación económica no mejoró de la noche a la mañana. El régimen liberal, aún incipiente, enfrentaba retos descomunales para estabilizar sus finanzas, recuperar el crédito externo y crear un marco institucional que alentara la recuperación económica. Con respecto a la infraestructura de transporte, a principios del decenio de 1870 México disponía de una línea férrea que comunicaba la ciudad de México con el puerto de Veracruz, a la que se sumaban otros fragmentos de vías de escasa importancia. Además, poseía unos 9 000 km de carreteras de diverso tipo y calidad, concentrados en la zona central, claramente insuficientes para comunicar un territorio de 2 millones de kilómetros cuadrados. Cerca de la mitad de estos caminos se podía transitar con vehículos, mientras que el resto sólo era apto para el paso de animales. De acuerdo con la información disponible, la mayor parte del tránsito de pasajeros se realizaba a pie, mientras que en el tráfico de carga reinaba la arriería, cuya flexibilidad y adaptabilidad la hacía superior a las alternativas disponibles. Este precario sistema carretero estaba sujeto, además, a variaciones estacionales, pues muchos caminos se inhabilitaban en la época de lluvias, y a las alcabalas, sistema de aduanas interiores que imponía trabas y costos adicionales al traslado de mercancías.

En general se acepta que la carencia de medios de transporte constituyó uno de los más serios obstáculos al crecimiento económico de México hasta el último tercio del siglo XIX, pues afectaba la actividad económica al encarecer los costos de traslado de bienes y personas. Ello limitaba la comercialización de los productos y la movilidad de la población, preservaba la fragmentación de los mercados y reducía las ventajas de la especialización productiva. Asimismo, contribuía a mantener amplias franjas de la actividad económica fuera de la esfera de la economía mercantil, aunque por supuesto no era el único factor que actuaba en este sentido. La circulación de artículos básicos tenía lugar en una escala reducida y se confinaba a circuitos restringidos, como los que se realizaban para abastecer a la población urbana (20% del total en 1870) desde las zonas productoras. La comercialización a mediana y larga distancia era apta para aquellos artículos de alto valor por unidad de peso que toleraban los elevados costos de transporte.

Si se considera que la tecnología ferroviaria se encontraba disponible desde el decenio de 1830, que la primera concesión para tender vías férreas se otorgó en México en fecha tan temprana como 1837, y que la opinión pública depositaba grandes expectativas en la introducción del nuevo medio de transporte, es difícil entender por qué el país tardó tanto tiempo en incorporarse a la era ferroviaria. Podemos identificar algunas causas relacionadas con el contexto general de la época. La persistencia de fuertes autonomías regionales, la lucha entre facciones y la debilidad financiera del Estado impedían que éste asumiera la responsabilidad en una empresa de grandes dimensiones como la ferroviaria. Del otro lado, en un país en el que el mercado de capitales era estrecho y poco organizado y la disponibilidad de recursos escasa, la inestabilidad interna y varios episodios de guerra con el extranjero contribuían a desalentar la inversión privada. La guerra con Estados Unidos (1846-1848) que concluyó con la pérdida de la mitad del territorio, provocó recelo entre las élites mexicanas frente a las inversiones que pudieran originarse en ese país, mientras que el prolongado incumplimiento del servicio de la deuda externa y el desenlace de la intervención francesa (1861-1867) apartaron a México de los mercados de capitales en Europa. Más allá de estas condiciones generales, como ha señalado Paolo Riguzzi, los ferrocarriles no se construyeron antes porque no existía en México una demanda suficiente para justificar una empresa de esa magnitud. Por estas razones, no había garantía alguna de que la inversión en ferro-

carriles fuera rentable. La consecuencia era un círculo vicioso
que difícilmente podía superarse sin la intervención de un elemento externo: mientras el mercado internacional de capitales
se mantenía cerrado para México, las pequeñas dimensiones de
la economía limitaban los recursos disponibles y justificaban la
reticencia de los empresarios mexicanos a invertir en la construcción de vías férreas.

Antes del Porfiriato, la tecnología ferroviaria se introdujo en
México con notable lentitud. En 1860 existían tan sólo 24 km
de líneas de ferrocarril, y en 1876 la cifra había aumentado a
apenas 640 km en total. De ellos, 425 correspondían al Ferrocarril Mexicano, la vía que comunicaba a la ciudad de México con
Veracruz, el principal puerto del país, y cuya concesión se había
otorgado en 1837 y transitado por numerosas peripecias antes
de inaugurarse en enero de 1873. Pese a que en su momento la
empresa constructora (de origen inglés) brindó su respaldo al
impero de Maximiliano, al regresar al poder los liberales le reva-
lidaron la concesión bajo condiciones muy poco favorables para
el país. En el contrato entonces suscrito se contemplaba un subsidio anual muy elevado (de 32 000 pesos por kilómetro construido) y se otorgaban prerrogativas nunca repetidas en las concesiones posteriores. Entre ellas, cabe mencionar la autorización
de imponer tarifas de hasta 16 centavos por ton/km, que se dis-
tinguirían por ser las más altas de todo el periodo subsecuente.

Además de la vía principal del Ferrocarril Mexicano operaban
entonces pequeños ramales que conectaban a algunas haciendas
con aquella línea troncal y por los que corrían los llamados trenes
"de mulitas". Fuera de esta zona, se encontraban en construcción
la línea de México a Toluca y Cuautitlán, que en 1876 contaba con
unos 11 km, y la de Mérida a Progreso, con un avance apenas un
poco mayor. En fin, algunas concesiones ya otorgadas habían tenido pocos resultados prácticos hasta entonces, como la que buscaba materializar el proyecto de construir una vía interoceánica
a través del Istmo de Tehuantepec. El principal problema en ese

entonces no era que se presentaran al gobierno pocas solicitudes para tender vías férreas, sino que muchas de ellas eran de carácter especulativo u ofrecían pocas garantías de cumplimiento.

2. LA POLÍTICA FERROVIARIA
Y LA CONSTRUCCIÓN DE LA RED

El bajo nivel de actividad económica, la estrechez del mercado de capitales y el escaso interés de los empresarios nacionales por invertir en ferrocarriles hizo evidente que el proyecto de expansión ferroviaria sólo podría llevarse a cabo a partir de una decisión política en pos de la modernización económica. Esto postergó su inicio hasta que el gobierno asumió la responsabilidad de promoverlo mediante algún esquema de cooperación con el capital privado. Inicialmente, la élite gobernante buscó apoyarse en las energías internas para llevarlo a cabo, pero se enfrentó a las realidades ya mencionadas de que el capital era escaso y tenía otras preferencias de inversión. Así, sólo en una segunda etapa se admitió la necesidad de recurrir a la inversión extranjera. Fue mediante el convencimiento de que el impulso debía provenir desde arriba y los recursos desde fuera, que el proyecto de desarrollo ferroviario pudo empezar a materializarse. Como se puede imaginar, el camino en pos de ese propósito no fue lineal o carente de obstáculos, sino que recorrió distintas fases, que correspondían a circunstancias diversas y que llevaron a modificaciones en la política inicial. De estas fases de la política y la expansión ferroviaria nos ocupamos a continuación.

a] El esfuerzo desde dentro: 1876-1880

El primer impulso a la construcción de ferrocarriles se concentró en los recursos internos, enfocándose en promover las concesiones a particulares, ya fuera en forma directa o a través de los gobiernos estatales. En ambos casos, se buscaba la organización de compañías con participación de empresarios locales para tender líneas férreas de alcance regional. A estas compañías se otorgaría un subsidio de la federación de 8 000 pesos por kilómetro construido, a más de exenciones de impuestos y de las subvenciones que los propios gobiernos de los estados estuvieran dispuestos a conceder. La expectativa era que a partir de estas iniciativas de alcance regional se fuera tejiendo una red cada vez más vasta que a la postre condujera a un sistema que vinculara internamente al país. La iniciativa tuvo una respuesta aceptable en términos formales, pues alrededor de 30 concesiones fueron solicitadas y otorgadas, pero la mayor parte de estas concesiones no llegó a materializarse. Las que lo hicieron, llevaron a la construcción de apenas unos 226 km de líneas, consistentes en fragmentos inconexos de vías férreas localizados en territorios distantes entre sí. El resultado estaba, en cualquier caso, muy lejos del propósito de conformar en el mediano plazo una red de transportes de alcance nacional. En conjunto, para 1880 el país disponía de 963 km de ferrocarril.

b] El gran impulso: 1880-1892

Fue probablemente el éxito tan restringido de este primer intento lo que orilló al gobierno porfirista a tomar la doble decisión de colocar el proyecto ferroviario en manos del gobierno federal y de abrir el sector a la inversión extranjera. Este giro en la política ferroviaria se produjo hacia el final del primer periodo presidencial de Díaz, y coincidió con la aproximación de varias líneas férreas estadounidenses a la frontera con México. Ello propició un interés concreto (y menos especulativo que el que se había manifestado en ocasiones anteriores) por parte de empresas de Estados Unidos para extender sus sistemas ferroviarios más allá de la frontera y adentrarse en el territorio mexicano.

La convergencia de la nueva estrategia del gobierno con el interés de empresas estadounidenses por invertir en los ferrocarriles mexicanos condujo a la etapa más exitosa de expansión ferroviaria que México haya experimentado en toda su historia. Contrariamente a lo que a veces se ha pensado, las concesiones que dieron lugar a este fenómeno no fueron especialmente onerosas para la hacienda pública o desfavorables para la soberanía nacional. Antes bien, comparadas con la que Benito Juárez concedió al Ferrocarril Mexicano, resultan mesuradas y prudentes. Los contratos otorgaban un subsidio en efectivo de entre 8 000 y 9 500 pesos por kilómetro construido para las principales líneas troncales; limitaban la concesión para explotar las líneas a 99 años, tras los cuales todas las propiedades pasarían, sin costo alguno, a poder de la nación, y establecían tarifas máximas de 6 centavos por ton/km. En el terreno jurídico, las concesiones establecían que las empresas serían consideradas mexicanas, obligándolas a someterse a los tribunales nacionales para la resolución de cualquier controversia y a renunciar a cualquier derecho de extranjería. Finalmente, al igual que las concesiones antes otorgadas, éstas eximían de impuestos a los capitales involucrados en las obras de construcción.

Bajo estas condiciones se otorgaron las concesiones para construir las dos líneas principales que habrían de atravesar el territorio nacional desde distintos puntos de la frontera con Estados Unidos hasta la capital. Por un lado, el Ferrocarril Central Mexicano (FCM), cuya línea de vía ancha entre Ciudad Juárez (en aquel entonces llamada Paso del Norte) y la ciudad de México se terminó en 1884. Por el otro, el Ferrocarril Nacional Mexicano (FNM), que tendió una línea de vía angosta entre Laredo, en el estado de Tamaulipas, y la capital, concluida en 1887. Si bien este último ofrecía el recorrido más corto entre la capital y la frontera de Estados Unidos (1 351 km, frente a 1 970 del

Central), su escantillón angosto la obligaba a cambiar de vagones su carga para continuar los recorridos en ese país.

Las empresas constructoras tenían predominio de capital estadounidense, y de hecho se encontraban vinculadas con compañías ferroviarias dentro de Estados Unidos a través de la participación accionaria y de la presencia en las juntas directivas. No obstante, como se dijo antes, por prescripción contractual eran formal y jurídicamente mexicanas, y debían someterse a la jurisdicción de tribunales del país. Otras dos líneas se concesionaron entonces a empresas estadounidenses: el Ferrocarril de Sonora (FS), entre Guaymas y Nogales, y el Ferrocarril Internacional (FI), línea no subvencionada que desde Piedras Negras cruzó el estado de Coahuila para desembocar en la capital del estado de Durango.

Desde el principio se consideró que era preciso balancear la presencia estadounidense en los ferrocarriles mexicanos con la de capitales provenientes de Europa. Para ello fue necesario regularizar las relaciones de México con la comunidad financiera internacional, lo que se logró mediante una renegociación de la deuda externa y la reanudación de su pago. Estas medidas dieron paso al restablecimiento de relaciones diplomáticas con las principales potencias europeas y crearon condiciones de certidumbre para las inversiones que se realizaran en el país. A fines del decenio de 1880 el renovado interés de los ingleses se materializó en la construcción de dos líneas en el centro-sur del territorio nacional: el Ferrocarril Interoceánico (FIO), competidor del Ferrocarril Mexicano (FM) entre la capital y el puerto de Veracruz, y el Ferrocarril Mexicano del Sur (FMS), entre Puebla y Oaxaca. Finalmente, el gobierno decidió llevar a cabo con recursos públicos la obra del Ferrocarril Nacional de Tehuantepec (FNT), que por su localización era considerada estratégica, pues cruzaba de un extremo al otro el Istmo de Tehuantepec. Para ello, en 1882 adquirió el tramo de 35 km que había tendido una empresa privada y tomó en sus manos su continuación mediante el empleo de contratistas. Sin embargo, la insalubridad de la zona y la falta de recursos hicieron que la construcción se suspendiera entre 1884 y 1889.

El impulso más poderoso de expansión ferroviaria en la historia de México resultó en el tendido de 9 500 km de vía férrea en un lapso de 12 años, o casi 800 km como promedio anual, para un total de 10 300 km de líneas concluidas para 1892. En el mapa de la p. 78 se ilustra la disposición de todas las líneas que llegaron a conformar el sistema ferroviario nacional y se identifica a las más importantes, mostrando asimismo sus conexiones con los ferrocarriles de Estados Unidos.

c] Restricción y regulación: 1892-1902

Como se dijo antes, México disfrutó de la condición excepcional de poseer acceso a dos de los principales mercados de capitales del mundo para la construcción de su sistema ferroviario. A principios de los años noventa esta dualidad en los orígenes de la inversión se traducía en dos pautas empresariales distintas: las líneas que partían de la frontera norte eran de propiedad estadounidense y seguían de cerca el modelo empresarial de ese país; las que se construyeron en el centro-sur, particularmente en torno al eje México-Puebla-Veracruz, eran de propiedad británica. Hubo, no obstante, excepciones a este patrón, ejemplificadas por el caso del empresario inglés que incursionó en los ferrocarriles norteños (el de Coahuila y Zacatecas), o la compañía belga que adquirió el Ferrocarril de Monterrey al Golfo (FMG) en 1895 (aunque una década más tarde éste fue a parar a manos del Ferrocarril Central).

En cambio, como ha mostrado Paolo Riguzzi, la participación de empresarios mexicanos en la construcción de ferrocarriles fue pequeña y muy localizada en términos geográficos. Básicamente ésta se redujo a tres proyectos: el Ferrocarril de Morelos, el Ferrocarril de Hidalgo, y las líneas que conectaban a Mérida con varias poblaciones y con el puerto de Progreso (fusionadas más tarde en los Ferrocarriles Unidos de Yucatán [FUY]), controladas por empresarios vinculados con la producción y exportación del henequén. De los tres, solamente este último se mantuvo en manos de mexicanos hasta el final del periodo. El primero fue traspasado al FIO en 1888, y el segundo lo absorbió el FNM en 1906. Otras concesiones originalmente otorgadas a empresarios nativos tuvieron un destino similar. En fin, también mexicana era la empresa de propiedad estatal del Ferrocarril Nacional de Tehuantepec (FNT), cuya construcción se reanudó en 1890 gracias a varios préstamos contratados en el exterior. La línea principal de 310 km se concluyó en 1894, pero la falta de instalaciones portuarias en ambas terminales y la precariedad de la construcción impidieron que operara con éxito, por lo que a inicios de 1900 debió emprenderse su reconstrucción.

Dos factores contribuyeron a poner fin a la etapa más expansiva de auge ferroviario: la crisis económica interna e internacional de 1890-1891, y la percepción por parte del gobierno de que los objetivos básicos del proyecto ferroviario se habían alcanzado con el tendido de las principales líneas troncales. La crisis incidió negativamente en el sector desde varios ángulos. Disminuyó drásticamente la disponibilidad de capitales en los países inversionistas; provocó una reducción severa, aunque transitoria, en la demanda interna de servicios ferroviarios, y contrajo la rentabilidad de las inversiones en las empresas de ferrocarril. Este último fenómeno se vio agudizado por la devaluación del peso que se venía sintiendo desde finales de la década de 1870 y que se acentuó a principios del decenio de 1890.

La percepción de que el esfuerzo de construcción había cumplido sus objetivos básicos no significó poner un alto al tendido de líneas, pero sí asumir una postura más selectiva y restrictiva en términos de concesiones y subsidios. También implicó un mayor control gubernamental de las operaciones de las empresas ferroviarias. El afán regulatorio se manifestó ya en 1891 con la creación de la Secretaría de Comunicaciones y Obras Públicas, que sometió a un análisis más riguroso el otorgamiento de concesiones. En estrecho acuerdo con la Secretaría de Hacienda a cargo de José Yves Limantour desde 1892, dicha Secretaría hizo intentos por regular la competencia entre las principales empresas y por imprimir una mayor uniformidad al sistema tarifario. En 1898 Limantour diseñó un plan al que a partir de entonces habría de sujetarse la construcción de ferrocarriles. Entre las novedades merece mencionarse la exigencia de mayores garantías para otorgar una concesión, la restricción temporal de las exenciones fiscales y el establecimiento de un doble límite a los subsidios gubernamentales. A partir de entonces, éstos sólo se concederían a ciertas rutas prioritarias, como las que desembocaran en alguno de los océanos o la que alcanzara la frontera con Guatemala; por el otro, no se pagarían en efectivo, sino en bonos de la deuda interior. Los esfuerzos de regulación y control culminaron con la expedición de la Ley sobre Ferrocarriles en 1899.

Los resultados de este giro en la política ferroviaria fueron una disminución considerable en la firma de nuevos contratos y en el ritmo de construcción. El FCM, que se había consolidado como la mayor empresa del país, enfrentó la nueva política restrictiva absorbiendo varias concesiones que le permitirían expandir su radio de influencia. En cuanto al tendido de nuevas líneas, si bien es cierto que algunas que se habían iniciado en la década anterior se terminaron durante estos años (como el FI y el FMS, ambos concluidos en 1892), también lo es que la mayor parte de los trabajos se concentraron entonces en el tendido de ramales. Finalmente, las grandes empresas del norte (FCM, FNM y FI) se enfrascaron en una competencia territorial que las llevó a invadir el territorio de sus competidoras y a tender líneas paralelas que producían duplicaciones indeseables en el sistema. El caso más ostensible fue el de la ruta entre Torreón y Monterrey, que terminó teniendo tres vías de ferrocarril. Como

resultado de las nuevas condiciones, en estos ocho años solamente se incrementó la extensión de la red en 3 000 km adicionales, o un promedio de 375 km por año, para un total de
13 300 en 1900.

d] Intervención y propiedad estatal: 1900-1910

En los años siguientes se otorgaron concesiones para construir
las líneas consideradas prioritarias por el plan de 1898 y para
otras que no contaban con subsidio gubernamental. Si bien no
todas las líneas proyectadas se completaron, este último impulso de construcción llevó al tendido de 6 450 km adicionales
de ferrocarril para sumar cerca de 20 000 km en 1910. Entre los
principales logros de esta fase se encuentran el tramo de Guadalajara a Manzanillo del Ferrocarril Central, que representó la
primera salida al Pacífico desde el altiplano central, concluida en
1909; el Ferrocarril Nacional de Tehuantepec (FT), propiedad
del Estado, que operó con regularidad a partir de 1907, y el
Ferrocarril Panamericano (FP), que, partiendo del anterior (el FT),
desembocó en 1908 en la frontera con Guatemala. También
se tendió entonces una línea que unía al ferrocarril de Veracruz
con el de Tehuantepec, originalmente de propiedad privada pero
que terminó en manos del gobierno debido a que se declaró en
quiebra a un año de su conclusión. Otros avances importantes
tuvieron lugar en el noroccidente del país. El Ferrocarril de Sonora (FS), cuyo trazado original iba de Nogales a Guaymas, se
volvió parte del sistema estadounidense del Southern Pacific, se
renombró Ferrocarril Sud-Pacífico (FSP) y se expandió hacia
el sur con miras a desembocar en Guadalajara. El estallido de
la Revolución obligó a suspender los trabajos, de manera que la
obra se interrumpió durante más de un decenio para completarse en 1927. Finalmente, dos empresas resultantes de proyectos
anteriores hicieron avances importantes en la difícil tarea de

surcar la Sierra Madre Occidental en el norte del país. Por un lado, el Ferrocarril Kansas City, México y Oriente (FKC) construyó tramos desde el oriente de Chihuahua, pasando por esta ciudad y apuntando hacia el Pacífico, completando un total de 390 km en 1910. Por el otro, el Ferrocarril del Noroeste de México (FNO) tendió fragmentos de línea desde el norte y desde el sur con vistas a completar una línea de Ciudad Juárez a la capital de Chihuahua. En ambos casos, los trabajos fueron interrumpidos por el estallido de la Revolución.

La guerra competitiva entre las principales empresas prosiguió a inicios del siglo XX. El Ferrocarril Central adquirió dos líneas en proceso de construcción: la de México a Cuernavaca y el Pacífico, con el fin de acceder a la costa occidental, y la de Pachuca a Tampico, que ofrecería una salida al Golfo de México desde el centro del país. Por su parte, el Nacional adquirió el Ferrocarril de Hidalgo y el control del Ferrocarril Internacional. Pero al mismo tiempo, como consecuencia del debilitamiento financiero provocado por este afán de expansión, la propiedad de ambas compañías empezó a cambiar de manos: la casa Speyer obtuvo el control del Ferrocarril Nacional, en tanto Henry Clay Pierce, empresario petrolero ligado a la Standard Oil, adquirió preponderancia en el Ferrocarril Central. Como ha explicado Arturo Grunstein, fue en esta coyuntura que el gobierno mexicano decidió intervenir para evitar una concentración de la propiedad ferroviaria que pudiera resultar perjudicial para los intereses del país. La ocasión se presentó cuando el Ferrocarril Nacional quiso aprovechar una subasta de *debentures* del Ferrocarril Interocéanico para sumarlo a su sistema. En esa oportunidad, el gobierno ganó la subasta y adquirió los bonos referidos, utilizándolos luego para negociar con Speyer un trato que le permitiera adquirir una participación en el Nacional.

El Central prosiguió su expansión adquiriendo el Ferrocarril de Monterrey al Golfo (FMG), lo cual debilitó aún más su situación financiera. Para 1906 la empresa operaba el mayor sistema ferroviario de México pero se encontraba al borde del colapso, lo que la colocaba en grave riesgo de que la absorbiera alguna corporación estadounidense. A fin de evitar las graves consecuencias que ello tendría para el país, el gobierno decidió adquirir el control accionario del Central y fusionarlo con las otras empresas que ya controlaba, creando una nueva corporación de propiedad mixta bajo el nombre de Ferrocarriles Nacionales de México (FFNM). La operación se realizó mediante un canje de acciones y la garantía gubernamental sobre la deuda hipotecaria de la nueva corporación, resultante de la conversión de los títulos de las empresas que la conformaron. La expectativa era que la racionalización de los servicios y una administración estricta permitirían a los Nacionales cumplir con sus compromisos sin dificultad, lo que eximiría al gobierno de cualquier obligación pecuniaria. Sin embargo, los años de violencia asociados con la Revolución mexicana dieron al traste con esa posibilidad, imponiendo al gobierno una carga que dificultaría su reinserción en la comunidad financiera internacional y a la postre encaminando a la empresa en una ruta de insolvencia y declive que terminarían siendo irreparables. El tema es estudiado con lujo de detalle en la tesis doctoral de Arturo Valencia.

En la época de su creación en 1908, Ferrocarriles Nacionales no sólo era la mayor empresa de México, sino también uno de los primeros ejemplos de participación directa del Estado en la economía en el ámbito mundial. Disponía de 11 500 km de vías, equivalentes a dos terceras partes del sistema ferroviario del país. Pese a que el gobierno controlaba 51% de su capital accionario, decidió que su gestión debía mantenerse en manos privadas. En los pocos años de paz que siguieron, la fusión se mostró como un éxito rotundo: permitió eliminar líneas paralelas, disminuir gastos y organizar el tráfico de una manera más eficiente, lo que redundó en resultados operativos favorables hasta 1912, que no se repetirían nunca más.

Red ferroviaria de México, 1910 (y principales conexiones con Estados Unidos)

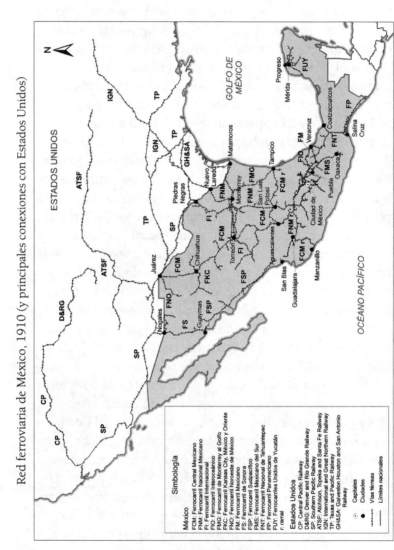

Fuente: elaboración propia con base en Calderón (1965), y Leal (1976: 11). Apoyo técnico del Departamento de Sistemas de Información Geográfica de El Colegio de México.

3. ALCANCES Y LIMITACIONES DE LA EXPANSIÓN FERROVIARIA

La estrategia de desarrollo ferroviario fue notablemente exitosa en su propósito de dotar al país de un sistema de transportes moderno, eficiente y barato. En un lapso de 30 años se construyeron en México alrededor de 20 000 km de líneas férreas de jurisdicción federal (sin contar ferrocarriles urbanos, portátiles y de uso particular). El tejido ferroviario reprodujo el trazado de las principales rutas coloniales y lo enriqueció con nuevos corredores cuyas poblaciones se integraron a la vida de la nación. El ferrocarril tocó la mayoría de las capitales estatales, las principales ciudades y muchas áreas cuyo potencial económico contribuyeron a desarrollar. Muchas de las líneas tenían un objetivo claramente desarrollista. Es decir, se construyeron *por delante de la demanda*, con el propósito de promover la colonización y la actividad económica en zonas que habían permanecido escasamente pobladas hasta ese entonces. Así sucedió en el norte, un territorio extenso cuya densidad demográfica en 1975 era de menos de tres habitantes por kilómetro cuadrado. Aunque el proceso de colonización resultó lento y parcial, los ferrocarriles impulsaron el florecimiento de nuevas regiones productoras y el surgimiento de polos de desarrollo regional en esa zona del país (Monterrey, La Laguna). En este sentido, responden claramente a la definición que Albert Fishlow forjó para los ferrocarriles construidos por delante de la demanda: "cero población, ferrocarriles, y luego desarrollo económico".

Por otra parte, la red ferroviaria abrió regiones mineras hasta entonces no explotadas, propiciando un doble fenómeno que sería crucial para el crecimiento económico del país. Por un lado, una ampliación geográfica de la producción minera, sobre todo en el norte, y por el otro, una diversificación productiva, pues la reducción en los costos de transporte hizo rentable la explotación de minerales de baja ley. Fue así que, además de plata (que México producía desde la época colonial) y oro (cuya producción en gran escala inició en la década de 1890), se empezaron a explotar minerales industriales como plomo y cobre. Además, una circunstancia fortuita (la imposición, en Estados Unidos, de altos derechos de importación a los minerales plomosos en 1891) impulsó la instalación de plantas beneficiadoras de metales tecnológicamente avanzadas en varias partes del norte del país, lo que incrementó considerablemente el valor agregado de las exportaciones. También en esos años se empezó a extraer carbón de yacimientos cercanos a las líneas del FI, con el cual se abasteció de combustible a los propios ferrocarriles y a las plantas metalúrgicas que desde entonces operaron en México.

Estos importantes logros no deben opacar las limitaciones del sistema ferroviario construido durante el Porfiriato. La más evidente es que, pese a sus dimensiones físicas, la red ferroviaria no llegó a abarcar la totalidad del territorio. Así, las penínsulas de Yucatán y de Baja California no dispusieron de vías férreas que las comunicaran con el centro de México. Por otro lado, solamente dos accesos ferroviarios al Pacífico se completaron en este periodo, mientras que varios otros que desde el norte o el centro apuntaban en esa dirección permanecieron inconclusos debido al estallido de la Revolución. Otra limitación tuvo que ver con la falta de medios complementarios de transporte: carreteras de primero y segundo orden, caminos vecinales, veredas; es decir, un sistema carretero complejo que penetrara hasta el último rincón del territorio con un tejido denso y adecuado a las necesidades de tráfico en cada lugar. La expansión ferroviaria concentró a tal punto los recursos del Estado que dejó muy poco lugar para otros proyectos de infraestructura de transporte. De hecho, a partir de mediados de los noventa el tendido y mantenimiento de carreteras se dejó en manos de los gobiernos estatales. La falta de un sistema de caminos que complementara al ferrocarril restringió la penetración de la red ferroviaria. Ello privó a los ferrocarriles del acceso a mercados más amplios, pero también de una alimentación de carga más abundante y diversificada, restringiendo sus efectos en la integración del mercado interno.

Es sabido que la construcción de ferrocarriles produce cambios en la posición *relativa* de las distintas zonas respecto a los mercados; este resultado común se acentuó en México como consecuencia de la escasez de vías complementarias de comunicación. Las líneas férreas ejercían un efecto de *acercamiento* para las zonas favorecidas por el paso del tren y de *alejamiento* para las marginadas de él. Incluso en los estados mejor dotados de vías férreas, el trazado de éstas produjo desajustes y desequilibrios internos. Aunque el balance general fuera positivo, no necesariamente lo era en el plano regional. Antiguas zonas productoras perdían su ventaja comparativa ante otras que, aunque con una dotación inferior de recursos naturales, disponían de una mejor ubicación respecto al único medio de transporte moderno. De esta manera, el ferrocarril propició una reorganización del espacio económico.

Un balance de los costos y beneficios del programa de expansión ferroviaria no puede pasar por alto el costo que tuvo para la nación. Parte del sistema se hizo con el respaldo gubernamental bajo la forma de subsidios por kilómetro construido, exenciones fiscales y la donación de terrenos nacionales para el derecho de vía. La política de subsidios fue un sustituto indispensable para un mercado de capitales débil, un empresariado poco dispuesto a invertir en este sector, cuya tasa de rentabilidad se encontraba por debajo de la que ofrecían otras actividades, y un marco institucional inicialmente muy deficiente. Ofreció entonces una prima de riesgo que llenaba la distancia existente entre las condiciones materiales, políticas e institucionales del país y una innovación que se percibía como fundamental para su mejoramiento. A medida que se cerró esta distancia, los subsidios se restringieron a unas cuantas líneas prioritarias y los privilegios que acompañaban a las concesiones se limitaron.

En conjunto, hasta 1910 el gobierno erogó en el fomento de la construcción de vías férreas un monto de 161 millones de pesos, que en esa época equivalían a 80 millones de dólares. De ellos, 46 millones de pesos se destinaron a construir la línea de 304 km del FNT. El resto se pagó a las líneas subvencionadas a lo largo de 30 años. Paolo Riguzzi ha calculado que solamente 17% de los subsidios se pagó con emisión de deuda externa, de manera que la política de subsidios no habría sido onerosa desde ese punto de vista. Otro 48% se cubrió con bonos de la deuda interna, pagadera en plata a un interés de 5%. Además de ser éste un interés bajo, la plata se encontraba en una espiral devaluatoria durante estos años, por lo que el costo en oro de esta deuda era cada vez menor, como lo era el ingreso para los acreedores. Del resto, sólo una pequeña parte se pagó en efectivo y otra, mayor, en certificados amortizables con derechos aduanales. Aun si todos los subsidios se contabilizaran a su valor nominal (lo que constituye una sobrestimación de su monto efectivo), el subsidio promedio de los 19 700 km restantes habría alcanzado 5 800 pesos por kilómetro, equivalentes a 2 900 dólares en 1910. Su costo para la nación, en esta estimación máxima, habría representado en promedio 10% de los ingresos federales entre 1880 y 1910.

Aunque el balance resulta en lo general positivo, debe albergar una consideración adicional: después de apenas unos cuantos lustros en que el sistema operó en plenitud, recibió el violento impacto de la guerra civil que estalló en México a finales de 1910. Sobre todo a partir de 1913, el uso militar de los ferrocarriles y la destrucción de infraestructura y equipo provocaron pérdidas pecuniarias y materiales de consideración. A ello se añadió, desde finales de 1914, la incautación de una parte del sistema por una de las facciones en pugna, lo que le infligió daños estructurales y de organización que los gobiernos posrevolucionarios no fueron capaces de reparar. Con excepción de algunos pequeños tramos, como el que permitió concluir el FSP en

Gráfica 1. Longitud de vías férreas, 1873-1994

Nota: se ilustra la extensión de la red hasta antes de la privatización debido a la dispari-
dad en las cifras posteriores a ese año. El tendido de nuevas vías fue muy modesto después de 1950. La máxima extensión se alcanzó en 1994, con un total de 26 725 km.
Fuente: INEGI (2000, II: 569-570).

1927, el tendido de nuevas líneas se redujo al mínimo, de manera que la red creció en menos de 3 000 km en los 80 años siguientes (gráfica 1). De allí que pueda decirse que la Revolución
mexicana puso fin, acaso en forma prematura, a la era dorada de
los ferrocarriles mexicanos.

4. LA DIMENSIÓN EMPRESARIAL

En México los ferrocarriles no fueron un buen negocio. Con alguna excepción notable, la explotación de las líneas no compensó los recursos invertidos. Como ha mostrado Riguzzi, entre 1885 y 1910 cinco de las seis mayores empresas no fueron
capaces de pagar dividendos con regularidad, y en la mitad de
esos años no pudieron siquiera cumplir con los intereses de su
deuda. Casi todas estuvieron sujetas a continuas renegociaciones y acuerdos con sus acreedores. La única compañía ferrovia-

ria rentable que operó en el país fue el Ferrocarril Mexicano, que pagó dividendos de 3.8% como promedio anual sobre su capital accionario. Su éxito se explica en parte por su ubicación en el circuito comercial más antiguo, cuya desembocadura en el puerto de Veracruz lo conectaba con el mercado internacional, asegurando desde el inicio de sus operaciones niveles aceptables de tráfico. Se explica también porque, debido a las condiciones especiales en que se negoció su concesión, operó con tarifas más elevadas que el resto del sistema durante todo el periodo (véase la gráfica 2).

Respecto a las otras empresas, diversos factores explican este pobre desempeño. Por un lado, las compañías estaban fuertemente sobrecapitalizadas, lo que elevaba el nivel de ingresos requerido para el pago de intereses a su capital accionario. Además, debido a la persistente devaluación de la plata, los ingresos operativos se volatilizaban al convertirse a oro, hasta que la reforma monetaria de 1905 estabilizó el tipo de cambio. Ello afectaba las finanzas de las compañías no sólo por los compromisos financieros contraídos en el exterior, sino también por su dependencia de insumos y equipo importados. Fernando González Roa ofrece un ejemplo ilustrativo de esta situación: la suma de las utilidades netas del Ferrocarril Central Mexicano entre 1892 y 1902 hubiera rebasado los 32 millones de dólares al tipo de cambio de 1892, pero sólo alcanzó 23 millones como resultado de la devaluación. En el mismo lapso, la empresa debió erogar 20 millones de dólares para atender su mantenimiento y explotación, equivalentes a 39 millones de pesos por efecto de la depreciación.

Si bien la política expansiva de las grandes empresas hizo aún más frágil su situación financiera al comenzar el siglo XX, la adquisición de una mayoría accionaria por parte del gobierno mexicano la mejoró de manera sustancial en el curso de este decenio. A ello contribuyó la reorganización financiera que siguió a la fusión de las compañías en los FFNM, la racionalización de las operaciones en manos de una sola administración (privada), la estandarización del ancho de la vía y la eliminación de líneas paralelas. De hecho, éstos fueron los únicos años en que las compañías pagaron regularmente su deuda y algún dividendo. Desafortunadamente, a partir de 1912 la Revolución mexicana dio al traste con esta mejora y asestó al sistema ferroviario de México un golpe que resultaría definitivo.

5. EL IMPACTO ECONÓMICO DE LOS FERROCARRILES EN LA ERA DE LA EXPANSIÓN

Para analizar las dimensiones básicas de la contribución de los ferrocarriles a la economía podemos recurrir al modelo de los "eslabonamientos" propuesto por Albert Hirschman. Entre las actividades económicas existen enlaces, gracias a los cuales el crecimiento en una rama de la producción puede incentivar la inversión en otras asociadas a ella. Los enlaces o eslabonamientos pueden ser *hacia atrás*, cuando un proceso productivo demanda bienes o servicios generados en otras áreas de la economía, o *hacia delante*, cuando ese mismo proceso productivo ofrece bienes o servicios para provecho de otras actividades.

A la llegada de los ferrocarriles a México, prácticamente no existían en el país campos de actividad que pudieran beneficiarse del proceso de expansión ferroviaria mediante enlaces hacia atrás. El mercado de capitales se encontraba poco desarrollado, no existía una industria de hierro y acero que pudiera abastecer a las empresas de rieles, ni mucho menos de vagones o locomotoras para ferrocarril. Los yacimientos carboníferos del norte de México no se habían explotado debido a restricciones financieras e institucionales. No se disponía del capital humano necesario para cubrir los puestos técnicos o administrativos que demandaba el sector. Como resultado de este rezago, las empresas ferroviarias debieron importar capitales, equipo, combustible y mano de obra calificada. Si bien en un principio la brecha que separaba a la economía mexicana del paquete de innovaciones que representaba el ferrocarril era insalvable, la introducción y operación de los ferrocarriles en México constituyó un estímulo para el desarrollo en varios de estos campos. A partir de 1892 inició la explotación de los yacimientos de carbón, que en parte sirvió como combustible para las locomotoras. A finales de siglo abrió sus puertas la escuela de maquinistas, lo que contribuyó a la "mexicanización" del personal ferroviario que se verificó entre 1908 y 1913. A inicios del siglo XX se estableció una gran planta siderúrgica, que surtió dos terceras partes de la demanda de rieles de FFNM entre 1909 y 1913. Aunque de manera tardía, el sector ferroviario terminó por construir enlaces de demanda con el resto de la economía mexicana. Guillermo Guajardo ha mostrado que hubo otros que se desarrollaron en el periodo posterior con el establecimiento de talleres y la fabricación de vagones para ferrocarril.

No obstante, la principal contribución de los ferrocarriles a la economía mexicana tuvo lugar por el lado de la oferta, y consistió en la provisión de servicios de transporte terrestre que mejoraron en forma sustancial los costos y las condiciones en que se realizaba el movimiento de bienes y personas en el interior del territorio. La superioridad de los ferrocarriles consistía en ofrecer un medio de transporte seguro y confiable, disponible todo el año, que en un menor tiempo podía realizar el traslado de una mayor cantidad de carga a un costo considerablemente inferior. Esta reducción en el costo del transporte es el equivalente monetario de un fenómeno económico de la mayor significación, pues representa un acortamiento de la distancia entre el productor y el consumidor, entre el industrial y sus insumos o sus fuentes de energía, entre el comerciante y sus clientes, entre el consumidor y los bienes que demanda. Al acercar los mercados entre sí, los ferrocarriles incrementan las dimensiones de aquéllos, su alcance geográfico, su densidad.

El efecto benéfico del ferrocarril en el mercado se traduce en un impacto positivo en la producción. En primer lugar, las actividades productivas no están ya sujetas a la localización de sus fuentes de energía o de aprovisionamiento. En segundo lugar, se abaratan tanto los insumos productivos como los artículos producidos, lo cual aumenta el número de consumidores y el alcance de los intercambios. En tercer lugar, la ampliación de los mercados fomenta el aumento de economías de escala y la adopción de nuevas técnicas, lo que a su vez contribuye a reducir los costos unitarios de producción. En el caso de la producción agrícola estas mismas condiciones propician la especialización productiva y la reorientación de los recursos hacia aquellas actividades con ventaja comparativa. Este proceso a su vez fomenta la complementariedad económica entre distintas regiones y, así, la integración de mercados cada vez más extensos.

En México, la escasez de medios alternativos de transporte permite apreciar mejor las ventajas del ferrocarril. Es sabido que las tarifas ferroviarias representaban una mejora sustancial respecto al costo del transporte no ferroviario, y aun aquéllas disminuyeron a lo largo del periodo. La gráfica 2 proporciona un indicador de esta evolución, que consiste en el ingreso medio por tonelada/kilómetro en las principales empresas ferroviarias del país.

Observadores de la época han calculado que el costo medio del transporte no ferroviario ascendía a 16 centavos por ton/km, aunque había grandes variaciones regionales y estacionales alrededor de ese promedio. Como se observa en la gráfica, incluso la empresa que cobraba las tarifas más altas (FM) tenía ingresos medios inferiores a esa cifra y, lo que es más relevante para nuestros propósitos, éstos cayeron en más de 60% entre 1880 y 1892. En las rutas del norte (FCM y FNM) las tarifas medias eran desde el principio mucho menores, y aun en esos casos se redujeron en alrededor de 40% respecto al nivel inicial. Las líneas de construcción más tardía empezaron a operar con tarifas más bajas, en parte por efecto de la competencia con las ya existentes. La gráfica muestra también que el costo promedio del transporte ferroviario experimentó una notable tendencia a la baja, sobre todo en los primeros 12 años, más acentuada aún si se atiende a los valores reales.

Gráfica 2. Ingresos medios por ton/km, principales empresas y promedio, 1880-1910

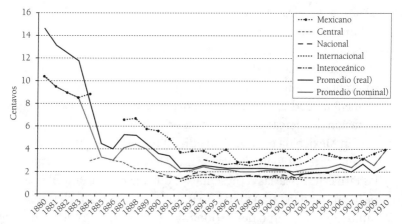

Fuentes: Kuntz Ficker (1996: 127). El promedio se presenta en valores nominales y reales, estos últimos deflactados con el índice de precios (1900 = 100) que ofrecen Gómez y Musacchio (2000), complementado con INEGI (2000, cuadro 17.3).

Naturalmente, esta disminución fue benéfica para la economía en general, ya que el costo del transporte representó una porción cada vez menor del precio final de todos los artículos que se trasladaban de un punto a otro para llegar a su destino. Sin embargo, no lo fue para todos *en la misma medida*, lo cual resulta crucial a la hora de establecer cuáles fueron los sectores, actividades y productos más favorecidos por el transporte ferroviario. El carácter diferencial de los beneficios es la consecuencia de dos factores. El primero es la política tarifaria, que implica una serie de decisiones relacionadas con la división en clases (cada una con un costo distinto) de la carga transportada y con la colocación de los diferentes artículos en cada una de las clases así establecidas. El segundo factor es la distinta relación peso-valor de los artículos transportados, en virtud de la cual los costos de transporte influyen en distinta medida en el precio final de los productos. En un producto de valor alto, estos costos representarán una porción pequeña del precio final, incluso si son extremadamente altos, mientras que en un producto de poco valor por unidad de peso, su impacto sobre el precio será mucho mayor. Entre los productos de más alta densidad de valor se encuentran los metales preciosos, mientras que en el extremo inferior figuran artículos baratos y pesados como el carbón. El mismo criterio se aplica a productos de todo tipo: hay manufacturas caras y baratas (la ropa de seda es más valiosa que los tejidos burdos de algodón) y, por supuesto, productos agrícolas de distinto valor: el café o la vainilla serán mucho más susceptibles de transportarse a cualquier costo que artículos baratos como el maíz y el frijol. En una economía con altos costos de transporte, la circulación de productos tenderá a restringirse a los artículos más valiosos, discriminando a los bienes con menor valor.

El cuadro 1 ejemplifica este fenómeno con base en la política tarifaria de la principal empresa (el FCM) y los precios de ciertos productos alimenticios. En él se calcula qué porcentaje representó el costo del transporte sobre el precio de estos artículos, suponiendo un recorrido de 400 km, tanto en ferrocarril (en dos años distintos) como por el medio alternativo más barato.

El cuadro incluye seis productos alimenticios con distintas densidades de valor, es decir, algunos más valiosos que otros, y orientados a diversos estratos de consumo: en la muestra, la carne y el café son los productos de mayor valor, y satisfacían el consumo suntuario de un segmento restringido de la población. El azúcar y el trigo son productos intermedios, componentes característicos de la canasta de consumo de las clases medias urbanas de la época. El maíz y el frijol son, en cambio, los artículos más baratos y de consumo básico para la mayor parte de la población.

Cuadro 1. Costo de transporte como porcentaje del precio
de algunos productos de consumo

| | Tipo de transporte | | |
Producto	No ferroviario 1889	Ferroviario* 1885/1886	1900
Carne	7	3	2
Café	9	4	2
Azúcar	25	7	4
Trigo	35	9	6
Maíz	80	19	13
Frijol	82	20	9

* Ferrocarril Central Mexicano, tarifas mínimas (es decir, transporte en carro por entero)
a una distancia supuesta de 400 km desde el sitio de embarque.
Nota: se estima el porcentaje de la tarifa sobre el precio al mayoreo de los artículos en el
mercado de la ciudad de México.
Fuente: Kuntz Ficker (1996: 142-146).

Se puede observar que los dos artículos con mayor densidad de
valor poseían una tolerancia muy alta a los costos de traslado,
puesto que éstos representaban menos de 10% de su precio final
incluso utilizando el transporte carretero, y menos de 5% por
medio del ferrocarril. La tolerancia disminuye a medida que consideramos artículos de menor valor por unidad de peso, que además eran los productos de consumo más amplio. En el extremo
se encuentran los dos productos de consumo generalizado, el
maíz y el frijol, para los cuales el costo del transporte carretero
era casi prohibitivo (equivalente a 80% de su precio final). En
estos casos, la existencia del ferrocarril representó una mejora
invaluable, pues redujo a 20% o menos el impacto del transporte sobre su precio.

Lo anterior nos permite sugerir que los sectores y actividades
que se beneficiaron en mayor medida de la comunicación ferroviaria fueron, en general, aquellos que involucraban el transporte de productos pesados y baratos, es decir, con escaso valor por
unidad de peso. Esto comprende un amplio rango de productos:
minerales sin beneficiar (de plomo, cobre, plata); materiales de

construcción (piedra, cal, yeso, grava, arena); combustibles e insumos para la producción (leña, algodón, carbón); maquinaria y equipo para emplearse en la minería y la industria, y bienes alimenticios de consumo básico (maíz, frijol). Estos artículos apuntan ya a los sectores beneficiados en mayor medida: la minería (particularmente de minerales industriales), la industria de la construcción —que a su vez favorece la urbanización—, las actividades manufactureras, la agricultura de productos básicos orientada al mercado interno. Asimismo, la economía en su conjunto se benefició de este proceso, gracias al abaratamiento general en los costos de producción, a la incorporación de nuevos artículos y actividades al movimiento comercial, y a la inclusión de segmentos más amplios de la población en la economía de mercado.

Hemos visto que al reducir los costos de traslado, el ferrocarril contribuye a la integración del mercado interno. El cuadro 2 ilustra de una manera sencilla cómo se produce ese fenómeno. Estima el costo de transporte del maíz como porcentaje de su precio a distintas distancias en el año de 1893, cuando el costo del transporte ferroviario había alcanzado su punto más bajo.

Cuadro 2. Costo medio de transporte de una tonelada de maíz como porcentaje de su precio, 1893

	A 100 km	A 300 km	A 500 km
Ferrocarril Mexicano	7	21	—
Ferrocarril Interoceánico	9	23	—
Ferrocarril Central	5	16	23
Ferrocarril Nacional	7	20	32
Ferrocarril Internacional	10	23	35
Arrieros*	43	128	166
Carretas*	20	60	130

* Datos de 1888.
Notas: se trata del costo medio en cada una de las opciones de transporte que se obtiene promediando el flete más bajo (ya sea en carro por entero, de bajada o en estación de secas) con el más elevado (en menos de carro por entero, de subida o en estación de lluvias). Precio del maíz en 1893: 41.12 pesos/ton, en El Colegio de México (s.f.); tarifas ferroviarias tomadas de Kuntz Ficker (1996).

En un recorrido de 100 km, el flete ferroviario representaba un mínimo de 5% y un máximo de 10% del precio de una tonelada de maíz. En cambio, el costo del transporte carretero equivalía a 20% de ese precio, mientras que el de la arriería alcanzaba 43%. De entrada, esto pudo haber restringido el empleo de arrieros al transporte de artículos de alto valor. Pero el transporte carretero también resultaba prohibitivo a ciertas distancias: el costo de trasladar una tonelada de maíz en un recorrido de 500 km era 30% más alto que su precio. En cambio, transportarla por ferrocarril a esa distancia imponía apenas entre 23 y 35% del precio del producto. Mediante un análisis más sofisticado, Dobado y Marrero confirman la tesis de que en México los ferrocarriles fueron cruciales para la integración del mercado interno.

En su estudio pionero sobre el tema, John Coatsworth abordó el análisis de los ferrocarriles mexicanos con el enfoque del "ahorro social". Estimó que aquellos proporcionaron a la economía mexicana ahorros mínimos equivalentes a 11% del PIB en 1910 (si se supone una elasticidad de la demanda elevada), y más probablemente en torno a 25% del PIB. Los recursos ahorrados habrían contribuido con un mínimo de 29% al aumento del ingreso nacional y de 36% al incremento de la productividad entre 1895 y 1910. El autor considera también que las actividades más beneficiadas por esta disminución fueron aquellas relacionadas con el sector exportador. Nuestro acercamiento al tema discrepa de esta última apreciación por varias razones. Primero, porque de acuerdo con las fuentes disponibles, un alto porcentaje de la carga ferroviaria era de circulación interna y generaba enlaces benéficos para la economía, incluso si posteriormente se destinaba en parte a la exportación. Este hecho sólo refuerza la percepción de que los efectos positivos del transporte ferroviario beneficiaron no sólo a la minería conectada al mercado externo, sino a todos los usuarios de servicios de transporte: productores agrícolas, industriales, comerciantes y consumidores, cuyas actividades se centraban en el mercado interno. De esta manera los ferrocarriles favorecieron la inversión, la

ampliación de la frontera productiva y la integración de un mercado interno. Segundo, porque destacamos la idea de que los beneficios se concentraron en los productos de baja densidad de valor
que antes veían obstaculizado su traslado por los altos costos del
transporte, lo cual favorecía a muchas actividades relacionadas con
el sector interno, desde la industria hasta la urbanización. No obstante, concordamos con la idea central en el análisis de Coatsworth
de que los ferrocarriles tuvieron un efecto positivo y poderoso en
el crecimiento de la economía mexicana durante el Porfiriato.

EPÍLOGO

La generalización de la guerra civil a partir de 1913 marcó el final
del auge ferroviario en la historia de México. En los 70 años posteriores la red ferroviaria creció apenas en 5 800 km, o un promedio de 83 km por año, en fuerte contraste con los 667 km anuales construidos en los 30 años del Porfiriato. El veloz crecimiento
de la red carretera, desde menos de 10 000 km en 1940 hasta
213 700 km en 1982, refleja claramente el desplazamiento del
medio de transporte ferroviario en los objetivos de modernización del país. De hecho, las únicas adiciones importantes que se
hicieron a la red ferroviaria a partir de 1930 fueron el Ferrocarril
Sonora-Baja California (1936-1947), que comunica Mexicali con
el FSP; el Ferrocarril del Sureste (1934-1950), entre Coatzacoal-
cos y Campeche (que en 1957 entroncó en Mérida con los FUY y
en 1968 se fusionó con ellos), y el tramo faltante del FKC, que se
convirtió en el Ferrocarril Chihuahua al Pacífico (1940-1961).

Como han sugerido Kuntz y Riguzzi, no sólo se cerró entonces el impulso expansivo en el tendido de líneas férreas, sino que
el transporte por ferrocarril empezó a perder centralidad en la
vida económica del país. De entrada, la recuperación tras el golpe asestado por la Revolución fue lenta y tortuosa: el volumen
de carga transportado a fines del Porfiriato sólo se superó en

1938. Pero incluso en una perspectiva de largo plazo, es evidente que a partir de entonces el transporte ferroviario no fue capaz de responder al estímulo que le brindaba el rápido crecimiento de la economía. Pese a estar fuertemente subsidiado por el gobierno, el ferrocarril transportó una proporción decreciente de la carga producida en México a lo largo del siglo XX: de 40% en 1950, pasó a menos de 20% del total a partir del decenio de 1980. Tal como lo muestra Víctor Islas en su investigación sobre el tema, el modo de transporte más favorecido en esta transición fue el carretero, que en el mismo lapso pasó de 57 a más de 70% del total. Una ilustración gruesa de este desplazamiento la proporciona el lento crecimiento de la carga ferroviaria con respecto al PIB, como se aprecia en la gráfica 3.

La compañía FFNM, propietaria de dos terceras partes del sistema ferroviario nacional, fue incautada en diciembre de 1914 y administrada por el gobierno hasta 1925. Con su incautación se interrumpió el servicio de su deuda, el cual se reanudó en forma efímera en dos ocasiones durante la década de 1920 y sólo se restableció de forma regular en 1946, después de varias negociaciones y de la expropiación de la empresa que tuvo lugar en 1937.

Gráfica 3. Crecimiento de la carga y del PIB real, 1930-1985

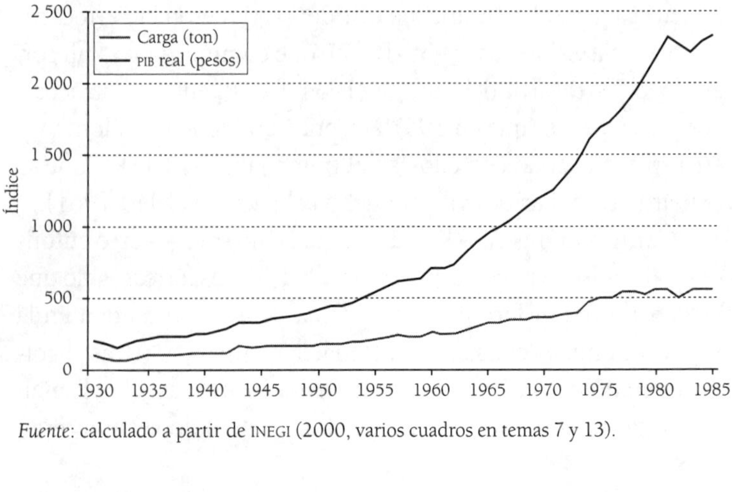

Fuente: calculado a partir de INEGI (2000, varios cuadros en temas 7 y 13).

La insolvencia financiera era sólo uno de los graves problemas que ponían en riesgo la sobrevivencia de la corporación. En realidad, en todo el periodo posrevolucionario múltiples factores convergieron para condenar a FFNM a un declive prematuro y progresivo, que se extendería al resto del sistema una vez que éste quedó en manos del gobierno. La interferencia gubernamental en la gestión de la compañía impedía la aplicación de medidas que pudieran mejorar su desempeño. La ineficiencia operativa, aunada a la incapacidad para obtener créditos o atraer nuevas inversiones debido a su insolvencia, impedía la renovación del equipo obsoleto, no digamos su modernización. La movilización sindical y la fuerza de las asociaciones obreras crearon prerrogativas que resultaban onerosas y erosionaban las pautas organizativas de la empresa. Otra índole de dificultades se originaba en el despliegue progresivo de nuevos medios de transporte, como el avión y el vehículo automotor. Las carreteras se construyeron frecuentemente en forma paralela a las líneas del ferrocarril, compitiendo con ellas en vez de complementarlas. Debido a su mayor flexibilidad y capacidad de penetración, el transporte carretero absorbió una parte creciente de la carga que producía la economía del país, desplazando al ferrocarril de su antigua centralidad.

El importante tema del deterioro de la empresa ha sido estudiado con detalle por Arturo Valencia, de cuyo trabajo resumimos algunos trazos esenciales. La deuda original de FFNM, estimada en 224 millones de dólares, aumentó como resultado de la suspensión de pagos hasta alcanzar 444 millones de dólares en 1929. Varias renegociaciones se sucedieron sin resultado alguno hasta que en 1937 el gobierno decidió expropiar la empresa por causa de utilidad pública, mediante un decreto que se comprometía al pago de indemnización. Este compromiso, sin embargo, excluía a los accionistas de cualquier compensación, al estimar que las deudas de la compañía (cercanas a los 500 millones de dólares) excedían el valor de sus activos (calculados en

250 millones de dólares). Para fijar el monto de la indemnización se ofrecía hacer una valuación de las propiedades, que sin embargo nunca se llevó a cabo. En vez de ello, en 1938 el gobierno entregó la gestión de la compañía a los trabajadores, en la llamada Administración Obrera, evadiendo el problema de la indemnización e interrumpiendo todo contacto con los acreedores. Tras el fracaso del experimento de gestión obrera, a fines de 1940, el gobierno creó una corporación pública descentralizada para administrar a la empresa, con lo que paulatinamente se fueron dando las condiciones para reanudar las negociaciones. En 1946 se arribó por fin a un convenio definitivo, que reconocía una deuda de 233 millones de dólares. Conforme a los plazos y condiciones establecidas para su pago, el grueso de esta deuda se amortizó en los siguientes 40 años, concluyendo en 1985. Como se puede apreciar, el monto nominal de estas obligaciones apenas cambió entre 1910 y 1946; el paso de al menos cinco generaciones entre su contratación y su pago permite sopesar el bajísimo costo pecuniario que infraestructura ferroviaria tuvo para el país.

Al finalizar la segunda Guerra Mundial, el gobierno mexicano hizo un intento más por mejorar la situación de los ferrocarriles. Por lo que respecta a FFNM, acentuó su intervención directa en la administración, decretó un aumento en sus tarifas, subsidió sus operaciones para saldar el déficit operativo e impulsó un ajuste laboral que conllevó el despido de 12 000 trabajadores. Al mismo tiempo, la reanudación del pago de la deuda permitió a la propia corporación contratar nuevos préstamos que se emplearían en la rehabilitación mínima de su sistema, incluida la adecuación de los rieles al uso de las máquinas diésel recién adquiridas, que reemplazarían a las antiguas locomotoras de vapor.

Como mencionamos, FFNM abarcaba dos terceras partes del sistema ferroviario nacional. El resto se componía de las empresas porfirianas que se habían mantenido al margen de la consolidación de 1908 y de las pocas líneas privadas que se construyeron después de la Revolución. Entre las empresas privadas cabe mencionar al Ferrocarril Mexicano, incautado entre 1914 y 1920, así como el Interoceánico, ambos de propiedad británica, y los ferrocarriles Sud-Pacífico y Kansas City, México y Oriente, de propiedad estadounidense. Todas las líneas privadas fueron progresivamente adquiridas por el Estado mexicano, lo que condujo a la completa nacionalización del sistema en 1970, lo cual, sin embargo, no produjo la uniformidad de su estatuto jurídico o de su régimen administrativo. Ello mantuvo una paradójica dispersión en la gestión del sistema hasta 1986, cuando se ordenó la fusión de la mayoría de las líneas en la empresa FFNM, definida como organismo público descentralizado del gobierno federal. Tras la fusión se produjo la desconcentración del sistema en cinco grandes subsistemas regionales que adoptaron un modelo de organización divisional. También en esos años se introdujeron algunas mejoras, como locomotoras eléctricas e innovaciones en las telecomunicaciones. En 1987 se eliminaron los subsidios en la operación y en 1993 se liberaron las tarifas de carga.

En 1995 se aprobó la reforma constitucional que inició el proceso de privatización del sistema ferroviario por la vía del otorgamiento de concesiones (con una duración de 50 años) que culminó su primera fase con la disolución de FFNM en 2001. Tras un proceso complejo que incluyó cierres, reorganizaciones y fusiones, en la actualidad la mayor parte del sistema se encuentra bajo control de dos grandes compañías. Por un lado, la Kansas City Southern de México (KCSM), que controla 4 251 km de vía principal en el noreste y centro de la república. Por el otro, la resultante de la fusión entre Ferrocarriles Mexicanos (Ferromex) y Ferrocarriles del Sureste (Ferrosur), aprobada en 2011 tras un litigio judicial sustentado en argumentos antimonopolio que se prolongó durante seis años. Esta red, propiedad del Grupo México, controla 9 924 km de vías en el norte, centro y sureste del país. En suma, la red ferroviaria de propiedad privada, que concentra sus servicios en el tráfico de carga, consta de 14 175 km en operación. Fuera de este sistema existen otras líneas con una función diversa. Dos de ellas son compañías de participación estatal mayoritaria. Por un lado, el Ferrocarril del Istmo de Tehuantepec, cuya línea de 277 km entre Salina Cruz y Medias Aguas ofrece interconexión a las empresas que cuentan con concesiones para el servicio público de carga. Por el otro, el Ferrocarril Chihuahua al Pacífico, que a la fecha de redacción de este trabajo se encuentra en proceso de desincorporación y es el único de gran extensión que realiza transporte de pasajeros. El sistema se completa con algunas líneas de corto alcance y de carácter turístico, como el Ferrocarril de Izamal, en la península de Yucatán, o la "ruta del tequila" en el estado de Jalisco.

En suma, la época dorada de los ferrocarriles mexicanos se extendió de 1880 a 1910. Durante este periodo la red ferroviaria se amplió a un ritmo que no tiene paralelo en la historia del país, para conformar lo que aun hoy es la base del sistema ferroviario nacional. Además, durante este lapso los ferrocarriles ejercieron su influencia benéfica más poderosa al ofrecer el único medio de transporte rápido y barato con que contaba la economía mexicana. Impulsaron la integración del mercado interno, contribuyeron a desarrollar el otrora inhóspito territorio norteño y a promover la industrialización, la urbanización y la especialización productiva. Huelga decir que, en conjunto, las utilidades privadas que las compañías obtuvieron de su inversión se encontraron muy por debajo de los beneficios sociales que la economía mexicana obtuvo gracias a la existencia del ferrocarril.

BIBLIOGRAFÍA

Calderón, Francisco (1965), "Los ferrocarriles", en D. Cosío Villegas (coord.), *Historia moderna de México,* t. I, *El Porfiriato, la vida económica,* México, Hermes.
—— (1989), "Los ferrocarriles", en D. Cosío Villegas (coord.), *Historia moderna de México. La República Restaurada. La vida económica,* 5ª ed., México, Hermes.

Cerutti, Mario, y Javier Vidal (eds.) (2006), *Empresas y grupos empresariales en América Latina, España y Portugal*, Alicante, Universidad de Alicante–Universidad Autónoma de Nuevo León.

Coatsworth, John H. (1984), *El impacto económico de los ferrocarriles en el Porfiriato. Crecimiento contra desarrollo*, México, Era.

Connolly, Priscilla (1997), *El contratista de Don Porfirio: obras públicas, deuda y desarrollo desigual*, México, El Colegio de Michoacán–UAM Azcapotzalco–FCE.

Dobado, Rafael, y Gustavo A. Manero (2005), "Corn Market Integration in Porfirian Mexico", *The Journal of Economic History*, vol. 65, núm. 1, marzo, pp. 103-128.

El Colegio de México (s.f.), *Estadísticas económicas del Porfiriato. Fuerza de trabajo y actividad económica por sectores*, México, El Colegio de México.

Gómez, Aurora, y Aldo Musacchio (2000), "Un nuevo índice de precios para México, 1886-1929", *El Trimestre Económico*, 265, vol. LXVII: 1, enero-marzo, pp. 47-91.

Grunstein, Arturo (1996), "¿Competencia o monopolio? Regulación y desarrollo ferrocarrilero en México, 1885-1911", en Kuntz y Riguzzi (coords.), pp. 167-221.

—— (1997), "Surgimiento de los Ferrocarriles Nacionales de México (1900-1913). ¿Era inevitable la consolidación monopólica?", en Marichal y Cerutti (comps.), pp. 65-106.

—— (2008), "Perspectivas gerenciales sobre el problema laboral de los Ferrocarriles Nacionales de México en la posrevolución, 1920-1935", *Transporte, Servicios y Telecomunicaciones*, núm. 14, junio, pp. 42-89.

Guajardo Soto, Guillermo (2010), *Trabajo y tecnología en los ferrocarriles de México: una visión histórica, 1850-1950*, México, El Centauro.

Hirschman, Albert (1961), *La estrategia del desarrollo económico*, México, FCE.

INEGI (2000), *Estadísticas históricas de México*, 2 t., México, INEGI–INAH.

Islas Rivera, Víctor (1990), *Estructura y desarrollo del sector transporte en México*, México, El Colegio de México.

Kuntz Ficker, Sandra (1995), *Empresa extranjera y mercado interno. El Ferrocarril Central Mexicano (1880-1907)*, México, El Colegio de México.

Kuntz Ficker, Sandra (1996), "Ferrocarriles y mercado: tarifas, precios y tráfico ferroviario en el Porfiriato, en Kuntz y Riguzzi (coords.), pp. 99-165.

—— (1997), "La mayor empresa privada del Porfiriato: el Ferrocarril Central Mexicano (1880-1907)", en Marichal y Cerutti (comps.), pp. 39-63.

—— (2000), "Economic Backwardness and Firm Strategy: An American Railroad Corporation in Nineteenth-Century Mexico", *Hispanic American Historical Review*, vol. 80, núm. 2, mayo, pp. 267-298.

Kuntz Ficker, Sandra, y Priscilla Connolly (coords.) (1998), *Antologías de historia económica de México: ferrocarriles y obras públicas*, México, Instituto Mora–El Colegio de Michoacán–UNAM.

Kuntz Ficker, Sandra, y Paolo Riguzzi (coords.) (1996), *Ferrocarriles y vida económica en México (1850-1950). Del surgimiento tardío al decaimiento precoz*, México, El Colegio Mexiquense–UAM-FNM.

—— (1996), "El triunfo de la política sobre la técnica: ferrocarriles, Estado y economía en el México revolucionario, 1910-1950", en Kuntz y Riguzzi (coords.), pp. 289-364.

—— (2006), "Ferrocarriles Nacionales de México: la gran empresa de cabeza, 1908-1936", en Cerutti y Vidal (eds.), pp. 115-147.

Marichal, Carlos (coord.) (1995), *Las inversiones extranjeras en América Latina, 1850-1930. Nuevos debates y problemas en historia económica comparada*, México, FCE–El Colegio de México.

Marichal, Carlos, y Mario Cerutti (comps.) (1997), *Historia de las grandes empresas en México, 1950-1950*, México, FCE-Universidad Autónoma de Nuevo León.

Ortiz Hernán, Sergio (1987), *Los ferrocarriles de México: una visión social y económica*, 2 t., México, Ferrocarriles Nacionales de México.

Parlee, Lorena May (1981), "Porfirio Díaz, Railroads, and Development in Norhern Mexico: A Study of Government Policy toward the Central and National Railroads, 1876-1910", Ph.D. Dissertation, University of California, San Diego.

Riguzzi, Paolo (1995), "Inversión extranjera e interés nacional en los ferrocarriles mexicanos, 1880-1914", en Marichal (coord.), pp. 159-177.

—— (1996), "Los caminos del atraso: tecnología, instituciones e inversión en los ferrocarriles mexicanos, 1850-1900", en Kuntz y Riguzzi (coords.), pp. 31-97.

—— (1998), "Mercados, regiones y capitales en los ferrocarriles de propiedad mexicana, 1870-1908", en Kuntz y Connolly (coords.), pp. 39-70.

Rojas, Armando (2004), "El Ferrocarril de Tehuantepec: ¿Eje del comercio del mundo?", tesis de doctorado, UAM Iztapalapa.

Urías, Beatriz, Jaime del Palacio y Andrés Caso (1987), *Los Ferrocarriles de México, 1837-1987*, México, Ferrocarriles Nacionales de México.

Valencia, Arturo (2015), "El descarrilamiento de un sueño. Historia de los Ferrocarriles Nacionales de México, 1920-1949", tesis de doctorado en historia, El Colegio de México.

Van Hoy, Teresa (2008), *A Social History of Mexico's Railroads: Peons, Prisoners, and Priests*, Lanham, Md., Rowman & Littlefield.

Wells, Allen (1992), "All in the Family: Railroads and Henequen Monoculture in Porfirian Yucatán", *Hispanic American Historical Review*, vol. 72, núm. 2, pp. 159-209.

2
ANTILLAS

Oscar Zanetti Lecuona

INTRODUCCIÓN

Las Antillas constituyen un peculiar escenario en la historia ferroviaria latinoamericana. Las propias características físicas de ese archipiélago han determinado una distribución muy desigual del ferrocarril, pues muchas de las islas menores, dotadas además de una complicada orografía, jamás han dispuesto de ese medio de transporte. Por otra parte, las necesidades de unas economías esencialmente exportadoras, en las cuales ha predominado por mucho tiempo el sistema de plantaciones, propiciaron un crecimiento inusitado de los ferrocarriles industriales, por lo cual esas vías férreas para uso privado de compañías azucareras y mineras llegaron a ser bastante más extensas que las de servicio público. Incluso en las Antillas hispanas, donde el transporte ferroviario alcanzó mayor expansión —entre las restantes islas sólo en Jamaica y Trinidad las vías de servicio público superaron el centenar de kilómetros—, Cuba fue la única que dispuso de una red de alcance nacional. Es por ello que al ofrecer un panorama del desarrollo ferroviario en el archipiélago antillano estas páginas reflejarán inevitablemente esa marcada desigualdad, de manera que mientras en las islas mayores dicho proceso se tratará con cierto detalle, en otras apenas se irá más allá de apuntar la presencia y características del ferrocarril.

1. PREÁMBULO CUBANO

Tanto por su extensión como por su primacía, el ferrocarril cubano constituye el protagonista por excelencia de la historia ferroviaria antillana. Cuba inaugura su primer ferrocarril en noviembre de 1837, convirtiéndose en el séptimo país del mundo en disponer de ese medio de transporte. Tan sorprendente adelanto se hace comprensible al conocer que en esa época la mayor de las Antillas suministraba un tercio de toda el azúcar trasegada en el mercado internacional. El apreciado edulcorante se elaboraba en la isla desde los tiempos de la conquista española, pero su producción había experimentado un explosivo crecimiento a finales del siglo XVIII, cuando la Revolución haitiana devastó la vecina colonia francesa de Saint Domingue. Sustentada en la introducción de decenas de miles de esclavos africanos y la asimilación de ciertas innovaciones —como la máquina de vapor—, la producción cubana del dulce se decuplicó en apenas medio siglo, elevándose de unas 15 000 toneladas en 1790 a poco más de 160 000 en 1840. Semejante crecimiento en un producto de origen agrícola determinó una formidable expansión del área de cultivos. Los cañaverales que hasta finales del siglo XVIII se plantaban principalmente en los alrededores de La Habana, comenzaron a desplegarse por las llanuras costeras y en torno a algunos otros puertos, hasta terminar adentrándose en la isla en busca de algunas zonas de feraces tierras, como el valle de Güines, a unos 40 km de la capital.

Bajo las condiciones de un clima tropical, con una extensa y copiosa temporada de lluvias, en Cuba como en otras islas antillanas el transporte terrestre enfrentaba notables dificultades. El movimiento de carga en carretas —predominante en las regiones llanas— y el de las recuas de mulas en los terrenos montañosos, a menudo se veía interrumpido durante largos periodos por los temporales que tornaban intransitables los caminos, sobre todo en las áreas de suelos arcillosos. La condición insular de los territorios abría la alternativa de la navegación costera, un recurso utilizado para el trasiego de mercancías y pasajeros sobre todo cuando las zonas agrícolas no distaban demasiado de las costas. La posibilidades de la navegación fluvial resultaban en cambio bastante más limitadas, salvo en La Española —en particular en el norte de la actual República Dominicana—, donde los ríos Yuna y Yaque facilitaban el acceso a las fértiles comarcas del Cibao y La Vega. Pero en el occidente cubano, escenario principal del florecimiento de las plantaciones, la ausencia de una apropiada red fluvial dejaba el transporte en carretas como único medio para trasladar al puerto los pesados bocoyes y cajas de azúcar, tráfico frecuentemente interrumpido durante la temporada de lluvias. Los esfuerzos del Real Consulado, y de su sucesora la Junta de Fomento, por construir calzadas que facilitasen el acceso a La Habana —aplicando incluso el novedoso sistema de McAdam— se mostraban infructuosos dada la escasez de materiales idóneos, además de hacerse incosteables por la continuada evasión del pago del peaje por los transportistas.

Ante tan reiterados fracasos, en 1830 se constituyó en Cuba una Junta de Caminos de Hierro, presidida por el gobernador Francisco Dionisio Vives, con el fin de estudiar las posibilidades de introducir el ferrocarril, cuyas extraordinarias potencialidades acababan de probarse en Gran Bretaña. Tras un par de años de estudio, la Junta concibió un proyecto para construir una vía férrea entre La Habana y la rica zona azucarera de Güines, pero dicha comisión se disolvió dejándolo en suspenso. La propuesta fue retomada poco después por la Junta de Fomento presidida por el criollo conde de Villanueva, quien negoció exitosamente en Londres un empréstito por 450 000 libras esterlinas con el banquero Alejandro Robertson para financiar la construcción ferroviaria. Ésta fue confiada a la firma estadounidense de Benjamin Wright, que completó el diseño y encargó su ejecución al ingeniero Alfred Kruger. Iniciados en 1835, los trabajos del ferrocarril avanzaron con lentitud, obstaculizados por el celo burocrático y los prejuicios colonialistas del gobernador español don Miguel Tacón. Al cabo de dos años pudo inaugurarse el primer tramo de la vía férrea —25 km hasta el poblado de Bejucal—, pero éste atravesaba un territorio de escasa productividad. Sólo en 1839, una vez concluidos los 45 km restantes hasta Güines y superados los problemas de adaptación de las locomotoras británicas a una vía trazada según pautas estadounidenses, el primer ferrocarril consiguió mostrar a plenitud sus posibilidades económicas.

Poco después de inaugurado el camino de hierro habanero, en 1845 otra isla antillana, Jamaica, instalaba un ferrocarril. El tramo abierto —unos 20 km entre Kingston y Spanish Town— debía completarse con varios ramales, pero la decadencia de la economía jamaicana tras la abolición de la esclavitud paralizó virtualmente el proyecto, del cual sólo se construirían otros 18 km hasta Old Harbouren en los siguientes dos decenios.

Tan desfavorable situación contrasta con la expansión ferroviaria en Cuba, pues aun sin concluirse la vía férrea a Güines, en otras regiones de la isla comenzaron a formularse proyectos similares. Gracias al apoyo de la Junta de Fomento en algunas ocasiones, concertando en otras préstamos con la banca inglesa y, sobre todo, mediante la movilización de capitales locales, las ciudades portuarias de Matanzas, Cárdenas, Sagua, Cienfuegos, Caibarién, Trinidad y Santiago de Cuba se dotaron de vías férreas que las conectaban con sus respectivas zonas productoras, recurso al cual también apelaron algunas villas mediterráneas como Puerto Príncipe (Camagüey), Sancti Spíritus o Guantánamo para buscar una salida al mar. En apenas tres decenios se tendieron en Cuba 1 300 km de vías férreas, las que hacia 1870 representaban una tercera parte de todas las existentes en América Latina. Distribuidas entre 14 empresas, en general estas líneas ferrocarrileras perseguían un mismo propósito económico: transportar el azúcar hacia los puertos. El trazado de las vías se asemejó así a la magra red fluvial de la isla, que a partir del centro desembocaba en alguna de las bahías, en este caso para canalizar la dulce corriente mercantil producida en las plantaciones. Sólo la competencia consiguió alterar ese esquema cuando hizo coincidir los carriles de dos empresas en una misma zona que ambas aspiraban a controlar; bajo su implacable lógica se fusionaron algunas compañías y se tendieron líneas directas entre ciudades de importancia —el Ferrocarril de la Bahía de La Habana a Matanzas, por ejemplo—, contribuyendo así a que las vías férreas articulasen distintas regiones y centros urbanos. En virtud de estos factores, hacia 1870 en el occidente azucarero de Cuba había logrado crearse una red ferroviaria que enlazaba las principales ciudades y poblaciones, aunque a menudo con fatigosos desvíos respecto a las distancias más cortas.

Los primeros ferrocarriles cubanos respondieron principalmente a los intereses azucareros. Sin embargo, hacia 1830 entre hacendados y comerciantes de azúcar era todavía débil el sentido de asociación, lo cual determinó que el primer proyecto ferroviario fuese llevado a cabo por un órgano estatal, la Junta de Fomento. Pero la gestión del ferrocarril se mantuvo muy poco tiempo en manos del Estado, pues apenas probada su rentabilidad la Junta decidió traspasarlo a manos privadas mediante subasta pública. Conscientes de la importancia económica del transporte ferroviario, las autoridades coloniales —exceptuado el mencionado caso del gobernador Tacón— propiciaron su desarrollo, aunque más que todo mediante el "dejar hacer". El otorgamiento de las concesiones era una facultad que los gobernadores de la isla ejercieron a discreción, incluso después de 1848, cuando España —todavía carente de vías férreas— intentó centralizar esa prerrogativa en las Cortes. Hasta que la Ley de Ferrocarriles de 1855 se extendió a Cuba, las concesiones continuaron otorgándose a los particulares a perpetuidad, sin exigir mayores compromisos. Puesta en vigor dicha legislación y encargada la Dirección de Obras Públicas de hacerla efectiva, algunas de sus regulaciones —como la tarifa por kilómetro— quedaron en letra muerta, dada la incompetencia de las autoridades para aplicarlas. Esa laxitud normativa parece haber sido la mayor contribución del Estado colonial a la expansión ferrocarrilera.

La política gubernamental no contempló subvenciones, pero la Junta de Fomento suscribió acciones en casi todas las compañías ferroviarias constituidas durante el decenio de 1840, si bien esas cantidades no fueron determinantes para el financiamiento de los ferrocarriles que descansó principalmente en inversionistas locales. Sólo tras la crisis de 1857, el giro adverso de la coyuntura y el quebranto de la naciente banca insular potenciaron el papel del capital extranjero en las inversiones ferroviarias. Entre 1860 y 1865 seis compañías cubanas concertaron préstamos por un total de casi 9 millones de pesos fuertes con firmas británicas, principalmente con la casa J.H. Schröder & Co. Sin embargo, salvo el caso del Ferrocarril de la Bahía, que en su construcción se endeudó con casi 4 millones de pesos, dichas operaciones no parecían particularmente comprometedoras, como lo demostraba Caminos de Hierro de La Habana, la línea pionera, que saldó sin contratiempos su deuda con la banca Robertson.

Aun en esos años de precios menos favorables para el azúcar y otras exportaciones, la relación de gastos e ingresos de casi todas las compañías ferroviarias resultó satisfactoria. Las vías férreas, por lo general con un ancho estándar de 1.45 m, se hallaban tendidas en terrenos de escasa pendiente —exceptuado el ferrocarril de Santiago de Cuba—, circunstancia que unida a la relativa uniformidad de una tecnología ajustada a la norma estadounidense abarataba la explotación. Es cierto que el exiguo tráfico combinado y la pequeñez de algunas empresas provocaban un exceso de material rodante —176 locomotoras en 1868— y ejercían una presión negativa sobre el costo, pero a pesar de ello las compañías más grandes acusaban saldos positivos de entre 40 y 50% en sus operaciones. Claro está que del ingreso neto debían deducirse el pago de impuestos, seguros y otras partidas, así como la amortización de los préstamos, pero a pesar de todo, los dividendos anunciados en las memorias de las principales entidades atestiguan una situación desahogada.

A todas luces en Cuba el ferrocarril resultaba un buen negocio. Hacia 1870 la gran Antilla poseía la mayor densidad de vía por habitante en el mundo (0.749 km), aunque no así de acuerdo con su extensión territorial, pues la distribución del sistema vial resultaba francamente desproporcionada. Mientras la mitad occidental de la isla disponía de 1 128 km de vía, en las extensas regiones centro-orientales sólo operaban tres empresas, cuyas vías apenas sumaban 150 km. En occidente, emporio de las plantaciones, no existía un solo punto que distase más de 20 km de una vía férrea, pero en las desoladas llanuras de Camagüey o en las serranías orientales muchos campesinos no habían visto jamás el humo de una locomotora. En estos primeros decenios el ferrocarril no se concebía como eje del sistema insular de comunicaciones; la idea clave en tal sentido fue la de emplearlo para conectar las costas norte y sur, solución practicada primero por Caminos de Hierro de La Habana y repetida después un poco más al este por otras compañías. Tal trazado no iba más allá de insertar al ferrocarril en el esquema tradicional de las comunicaciones insulares, el cual continuó descansando en la navegación costera como medio fundamental de comunicación entre las distintas regiones del país.

La limitada perspectiva respecto al aprovechamiento del transporte ferroviario tenía una explicación obvia: el negocio de los ferrocarriles no era el pasaje, ni siquiera la carga en general, sino el transporte del azúcar —y en algún caso el tabaco—, producto cuyo flete aportaba el grueso de los ingresos. Para la economía exportadora, y particularmente para la azucarera, el ferrocarril constituyó un recurso providencial. La inauguración del servicio ferroviario produjo una notable reducción del costo del transporte. La magnitud de ese fenómeno es difícil de medir dada la escasez de datos oficiales, pero según testimonios de la época, el transporte de una caja de azúcar de Güines a La Habana, que en 1830 costaba 4 pesos —20% de su precio de venta en el puerto—, con la inauguración de la vía férrea descendió hasta 42 centavos, tarifa que tendería a reducirse aún más en las nuevas compañías. Un cálculo conservador permite estimar que ello representó para los hacendados azucareros una rebaja de entre 10 y 20% —según las zonas— del costo total del producto en puerto, amén del ahorro social en recursos hasta entonces consumidos por el transporte carretero. En las ocasiones en que el precio del azúcar tendía a la baja por la creciente oferta remolachera, dicho ahorro no sólo fortaleció la posición mercantil del dulce cubano, sino que permitió disponer de mayores capitales para la inversión. Resultaría exagerado afirmar que el servicio ferroviario salvó de la ruina a la plantación esclavista, pero la expansión que ésta experimentó a mediados del siglo XIX hubiese sido imposible sin su concurso. Más allá del abaratamiento del costo, la posibilidad de un trasporte sencillo y masivo, así como la seguridad para el traslado de equipos pesados o delicados, hicieron posible el rápido incremento —hasta 720 000 toneladas métricas en 1868— de la producción azucarera. Claro que también los ahorros reportados por ese recurso de la modernidad que era el ferrocarril, vinieron a contrapesar el costo creciente de la mano de obra esclava y, paradójicamente, contribuyeron a postergar el final previsible de la esclavitud.

No obstante esa circunstancia, el ferrocarril fue un indiscutible vehículo de modernización. Es cierto que las compañías ferroviarias utilizaban esclavos, pero introdujeron formas organizativas —la sociedad por acciones— y métodos de gestión que representaron un progreso extraordinario en las prácticas empresariales. Desde el punto de vista de las comunicaciones su efecto resultó, sin dudas, revolucionario, y todavía más si se tiene en cuenta al telégrafo, que no tardó en incorporársele. Gracias a los caminos de hierro salieron de su aislamiento los habitantes de algunas zonas consideradas remotas, a cuyo alcance se pusieron modernos utensilios, mercaderías y hasta innovaciones. Aunque en Cuba las vías férreas no fueron un instrumento de colonización, su extensión favoreció la fundación de poblados y sobre todo ejerció indiscutible influencia en la distribución espacial de la actividad económica, particularmente por su incidencia en la expansión geográfica de la plantación azucarera. Como la mayor parte de su equipamiento e insumos eran importados —hasta el carbón mineral—, en la isla el ferrocarril no tuvo el "efecto multiplicador" que generalmente se le atribuye, pero propició la articulación del mercado y con ello la circulación de ciertas mercancías más allá del estrecho ámbito regional. Es verdad que en este último sentido su efecto era ambiguo, pues al abaratar el transporte también echó por tierra las débiles barreras de costos tras las cuales subsistían algunas artesanías y renglones agrícolas locales que fueron desplazados por las importaciones. Debido a ello y, sobre todo, al elevar la rentabilidad relativa de la producción azucarera, el ferrocarril actuó como un factor de especialización, contribuyendo a acentuar la ya perceptible tendencia hacia el monocultivo de la economía cubana.

2. DIFUSIÓN Y CRECIMIENTO

La expansión de los ferrocarriles en las Antillas coincide con el periodo de auge de ese medio de transporte en América Latina. En un lapso de aproximadamente medio siglo, entre los decenios de 1870 y 1920, las vías férreas antillanas crecieron hasta superar los 6 000 km —en torno a 20 000 km si se consideran también las industriales—, una extensión sin duda considerable en relación con el área insular, pero que representaba una proporción relativamente pequeña de los más de 115 000 km que totalizaban las redes ferroviarias del subcontinente. El florecimiento ferrocarrilero antillano se corresponde —y no por casualidad— con el vertiginoso crecimiento de la producción azucarera regional, que hacia 1929 ya rondaba 6.5 millones de toneladas. Una diferencia de esta etapa respecto a la precedente fue el peso creciente del capital extranjero en las inversiones ferroviarias, hasta llegar a controlar ampliamente ese sector empresarial. En la dilatada fase expansiva es posible distinguir dos etapas: una, el último cuarto del siglo XIX, en la cual el ferrocarril se difunde y crece a ritmo moderado, y otra, de notable desarrollo, que abarca los primeros decenios del siglo XX. El mapa de la siguiente página ilustra el resultado de esta evolución.

República Dominicana inaugura su primera línea ferrocarrilera en 1887. Dos decenios después de que la "Guerra Restauradora" (1865) le devolviese su independencia, esa nación había alcanzado una relativa estabilidad política bajo la dictadura de Ulises Heureaux. Paralelamente la economía comenzaba a salir de su prolongado letargo mediante el afianzamiento de algunas producciones mercantiles, como los cultivos de tabaco y café en la norteña región del Cibao y la renacida elaboración de azúcar al sur. Deseoso de modernizar el país, el gobierno impulsaba la agricultura comercial y había tomado medidas para mejorar el desastroso estado de las comunicaciones, intentando sin mayores resultados que se reparasen algunos caminos y se aprovechasen rutas fluviales —como el río Yuna— para facilitar las exportaciones. Una concesión ferroviaria otorgada en 1881 al capitalista escocés Alexander Baird, se materializó en el enlace de la villa de La Vega y el puerto de Sánchez mediante una vía de 79 km, con la cual se consiguió infundir cierta energía a la vida económica en el nordeste del país. Sin embargo, argumentando falta de fondos, la firma británica Samaná & Santiago Railroad desistió de llegar hasta su destino original —Santiago de los Caballeros—, circunstancia que suscitó vigorosos reclamos entre los comerciantes de esa ciudad y del vecino Puerto Plata. Para satisfacerlos —y con el interés de atraer capitales extranjeros, según afirma Santamaría—, el gobierno de Heureaux concertó un empréstito con la banca holandesa Westendorp, destinado a financiar un

Red férrea de las Antillas, 1925-1945

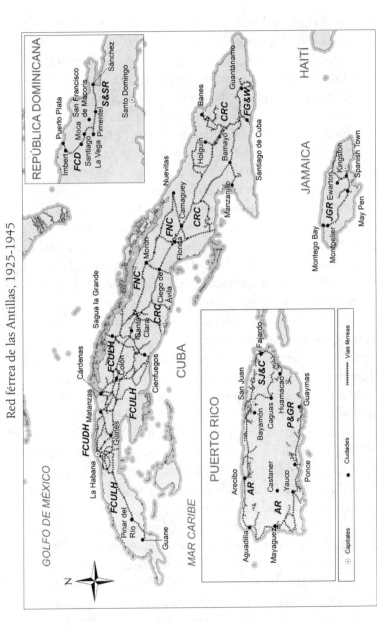

Fuente: elaborado con base en datos de Zanetti y García (1987); U.S. Department of Transportation (1934); República Dominicana (1938); Wikipedia (Railways in Jamaica). Apoyo técnico del Departamento de Sistemas de Información Geográfica de El Colegio de México.

ferrocarril entre Puerto Plata y Santiago cuya construcción fue confiada a una compañía franco-belga. Un año después se inauguraba el primer tramo de 18 km hasta Bajabonico, pero para vencer los obstáculos que presentaba la cordillera norte, los constructores adoptaron un sistema de cremallera que encareció tanto la inversión como la operación de la vía. Inconforme con la solución, la Westendorp traspasó sus derechos a la entidad estadounidense Santo Domingo Improvement, que con el apoyo de Washington terminaría por hacerse cargo de todas las deudas del Estado dominicano. Mediante una subsidiaria, la Santo Domingo Railroad, dicha firma concluyó los 64 km restantes del proyecto en 1905, tras lo cual extendió un préstamo adicional para llevar la vía hasta Moca. Aceptada esa oferta, el gobierno dominicano concertó otro empréstito por 80 000 libras esterlinas, para que Baird prolongase su línea desde La Vega a Moca, con lo cual ambas vías férreas quedarían en contacto en 1917, aunque no entroncadas dados sus diferentes anchos: 1.067 m Samaná y 0.76 m Santo Domingo Railroad. Por esos mismos años algunos ingenios azucareros de las zonas de San Pedro de Macorís y El Seibo habían comenzado a tender vías privadas, gracias a las cuales en la región sudeste del país se comenzó a disponer también de un servicio ferroviario.

En la primera mitad del siglo XIX, Puerto Rico experimentó un crecimiento azucarero que, en proporción, resulta tan notable como el cubano. En la pequeña gran Antilla, sin embargo, ese

---

← Siglas mapa

Cuba 1925

FCULH	Ferrocarriles Unidos de La Habana	FCDH	Ferrocarril Cubano de Hershey
CRC	Cuba Railroad Company	FNC	Ferrocarril del Norte de Cuba
FG&W	Ferrocarril Guantánamo & Western		

Puerto Rico 1934

AR	American Railroad	P&GR	Ponce & Gaymas Railroad
SJ&C	San Juan & Carolina Railroad		

República Dominicana 1938

S&SR	Samaná & Santiago Railroad	FCD	Ferrocarril Central Dominicano

Jamaica 1945

JGR	Jamaica Government Railway

proceso no tuvo un corolario ferrocarrilero, pues las plantaciones boricuas, asentadas en la llanura costera que circunda la isla, se encontraban a distancias generalmente cortas de los puertos. El transporte terrestre circulaba por caminos vecinales, de los cuales sólo la llamada carretera militar que unía a San Juan y Ponce, las principales ciudades, estaba empedrada. En 1876 el gobierno español dio a conocer un proyecto de ferrocarril que circunvalaba la isla, desde el cual saldrían algunos ramales hacia el macizo montañoso central para facilitar la exportación de café, renglón que iba alcanzando el predominio en la economía puertorriqueña. En años posteriores el proyecto se sacó a subasta sin encontrar licitadores, hasta que finalmente fue adjudicado en 1888 a Ivo Bosch, empresario que cedió la concesión a la Compañía de los Ferrocarriles de Puerto Rico que se encargó de ejecutarlo. Después de un inicio vigoroso que permitió inaugurar el primer tramo de 72 km entre San Juan y Arecibo en 1891 —poco antes se había tendido una pequeña línea entre Bayamón y Catano—, los trabajos perdieron impulso y las obras continuaron en intervalos discontinuos —Aguadilla a Hormigueros, Yauco-Ponce, San Juan-Carolina—, de manera que al pasar la isla al gobierno estadounidense tras la derrota española en 1898, de los 568 km de vía proyectada menos de la mitad se hallaban concluidos. Como la industrialización azucarera también había enfrentado dificultades, muy pocas entre las fábricas "centrales" boricuas contaban con vías férreas y, por añadidura, en éstas solía emplearse la tracción animal, circunstancia que hacía del ferrocarril industrial un fenómeno todavía incipiente.

En Cuba la fase inicial de este periodo expansivo presenta características singulares. Contra lo que cabría esperar, el crecimiento de los ferrocarriles de servicio público atenuó su ritmo, pues en los tres decenios finales del siglo sus vías sólo se incrementaron en unos 500 km —hasta 1 792 km—, lo cual representa algo menos de la mitad de los rieles tendidos en los 30 años precedentes. Los factores que explican esta curiosa evolución son diversos. En primer término, entre 1868 y 1878 la isla estuvo envuelta en su primera guerra de Independencia, cuyas devastadoras hostilidades dislocaron la vida económica. Las consecuencias del conflicto fueron particularmente graves en el plano financiero, pues España descargó el costo de la guerra en el presupuesto de su colonia, mas también se dejaron sentir en los balances de las compañías ferroviarias, sometidas al desgate ocasionado por los transportes militares servidos sin una compensación apropiada. Apenas concluido el conflicto, alcanzó su clímax una decisiva transformación estructural, cuya expresión más notable fue el fin de la esclavitud, definitivamente abolida en 1886. La economía azucarera, agobiada por los efectos en el costo del inevitable tránsito hacia el trabajo asalariado, tuvo que enfrentar simultáneamente la declinación de precios ocasionada por la competencia del azúcar de remolacha que arrebató a la caña la primacía como fuente mundial del edulcorante. En un contexto financiero desfavorable, pues a la exorbitante presión fiscal se unió el desplome del sistema bancario insular tras la crisis de 1882, los hacendados azucareros acometieron la transformación de sus ingenios en modernas industrias. Aunque sólo una fracción pudo conseguirlo, gracias a su empuje la producción de azúcar experimentó un consistente incremento hasta alcanzar el millón de toneladas en 1892.

Conocido como "centralización", ese proceso se caracterizó por la concentración de la producción en grandes fábricas, los centrales, varias veces más productivas que las antiguas plantaciones. Del millar de ingenios activos al concluir la Guerra de los Diez Años, en 1894 sólo subsistían unos 400, pero casi la mitad de éstos eran centrales fuertes. La nueva fase de crecimiento azucarero no se tradujo como antes en una apreciable expansión del área de plantaciones, pues obedeció más que todo a un incremento de la productividad fabril. Poco estimuladas a extender sus vías para capturar nuevas fuentes de carga, las empresas ferroviarias tuvieron un crecimiento más bien marginal, encaminado a concluir viejos proyectos, sacar ventajas competitivas o racionalizar servicios, así como para dar salida al mayor volumen de azúcar elaborada en los centrales mediante el tendido de pequeños ramales. En las nuevas fábricas, sin embargo, las necesidades de transporte presentaban otro cariz; la creciente capacidad del "ingenio-central" determinó una notable expansión del cultivo cañero, hasta superficies a menudo superiores al millar de hectáreas. El traslado de la caña desde zonas distantes excedía las posibilidades del transporte carretero, todavía más por tratarse de una planta que se deteriora rápidamente después de cosechada. La vía férrea resultaba la solución más apropiada y algunos hacendados comenzaron a contratar los servicios del ferrocarril para abastecerse de caña. Dado su gran volumen y bajo precio, ésa era una carga poco remunerativa, por lo cual las compañías ferroviarias indujeron a los centrales a operar sus propias vías internas facilitándoles incluso material y algún equipo rodante. Para el central la disponibilidad de un ferrocarril propio representaba otra ventaja, pues le facilitaba el control de los cultivadores más o menos independientes —los llamados colonos— que los abastecían de caña. Bajo tales condiciones los centrales fueron dotándose de ferrocarriles, al principio con unos pocos kilómetros de vía, pero que la lógica expansiva de esas fábricas acrecentó hasta el punto que alguna de ellas, como Caracas, en Cienfuegos, llegarían a operar redes propias de casi un centenar de kilómetros.

En 1880 existían en Cuba 16 compañías ferroviarias, tan desiguales en sus dimensiones como en su situación financiera. Las mejor ubicadas en sus respectivos espacios económicos —Caminos de Hierro de La Habana, el FC de Matanzas, la Unida de Cárdenas y Júcaro, Cienfuegos, Sagua— enfrentaron el cuadro depresivo que originó la situación del azúcar en condiciones más o menos favorables. Sin embargo, las que no habían conseguido completar sus proyectos o competían en desventaja se hallaron imposibilitadas de cumplir sus obligaciones financieras, circunstancia que daría pie a una secuencia de traspasos de ferrocarriles a firmas extranjeras. Iniciado dicho proceso por el pequeño ferrocarril suburbano de Marianao, adjudicado a sus acreedores británicos en 1879, sería continuado por el Ferrocarril de la Bahía, apremiado por la banca Schröder a la cual adeudaba más de 5 millones de pesos. Como la competencia con Bahía había debilitado a Caminos de Hierro de La Habana, los propietarios criollos de esta última optaron por venderla, operación que desembocaría en una fusión con el Ferrocarril de la Bahía financiada por Schröder. A partir 1889 ambas líneas operarían bajo la razón social Banco del Comercio, Ferrocarriles Unidos de La Habana y Almacenes de Regla, con fuerte presencia de los representantes del banco londinense en su directiva. El Ferrocarril del Oeste, incapaz de alcanzar la rica zona tabacalera de Vueltabajo, fue traspasado en 1892 a un grupo de inversionistas británicos que aportó los fondos para llevar esa línea hasta su destino.

La desastrosa situación económica a que dio lugar la nueva guerra de Independencia (1895-1898), así como la posterior ocupación de Cuba por Estados Unidos tras su intervención en aquel conflicto, acentuaron la tendencia a la desnacionalización del sistema ferroviario. Aún no se habían apagado los ecos del combate, cuando en enero de 1899 los intereses británicos que controlaban el ferrocarril del Oeste gestionaron la compra de las tres compañías del centro de la isla —Sagua, Cienfuegos y Caibarién— que cuatro meses después se fusionaron en la Cuban Central Railways Ltd., entidad con domicilio social en Londres, convertida en la segunda del país por la extensión de sus vías. Casi simultáneamente los accionistas españoles en los Ferrocarriles Unidos de La Habana optaron por ceder su participación a la casa Schröder, que al obtener el pleno control de la empresa la reinscribió con nombre en inglés. United Railways of Havana puso la vista de inmediato en sus vecinas del este, los ferrocarriles de Matanzas y Cárdenas & Júcaro, empresas cuyo dominio casi exclusivo sobre riquísimas zonas azucareras les había permitido operar libres de deudas. Mediante una prolongada campaña de compra de acciones, a finales de 1905 Schröder alcanzó el control mayoritario de Cárdenas & Júcaro que fue fusionada de inmediato con United. Cercado por su competidor, el ferrocarril de Matanzas no demoró en caer; al iniciarse el año 1907 los casi 2 000 km del sistema ferroviario occidental se hallaban en manos de dos grupos de capitalistas ingleses que terminarían por integrarse.

Los estadounidenses estuvieron presentes desde muy temprano en la historia ferroviaria cubana, aunque no como inversionistas, sino como constructores, técnicos y proveedores, principalmente de locomotoras y otro material rodante. Esta situación cambió al finalizar el siglo XIX, cuando al quedar Cuba bajo la autoridad temporal de Washington cayeron sobre la isla los inversionistas de Estados Unidos, para quienes el país vecino, arruinado por una cruenta guerra, ofrecía incontables oportunidades de negocio. El transporte ferroviario no carecía de atractivos, sólo que respecto a ese sector los británicos tenían las mejores posesiones. De inicio el capital estadounidense se limitó a adquirir y electrificar la compañía de tranvías habanera, sin embargo, varios de los participantes en esa operación tenían miras más ambiciosas, particularmente sobre la mitad este del país, cuya cobertura ferroviaria era muy pobre. Desde mediados del siglo XIX se había proyectado para ese territorio un "ferrocarril central" que siguiendo el eje longitudinal de la isla enlazase la red occidental con Santiago de Cuba. Pero esa vía atravesaría un territorio casi virgen, con escasas posibilidades de carga, por lo cual, a pesar de su importancia estratégica, no pasó del bosquejo. Después, con los negociantes estadounidenses adquiriendo tierras, eran otras las perspectivas económicas de aquellas regiones. Obedeciendo a ese atractivo se constituyó en 1900 la Cuba Company, un sindicato de poderosos capitalistas encabezado por William van Horne —el constructor del Canadian Pacific— con el propósito de rediseñar y ejecutar el proyecto del ferrocarril central. Desde el principio el plan contó con el beneplácito de los gobernantes militares de la isla, pero una disposición legislativa de Washington prohibía a éstos otorgar concesiones. No obstante, el apoyo oficial se materializó de dos maneras: la modernización de las regulaciones ferroviarias mediante una serie de órdenes militares que crearon una comisión fiscalizadora del servicio ferrocarrilero, unificaron las tarifas y reglamentaron el transporte combinado, y con el otorgamiento de permisos provisionales para la construcción de la vía central. En diciembre de 1902, a ocho meses de proclamada la República de Cuba, ya circulaban los trenes a lo largo de los 605 km del "ferrocarril central" entre la ciudad de Santa Clara y Santiago de Cuba. El territorio servido por estas vías, casi deshabitado en un inicio, se fue poblando de plantaciones y centrales azucareros, dos de estos fomentados por la propia Cuba Company. En la medida en que la demanda de transporte se acrecentaba, esa compañía fue tendiendo nuevos ramales y adquiriendo algunas líneas locales hasta disponer de una red de casi 1 200 km en 1920.

Otros intereses estadounidenses incursionaron también en regiones del este insular; en Guantánamo un pequeño grupo de inversionistas neoyorkinos tendió vías para facilitar el enlace portuario a varios centrales de la zona, creando un pequeño sistema de 147 km operado por la firma Guantánamo & Western. En 1911 el habilidoso empresario cubano José M. Tarafa adquirió un antiguo ferrocarril militar en el occidente camagüeyano, así como la línea que conectaba la ciudad de Camagüey con el puerto de Nuevitas, como punto de partida de un proyecto ferroviario —la Cuba Northern Railroad— que cubriría una prometedora región azucarera, para cuya ejecución obtuvo el concurso de un poderoso grupo de inversionistas estadounidenses y una subvención de 1.8 millones de dólares, estímulo al desarrollo vial estrenado por el joven Estado cubano y practicado en escala muy moderada, del cual ya se habían beneficiado también algunos ramales de la Cuba Company. Los estadounidenses se atrevieron a incursionar en el coto ferroviario británico del occidente: primero con una línea electrificada entre La Habana y Güines que terminaría envuelta en una pugna con la United Railways por el acceso al puerto habanero, y otra vía, también eléctrica, entre la capital y la ciudad de Matanzas, construida por la corporación Hershey para dar servicio a un gran central azucarero fomentado en esa zona. Como saldo de todo el proceso inversionista, al iniciarse el decenio de 1920 los ferrocarriles de servicio público en Cuba mantenían más de 4 000 km de vías en explotación.

La transferencia de Puerto Rico a la soberanía de Estados Unidos tuvo consecuencias bastante inmediatas en el terreno ferroviario. Ante la presión de las nuevas autoridades coloniales para concluir el ferrocarril de circunvalación, la compañía que lo operaba optó por arrendar vías e instalaciones a una entidad estadounidense creada al efecto, la American Railroad Company of Porto Rico. Ésta construyó unos 200 km de vía férrea y extendió sus carriles hasta Guayama, pero no acometió el tramo correspondiente al este de la isla cuya mayor complejidad topográfica incrementaba tanto los costos de construcción como los de explotación. Aunque en los alrededores de San Juan y al este de esa ciudad se inauguraron algunos pequeños ferrocarriles —incluso uno eléctrico—, la proyectada circunvalación ferroviaria de la isla nunca habría de concluirse.

República Dominicana tampoco pudo escapar a la hegemonía de Washington, la cual hubo de materializarse primero mediante la intervención de sus aduanas y, finalmente, con la ocupación del país por la Marina de Estados Unidos en 1916. Contra lo que pudiera pensarse, esa nueva situación no se tradujo en un afianzamiento de los intereses ferroviarios de la Santo Domingo Improvement, sino que más bien facilitó su salida de lo que ya representaba un mal negocio. En 1908 el gobierno adquirió la empresa ferrocarrilera añadiendo 1.5 millones de dólares a su abultada deuda. El Ferrocarril Central Dominicano, como pretenciosamente se denominó la nueva compañía, no constituyó por cierto el primer caso de empresa ferroviaria estatal en las Antillas.

Treinta años antes, el gobierno colonial de Jamaica había tenido que hacerse cargo de la línea ferroviaria de esa isla, inaugurada en 1845, para salvarla de la quiebra y continuar su construcción, que prolongó a unos 100 km. En 1890 un consorcio estadounidense encabezado por Frederick Wesson se interesó por el ferrocarril para extenderlo hasta prometedoras zonas bananeras y cacaoteras. La operación, sin embargo, no rindió las ganancias previstas y la vía —que con unos 300 km se extendía ahora hasta Montego Bay y Port Antonio— regresó en 1900 a manos del Estado que continuaría operándola, y también subsidiándola, bajo la razón social Jamaica Government Railway. Paralelamente, en la también británica isla de Trinidad se había iniciado el transporte ferroviario, que de un primer tramo de 25 km —Port of Spain-Arima— inaugurado en 1876, se fue extendiendo hasta totalizar una red de casi 200 km antes de finalizar el siglo XIX.

El Estado dominicano continuó fomentando el ferrocarril por considerarlo el medio idóneo para integrar el territorio nacional, pero las concesiones al tendido de vías públicas en el sur del país —entre Azua y Santo Domingo y entre esa capital y La Gina— no cuajaron. Mejores frutos rindieron las facilidades otorgadas a la industria azucarera para ampliar sus vías privadas, pues a pesar de que Dominicana no obtuvo los beneficios aduaneros que Estados Unidos otorgó a Puerto Rico y Cuba, la producción del dulce en esa República aumentó con cierta rapidez, triplicándose en menos de 20 años hasta superar las 160 000 toneladas en 1919, lo cual propició un crecimiento vial superior al centenar de kilómetros.

La expansión ferroviaria antillana durante el primer cuarto del siglo XX consistió principalmente en el desarrollo de los ferrocarriles industriales. En consonancia con el formidable crecimiento de la producción azucarera regional, que se quintuplica en ese plazo, aumentaron las necesidades de transporte de una industria cuyas unidades fabriles iban adquiriendo notables proporciones. Desde un inicio, el proceso de industrialización azucarera trajo aparejado la modernización del transporte cañero, lo cual puede apreciarse en sus primeros escenarios, las islas francesas de Guadalupe y Martinica que desde el decenio de 1860 comenzaron a emplear pequeños ferrocarriles en sus *usines-centrales* hasta totalizar unos 140 km de líneas en cada una, aunque por sus propósitos y extraordinaria variedad de anchos de vía esos ferrocarriles jamás constituyeron redes. Se ha visto que en Cuba se produjo un fenómeno similar, dando lugar a sistemas privados relativamente extensos; sin embargo, ese desarrollo puede calificarse de embrionario ante la magnitud alcanzada por los ferrocarriles industriales con la masiva penetración de capitales estadounidenses en la primera industria cubana. El fomento de fábricas capaces de producir hasta 100 000 toneladas de azúcar por zafra —varias de ellas frecuentemente bajo el control de una misma compañía— abastecidas por gigantescos latifundios, superiores incluso a las 50 000 ha, potenció los requerimientos de transporte. Para satisfacerlos, en el primer cuarto del siglo XX las vías de los ferrocarriles industriales en Cuba crecieron hasta superar los 12 000 km, con anchura estándar en unos casos y en otros menores, por lo general de 0.75 m. Algunas compañías con centrales contiguos explotaban redes privadas de considerable extensión, como eran los casos de la United Fruit, con 542 km de vía, o la Cuban American Sugar, que operaba un sistema integrado de más de 600 km en sus centrales Chaparra y Delicias. Aunque en menor escala, República Dominicana y Puerto Rico también experimentaron una notable expansión del ferrocarril industrial, según puede apreciarse en el cuadro 1.

En la menor de las grandes Antillas las vías de 26 ingenios a finales del decenio de 1920 totalizaban unos 1 200 km; por lo general pequeñas líneas de trocha de 0.75 m o menos. En Dominicana casi todos sus centrales contaban con ferrocarril propio,

Cuadro 1. Kilómetros de vías de servicio público
y de los ferrocarriles industriales en las Antillas, *ca.* 1930

País	Servicio público	Industriales	Total
Cuba	5 314	12 602	17 916
Puerto Rico	647	1 292	1 939
República Dominicana	249	964	1 213

Fuente: Santamaría, cuadro 2, en Sanz (1998).

cuatro de ellos —Barahona, Consuelo, Porvenir y Romana— de longitud superior al centenar de kilómetros. Cuando operaban en zonas relativamente aisladas, los ferrocarriles industriales eran autorizados a brindar servicio público —en Cuba 1 383 km de vía gozaban de dicha autorización—, debido a lo cual su efecto socioeconómico trascendía sus estrictas funciones dentro del ciclo productivo.

3. IMPACTO ECONÓMICO Y SOCIAL

Como ocurriera desde su introducción en las Antillas, el ferrocarril se expandió en el archipiélago obedeciendo a las necesidades de la economía exportadora, y fue allí donde ejerció sus beneficios más inmediatos. En República Dominicana las líneas ferroviarias del Cibao contribuyeron a duplicar la producción tabacalera y a cuadruplicar la de cacao entre 1890 y 1910, atenuando el secular atraso del nordeste. Algo similar ocurrió con el fomento azucarero en la región del sureste, parcialmente servida por ferrocarriles industriales. Pero en conjunto el desarrollo del transporte ferroviario quedó lejos de integrar el país, pues la ausencia de un verdadero sistema vial dejó marginados amplios territorios que continuaron sujetos a una ancestral agricultura de subsistencia. Hasta entrado el siglo XX las comunicaciones dominicanas descansaron en la navegación de cabotaje, ya que ni siquiera a escala regional consiguieron articularse redes apropiadas, como bien lo ilustran las dos líneas del nordeste cuyas vías de distinto ancho operaban de manera independiente. En tales circunstancias, el ferrocarril sólo podía resultar rentable de manera transitoria y su funcionamiento más bien aumentó los gastos del Estado. A principios de los años veinte, el gobierno —ejercido por la Marina estadounidense— adquirió locomotoras diésel para aumentar la capacidad de arrastre del Ferrocarril Central, cuyas operaciones continuaban lastradas por el tramo de cremallera, situación que también se intentó solucionar con el interés de privatizar la línea. Sin embargo, los resultados económicos no favorecieron ese propósito dadas las frecuentes pérdidas que arrojaban los balances del ferrocarril, padecimiento del cual parece haberse contagiado la vecina compañía británica.

Aunque la información es escasa, los resultados de la explotación del ferrocarril puertorriqueño al parecer fueron mejores. Según las fuentes disponibles, tanto la American Railroad como algunos ferrocarriles industriales que ofrecían servicio público, operaban con una rentabilidad satisfactoria y se hallaban libres de deudas. Sus ingresos aumentaron sustancialmente gracias al sostenido crecimiento de la producción azucarera —que en 1925 superó las 600 000 toneladas—, lo que contribuyó al incremento de la carga general y aumentó igualmente los volúmenes de caña trasegada, pues algunos grandes centrales utilizaban tramos de la vía pública para abastecerse. También se aceleró el crecimiento demográfico y las compañías ferrocarrileras coadyuvaron a una ascendente urbanización, proceso del que hubieron de beneficiarse, pues a pesar de que las posibilidades adquisitivas de la mayor parte de la población eran bastante limitadas, ésta ganó en movilidad y se acrecentó la circulación mercantil. El desarrollo ferroviario boricua no cristalizó, sin embargo, en un esquema balanceado de transporte a escala insular, sino que más bien acentuó las diferencias regionales entre las tierras llanas de la periferia servidas por el ferrocarril, escenario del crecimiento azucarero y de una economía tabacalera relativamente próspera, y el macizo montañoso central cuya producción cafetalera decayó.

La expansión ferroviaria cubana fue desde el principio una función del crecimiento de la producción exportable, especialmente la azucarera que en 1925 ya superaba 5 millones de toneladas. Pero a diferencia de lo ocurrido en el siglo XIX, durante el auge formidable del primer cuarto del XX las paralelas no fueron tendidas para servir a zonas de plantación ya establecidas, sino que atravesaron territorios más o menos vírgenes, actuando como un factor de fomento. El resultado más visible se aprecia en el este insular, donde en 1901 se elaboraba 13% de la producción azucarera nacional y que en 1926, ya bien dotado de vías férreas, aportaba 58.5% de una zafra ocho veces mayor. Por supuesto que las compañías ferrocarrileras sacaron pingües dividendos de su contribución; valga como botón de muestra el sexenio 1913-1918, en el cual las tres mayores firmas ferroviarias incrementaron de 4 a 7 millones el número de pasajeros transportados, mientras que la carga ascendía de 11.8 a 19.1 millones de toneladas métricas, trasiego éste constituido en sus cuatro quintas partes por el azúcar, la caña y sus subproductos.

Sin el ferrocarril hubiera resultado imposible el portentoso crecimiento experimentado por la economía cubana, cuyo producto interno bruto (PIB) se quintuplicó durante el primer cuarto del siglo XX; sólo que ese medio de transporte contribuyó al mismo tiempo a unificar el país bajo el signo de la plantación, reafirmando la ya ostensible deformación de su estructura económica. Fue ésta, desde luego, un resultado de las condiciones bajo las cuales hubo de verificarse en Cuba el proceso de modernización capitalista, más que del rol desempeñado por el ferrocarril. La modernización dependiente constituyó un fenómeno de extraordinaria complejidad, en el cual consecuencias perjudiciales como la apuntada o la formidable expansión del latifundio se conjugaron con otras facetas, sin duda discordantes. Elocuen-

te muestra de esos contrastes son la difusión por las líneas ferrocarrileras de elementos básicos de la vida moderna, como la
electricidad o la telefonía, o su decisiva contribución a la movilidad de la gente al reducir la duración —y el precio— de los
viajes, como ocurrió entre La Habana y Santiago de Cuba, trayecto que por vía marítima podía tomar tres o más días y que el
camino de hierro abrevió a sólo 24 horas; todo ello sin perder de
vista la contribución que en capital humano representó la formación de un nutrido contingente de obreros calificados y personal técnico.

En su etapa de pleno florecimiento el ferrocarril cubano consiguió un estatus único en el archipiélago antillano: constituirse
en eje de un extenso sistema nacional de comunicaciones. Sin
embargo, la subordinación del transporte ferroviario a las necesidades de la industria azucarera determinó importantes desequilibrios en su desarrollo. Uno de ellos se hace evidente en la
distribución territorial de las vías férreas, pues al culminar la fase
expansiva en 1925, la provincia azucarera de Camagüey, con
22% de la superficie del país, disponía de 27.8% de la red ferroviaria, mientras que la tabacalera Pinar del Río, que abarcaba
11.8% del territorio nacional, contaba sólo con 3.7% de las vías
en operación. Dicha situación también se manifestaba en el servicio. Como las empresas ferrocarrileras privilegiaban la carga
resultante de la producción del dulce, el transporte de pasajeros
tuvo un descuido manifiesto y se caracterizaba por una calidad
y una eficiencia inferiores al nivel medio del servicio brindado
en otros países de similar estatura ferroviaria. Algo parecido podía ocurrir con la carga general, sobre todo en los meses de zafra,
pues los trenes que servían a la "primera industria" gozaban de
prioridad de vía y otros privilegios. No obstante, los beneficios
del ferrocarril en la esfera productiva en modo alguno se cir-
cunscribieron al sector azucarero, pues uno de sus más significativos aportes, la definitiva articulación del mercado interno,
promovió el desarrollo de ramas industriales y agrícolas orienta-

das al consumo nacional, facilitándoles el abastecimiento de insumos así como la distribución de sus productos.

En 1919, casi en el cenit de su auge, los ferrocarriles de servicio público cubanos obtuvieron un ingreso total superior a los 50 millones de dólares y, a pesar de que los gastos también se acrecentaron —hasta 36.3 millones—, las operaciones dejaron un amplio margen de utilidades. Sin embargo, tamaña prosperidad comenzó a desvanecerse al superarse los efectos de la primera Guerra Mundial; con el precio del azúcar en descenso y atemperado el crecimiento productivo, las condiciones operativas del transporte ferroviario no tardaron en modificarse. Ante la situación creada, las compañías optaron por racionalizar sus servicios y amortiguar el efecto de la competencia impulsando la concentración de sus líneas. Ese proceso venía desarrollándose con intensidad variable desde el último tercio del siglo XIX, pero al comenzar el decenio de 1920 alcanzó su punto culminante. En 1921, United Railways absorbió a la Cuban Central y al Ferrocarril del Oeste, entidades que controlaba desde años atrás; gracias a estas acciones y la posterior incorporación de la línea electrificada de la Havana Central, la firma británica concentró 2 336 km de vía del sistema occidental, en el cual sólo la pequeña línea Hershey permanecería independiente. En la mitad oriental de la isla el panorama se mostraba más complicado, pues allí dos empresas importantes —la Cuba y la Northern— sostenían una feroz competencia por el control del azúcar camagüeyano. Agobiada por obligaciones financieras, la Northern se inclinó a la fusión, operación que su presidente, Tarafa, se propuso aprovechar para poner coto a las situaciones competitivas de una región en la cual las compañías azucareras no sólo habían creado vastas redes ferroviarias para abastecerse, sino también puertos de uso exclusivo por donde exportaban sus azúcares prescindiendo de los servicios de las empresas ferrocarrileras. Su propuesta Ley de Consolidación Ferroviaria provocó un serio conflicto, zanjado finalmente mediante una transacción que pro-

hibió la creación de nuevos puertos privados. Concluida feliz-
mente la fusión mediante el *holding* Ferrocarriles Consolidados,
los 2 125 km del sistema oriental serían operados de manera
unificada, en condiciones que, a juicio de sus propietarios, habrían de permitirles capear los malos tiempos que se avizoraban.

4. LA DECADENCIA

Los años de declive resultaron peores de lo esperado. Bajo la
presión simultánea del descenso de precios y el proteccionismo
estadounidense, Cuba optó por reducir su producción azucarera hasta alcanzar en la zafra de 1933 sólo 2 millones de toneladas, vendidas a un precio medio de apenas un centavo de dólar
por libra. Los efectos de tal tendencia en una economía como la
cubana fueron devastadores y el transporte ferroviario hubo de
sufrirlos en escala superlativa. Entre 1925 y 1935 los ingresos
de las compañías ferrocarrileras descendieron desde 45.4 millones de dólares hasta 14.5, y aunque después tendieron a recu-
perarse gracias a la reanimación de las exportaciones bajo el
régimen de cuotas azucareras implantado por Estados Unidos,
sólo al finalizar la segunda Guerra Mundial y durante un brevÍ-
simo lapso dicha variable recobraría el nivel de los primeros
años veinte. Y es que a las economías ferroviarias, además de la
crisis general, las aquejaba un factor particular: la competencia
del transporte automotor. En Cuba la construcción de carreteras se había iniciado relativamente temprano, de modo que hacia 1925 la isla contaba con unos 2 000 km de caminos pavimentados. En ese año el gobierno comenzó la construcción de
una "carretera central" a todo lo largo de la isla, concluida en
1933, la cual corría paralela —y a menudo muy cerca— de la
vía principal del ferrocarril de uso público. A pesar de las pro-
testas de las empresas ferrocarrileras, dicha pauta de construcción habría de repetirse en las carreteras secundarias. La com-

petencia de los automotores se dejó sentir sobre todo en el servicio de pasaje, que disminuyó de un promedio de 4.6 pasajeros por habitante en los años veinte, a 1.5 en el decenio siguiente. Los efectos negativos de este fenómeno no se limitaron a ese rubro, pues también se dejaron sentir en el de carga hasta convertirse en un importante ingrediente de la grave situación enfrentada por los ferrocarriles.

A consecuencia de la crisis, las dos grandes compañías de servicio público tuvieron una baja de casi 60% en sus ingresos, circunstancia que Ferrocarriles Consolidados pudo sobrellevar mejor, pues su equipamiento le posibilitaba una operación más eficiente. Su recuperación fue también apreciable durante la coyuntura de la segunda Guerra Mundial, en la cual Consolidados comenzó a enfrentar el desafío automotor mediante la compra de varias compañías de autobuses y camiones que le hacían competencia. Con un capital sobrecargado de obligaciones financieras, un sistema menos racional y un mayor desgaste en las vías y el material rodante, United Railways experimentó en toda su magnitud los efectos de la crisis. No obstante sus drásticas medidas de ahorro, en el decenio de 1930 la compañía declaró pérdidas durante nueve años y al concluir éste acumulaba deudas por más de 40 millones de dólares. Aunque también la guerra le proporcionó un respiro, "Unidos" no consiguió superar su desastrosa situación, agravada por los aumentos de salario conquistados por los trabajadores en el ambiente democrático de los años cuarenta. En 1949, ante el conflicto insoluble entre la administración, empeñada en reducir gastos, y sus trabajadores renuentes a cualquier rebaja salarial, el Estado intervino la compañía ferroviaria.

Las relaciones entre el Estado y los ferrocarriles en Cuba se habían ido estrechando a lo largo del tiempo. De la curiosa mezcla de liberalismo e ineficacia fiscalizadora que caracterizó a la administración colonial, se pasó en los albores de la República a un régimen de regulación oficial e incluso más allá, pues se estrenó un procedimiento de subvenciones para la construcción vial que favoreció la expansión ferroviaria en las regiones del este. Ante la crisis, el gobierno intentó amortiguar sus efectos en los ferrocarriles estableciendo un régimen de tarifas coordinadas para todos los medios de transporte, medida que sin embargo no reportó un alivio sustancial, y la declinación, salvo en la coyuntura bélica, continuó su marcha. Cuatro años después de intervenir United Railways, el gobierno cubano decidió nacionalizarla, para crear poco después una empresa mixta, Ferrocarriles Occidentales de Cuba, que racionalizó el sistema vial y mejoró su equipamiento con la compra de locomotoras diésel y otro material rodante. Casi simultáneamente, el Estado decidió apoyar la modernización de Consolidados —que había adquirido locomotoras diésel eléctricas y coches automotores para el pasaje—, concediéndole primero una exención fiscal y más adelante, en 1956, un préstamo de 10 millones de dólares. Cada vez más dependientes del Estado, los ferrocarriles terminarían en manos de éste tras la Revolución de 1959, cuando un amplio proceso de nacionalizaciones incluyó tanto las empresas de servicio público como las vías privadas azucareras.

Con la llegada al poder de Rafael Leónidas Trujillo en República Dominicana, las relaciones entre el ferrocarril y el Estado tendieron a intensificarse en el marco de la peculiar política modernizadora desplegada por ese dictador. La línea pública de Puerto Plata a Moca recibió mayor apoyo, lo cual permitió solucionar el añejo problema del sistema de cremallera y sacar al ferrocarril de su crónica situación deficitaria. Al finalizar el decenio de 1930 el gobierno se hizo cargo de la antigua línea británica entre Santiago y Sánchez, que se hallaba abandonada, e intentó prolongarla infructuosamente hasta Samaná. En 1944 Trujillo compraba el único ramal de servicio público que permanecía en manos de particulares —San Francisco de Macorís-La Gina— para completar la fusión del irregular sistema de transporte, operación que dio lugar a una nueva entidad: Ferrocarriles Unidos Dominicanos. Un poco antes (en 1941) se había promulgado la primera ley ferroviaria, que regulaba la explotación de las líneas y establecía la fiscalización de las vías industriales. El ferrocarril tuvo entonces años de bonanza, favorecido por el crecimiento de la producción exportable y la mayor circulación mercantil consecuencia de una incipiente industrialización, así como por la carestía de combustible que ocasionó la segunda Guerra Mundial. Sin embargo, al concluir esa favorable coyuntura se percibe un creciente deterioro, manifiesto sobre todo en la contracción del movimiento de pasajeros, el escaso mantenimiento de las vías y la disminución del material rodante. En ello incidía la competencia de las carreteras, cuya construcción se había iniciado durante los años de la intervención estadounidense y que al mediar el siglo ya sumaban unos 4 000 km. Aunque una parte de esos caminos eran de muy pobre pavimentación, lo cierto es que las carreteras habían conseguido enlazar las principales poblaciones y ciudades del país en una medida jamás lograda por las vías férreas. En desfavorable posición, el ferrocarril optó por ir dejando tramos fuera de servicio hasta que finalmente en 1979 cesó de operar. Desde entonces sólo quedaron en funcionamiento las vías azucareras, cuyo alcance —que a mediados de siglo rondaba los 1 500 km— se ha ido reduciendo, sobre todo después que la privatización de los 10 ingenios estatales —antiguas propiedades del dictador Trujillo— en 1999, condujese al desmantelamiento de la mayoría de esas fábricas y al consiguiente abandono de sus vías.

Cuadro 2. Material rodante en los ferrocarriles de servicio público de Puerto Rico y República Dominicana, 1923 y 1948

	Locomotoras		Coches pasaje		Vagones carga	
	1923	1948	1923	1948	1923	1948
Puerto Rico	65	75	66	46	2 002	1 721
Rep. Dominicana	24	17	16	11	275	161

Fuente: Santamaría (1994, cuadro 5), y (1993, cuadro 7).

Colocado tras las barreras arancelarias estadounidenses, Puerto Rico en realidad se vio beneficiado por el proteccionismo durante la Gran Depresión, gracias al cual su producción azucarera llegó a superar el millón de toneladas en 1934. La "isla del encanto" no pudo escapar, sin embargo, al impacto de la crisis, manifiesto tanto en el desplome de los precios del azúcar y el tabaco, como en la contracción de otros renglones productivos. A mediados de los años treinta la sociedad boricua presentaba un cuadro lastimoso, aquejada por una altísima tasa de desempleo y el predominio de salarios miserables, circunstancia cuyos efectos traslucen los escasos balances disponibles de las empresas ferrocarrileras. Para superar dicha situación comenzó entonces un proceso de cambios de muy serias consecuencias para el transporte ferroviario. Primero fueron las aplicaciones de la política del Nuevo Trato, que como en otras partes de Estados Unidos incentivó el gasto público y arrojó, entre otros resultados, la construcción de una red de carreteras que no sólo circunvaló finalmente la isla, sino la cruzó en diversos sentidos y terminó por tornar obsoletos los servicios del ferrocarril. Las características de la infraestructura ferroviaria resultaban poco favorables para enfrentar la competencia de los automotores; por una parte no se había completado la línea de circunvalación y, por otra, la trocha adoptada —1.06 m— resultaba inadecuada para enfrentar el tipo de carga producido por el desarrollo industrial. En los años cincuenta la American Railroad fue cerrando tramos de su línea, hasta que sólo quedaron en activo unos pocos kilómetros para el movimiento de carga en las zonas portuarias. Ya se desarrollaba entonces la Operación Manos a la Obra, política de factura propia desplegada por el ahora Estado Libre Asociado, que se proponía una industrialización acelerada mediante incentivos al capital foráneo. Las transformaciones que ésta trajo aparejadas, así como la masiva emigración de fuerza de trabajo hacia la metrópoli estadounidense, modificaron sustancialmente las condiciones operativas de la industria azucarera, cuyos costos de producción terminarían por hacerse insostenibles. A partir de la década de 1960 comenzaron a desmantelarse centrales; al cerrar la última de éstas —Coloso— en 2002 desaparecía la industria del dulce puertorriqueña, y con ella sus ferrocarriles. Una pequeña red para el transporte de pasajeros en el área metropolitana de San Juan, quedaría como único vestigio del transporte ferroviario en Puerto Rico a inicios del siglo XXI.

Historias parecidas observa Morris en otros espacios antillanos. Barbados se anticipa al desactivar su pequeño ferrocarril en 1937; tres decenios después, y tras inútiles esfuerzos por salvarla, se desmantelaba la más extensa línea ferrocarrilera de la isla de Trinidad. El 1992 tocó su turno al ferrocarril jamaicano, aún operado por un Estado al cual los 348 km de su red se le hacían insostenibles. Finalizando el siglo XX en el archipiélago sólo se mantenían en funcionamiento los ferrocarriles de unos pocos centrales azucareros dominicanos, las líneas empleadas por la minería de bauxita en Jamaica y pequeñas redes para el servicio de pasaje en grandes ciudades, así como uno que otro tramo de vía rescatado para fines turísticos en islas como Saint Kitts o Martinica. Con una excepción: Cuba.

Si en las Antillas la historia ferroviaria tuvo un preámbulo cubano, su epílogo también se escribe en la isla mayor. Tras su nacionalización, las líneas de servicio público se concentraron en una sola empresa, Ferrocarriles de Cuba, mientras que las azucareras, aunque operadas por sus respectivos ingenios, quedaron al igual que éstos integrados bajo un Ministerio de la Industria Azucarera. Durante el decenio de 1960 los ferrocarriles azucareros, enmarcados en un plan para elevar la producción del dulce hasta 10 millones de toneladas en 1970, fueron objeto de mejor mantenimiento así como de la ampliación y renovación de su material rodante, al cual se incorporaron 160 locomotoras diésel y nuevos vagones. La reconsideración de la política económica que siguió al fracaso de la "zafra de los 10 millones", acercó la conducción de la economía cubana a las pautas del modelo soviético, en el marco de las cuales se diseñó un programa de desarrollo ferroviario cuyo principal objetivo era la remodelación de los 836 km de la vía central entre La Habana y Santiago de Cuba, para acondicionarla a un rango de velocidad de hasta 140 km por hora. La realización de este programa —que comprendía también la construcción de 59 estaciones— hubiese resultado imposible sin la cooperación de la URSS, que no sólo suministró equipamiento y materiales para el desarrollo vial, sino también más de un centenar de locomotoras de superior potencia, así como coches para el servicio de pasaje y vagones especializados en el transporte de diferentes cargas. Concluida su ejecución en 1984, el número de pasajeros transportados por el ferrocarril público se elevó de 14.3 millones en 1962 a 23.4 en 1986, mientras que la carga casi se duplicaba en el mismo plazo hasta superar los 16 millones de toneladas.

El plan de desarrollo incluyó elementos complementarios —una fábrica de traviesas de hormigón y plantas para balasto— que junto con otros recursos como grúas y sistemas electromagnéticos para el tendido de las vías, se proyectaba utilizar en el remozamiento de otros 1 300 km del sistema vial. Sólo que la crisis en la cual se hundió la economía cubana tras la desaparición de la Unión Soviética lo hizo imposible. Durante el decenio de 1990 el volumen de mercancías transportadas se redujo a menos de la mitad, y si el movimiento de pasajeros no disminuyó en igual medida fue porque las limitaciones de combustible afectaron todavía más al transporte automotor. Transcurrirían unos tres lustros sin que el ferrocarril recibiese mantenimiento apropiado y casi sin reponer su equipamiento, salvo algún material rodante de segunda mano para sostener el servicio de pasaje. A este panorama de deterioro vendría a sumarse en 2002 la decisión de desmantelar casi un centenar de centrales azucareros, la cual conllevó la desactivación de cientos de kilómetros de vías férreas industriales y al abandono de antiguas locomotoras de vapor y carros de caña. Ya iniciado el siglo XXI, cuando la economía cubana experimentó una relativa reanimación, se abrieron para el ferrocarril nuevas perspectivas, que comenzaron a materializarse con la renovación del material rodante —tanto locomotoras como vagones— y un programa de restauración de la vía central que comprende la total reconstrucción de algunos tramos.

La singularidad de la historia ferroviaria en Cuba no ha sido sólo consecuencia de su condición de isla mayor, ni del vigoroso desarrollo de su economía exportadora, sino también de una alargada conformación insular que impone extensos trayectos al transporte terrestre. Por tal circunstancia, en un territorio además relativamente llano, la operación del ferrocarril goza de indiscutibles ventajas económicas. Hay por tanto razones suficientes para esperar que el estruendo de los trenes sobre los rieles continúe dejándose oír por mucho tiempo en algunos parajes antillanos.

BIBLIOGRAFÍA

Abad, Luis V. de (1953), *Estadísticas y análisis de los ferrocarriles cubanos*, La Habana, Mercantil.

Alfonso, B. *et al.* (1987), *El camino de hierro de La Habana a Güines. Primer ferrocarril de Iberoamérica*, Madrid, Ferrocarriles de Cuba– Fundación de los Ferrocarriles Españoles.

Cervantes, J. (1975), *El Ferrocarril de Puerto Rico*, San Juan.

Darsley, R.R. (1982), "Caribbean Cane Tramways: The Lesser Antilles", *Industrial Railway Record*, núm. 93.

Gimeno, J. (1890), *Los ferrocarriles españoles en Puerto Rico*, Madrid.

Halsey, F.M. (1931), *The Railways of South and Central America*, Washington, Government Printing Office.

Hernández Ricardo, J.R. (2005), "El ferrocarril La Vega-Sánchez y los cambios urbanos en el nordeste dominicano", *Clio*, núm. 170, pp. 171-234.

Le train des plantations. Les rails de la canne à sucre (RCS), Musée du

Rhum Saint James, D234, 97230 Sainte-Marie, <*http://www.rhum-saintjames.com/fr/saint-james.html*>.

Long, W.R., (1925), *Railways of Central America and West Indies*, Washington, Government Printing Office.

Moyano, E.L. (1991), *La nueva frontera del azúcar; el ferrocarril y la economía cubana en el siglo XIX*, Madrid, Consejo Superior de Investigaciones Científicas.

Regla, M. (1970), *Los Ferrocarriles Unidos Dominicanos. Su historia, su origen y su estructura social*, Santo Domingo.

República Dominicana (1938), Mapa Postal y de las rutas de República Dominicana.

Rollinson, D. (2001), *Railways of the Caribbean*, Oxford, MacMillan Caribbean.

Santamaría, A. (1994), "Los ferrocarriles de servicio público de Puerto Rico (1870-1990), *Revista Complutense de Historia de América*, núm. 20, pp. 207-228.

—— (1993), "Los ferrocarriles de servicio público de República Dominicana, 1870-1990", Sevilla, Escuela de Estudios Hispanoamericanos–CSIC.

Sanz Fernández, J. (coord.) (1998), *Historia de los ferrocarriles en Iberoamérica (1837-1995)*, Madrid, Fundación de los Ferrocarriles Españoles.

U.S. Department of Transportation (1934), Railroad Map of Puerto Rico, Washington, Government Printing Office.

Zanetti, O. y A. García (1987), *Caminos para el azúcar*, La Habana, Editorial de Ciencias Sociales.

3
COLOMBIA

Juan Santiago Correa R.

INTRODUCCIÓN

El desarrollo colombiano desde el periodo colonial favoreció el fortalecimiento de centros económicos y poblacionales en el interior del país, en lo que se conoce en términos generales como el área Andina. Esto se vio reflejado en la fundación de sólo dos ciudades coloniales importantes en las costas, Santa Marta y Cartagena, mientras el interior vio un proceso mucho más dinámico de crecimiento urbano y rural.

Esto tuvo un efecto temprano en la red de caminos durante la Colonia y la República, en los cuales se puede evidenciar que el transporte hasta la segunda mitad del siglo XIX estuvo marcado por el predominio de la arriería o mediante cargadores humanos que transitaban por las vías que usualmente se superponían a los antiguos caminos indígenas. Debido a sus características técnicas y a los factores geográficos, estos caminos coloniales no permitieron el uso de vehículos sobre ruedas de tracción animal, lo que limitó seriamente la capacidad de carga y el tipo de bienes que podían ser transportados de acuerdo con la distancia a recorrer. Asimismo, la relación peso-valor de los productos transportados privilegió el traslado de productos de mayor valor y de bienes durables o no perecederos.

Esto introdujo ritmos asimétricos en la vida de las personas. Mientras la mayor parte de la gente vivía su vida alrededor del lugar de nacimiento sin viajar más allá de los lugares próximos, aquellos individuos relacionados con el gobierno, el comercio internacional o los negocios interregionales emprendían viajes que los alejaban de sus hogares durante meses y años. La introducción de los ferrocarriles en la segunda mitad del siglo XIX cambió este panorama de manera dramática, aunque lenta para una parte de la población colombiana.

Durante la segunda mitad del siglo XIX, Colombia emprendió la construcción de 14 líneas férreas con diversos propósitos. En la visión tradicional, que permea y justifica de manera oficial la construcción de estos ferrocarriles, estaba el proyecto de que la mayoría de estas líneas conectaran los centros de producción local con el mercado mundial, en medio de un consenso general que identificaba el comercio internacional con el crecimiento económico. Las dificultades fiscales, el tamaño del mercado interno, las limitaciones de capital, la articulación del país al comercio global y la posición del mismo frente a los acreedores internacionales, entre otros elementos, dieron forma definitiva a esta iniciativa.

El proyecto ferroviario decimonónico no fue uno menor. Exigió el concurso de las élites locales y regionales, junto con el Estado y la inversión extranjera. Tardó decenios en tomar forma debido a los enormes obstáculos que debió enfrentar, y en múltiples ocasiones, cuando finalmente se concluyeron las diferentes líneas, éstas no cumplieron las expectativas creadas: tuvieron sobrecostos importantes, eran ya obsoletas cuando se inauguraron o, en el peor de los casos, no llegaron a terminarse.

Sin embargo, cuando se analiza cada una de estas líneas férreas, las similitudes entre ellas desaparecen. Aunque la idea general era vincular la producción local con la internacional, éste era apenas uno de los aspectos a considerar. Las características de cada lugar, el negocio de las tierras baldías adjudicadas, la contratación de la deuda, la negociación con el Estado, la participación de inversionistas nacionales y extranjeros, entre otros elementos, configuraron experiencias diversas con distintos grados de éxito y fracaso que trascienden la explicación tradicional sobre el comercio internacional como factor determinante en la construcción ferroviaria.

Antes de la construcción de los ferrocarriles, recorrer las distancias entre el interior y las costas del país podía tomar una o dos semanas en la estación seca y muchas más en la temporada de lluvias. Siguiendo a autores como Marco Palacios, si se toma como referencia, por ejemplo, los costos de transporte del café de exportación desde Bucaramanga, en el oriente del país, hasta Bremen, éstos equivalían a 55 o 57% del precio CIF, con un promedio de entre 5 y 10 días de traslado por cada 30 a 80 km. Así, el reemplazo parcial de las mulas y de los cargadores humanos por ferrocarriles y por navegación de vapor era una decisión inaplazable. Sin embargo, como se verá, el resultado del esfuerzo en el proyecto ferroviario en los últimos decenios del siglo XIX era desalentador en términos del total de kilómetros construidos; incluso para 1901, la mayor parte de las regiones, fuera de la región andina, la zona cafetera en el oriente del país y alguna parte de la costa Caribe, no tenían una conexión ferroviaria.

Los tramos que se construyeron en este periodo no configuraban un sistema de transporte nacional interconectado entres sí, sino que buscaron un modelo de transporte complementario principalmente con el río Magdalena. En este sentido, a pesar de ser tramos cortos y desarticulados entre sí, y de presentar promedios de construcción bajos comparados con otros países de América, éstos significaron mejoras importantes en el transporte, pues redujeron los tiempos y los costos en ciertas regiones del país.

Como se verá más adelante, la construcción ferroviaria es tardía en Colombia. Si bien hay un primer proyecto importante a mediados del siglo XIX, el Ferrocarril de Panamá, la mayoría de iniciativas de este periodo comienzan a partir del decenio de 1870 de manera lenta y desarticulada. Sólo hasta comienzos del siglo XX, entre 1905 y 1928, se puede evidenciar una etapa significativa de expansión ferroviaria a cargo de los gobiernos departamentales y del nacional. Luego de enfrentar los efectos de la crisis mundial de 1929, se observa un crecimiento más bien lento de la red ferroviaria hasta el decenio de 1970, cuando se hace patente un cambio en la tendencia con una caída constante en el número de kilómetros en uso, así como en la carga y pasajeros transportados.

Para mostrar este proceso, el capítulo se ha divido en tres partes. En la primera se muestra el modelo de construcción de líneas férreas en el siglo XIX y comienzos del XX, sus principales características y limitaciones, y los cambios que se dieron para que tuviera lugar el periodo de expansión ferroviaria entre 1905 y 1928. En segundo lugar, se analiza el efecto que tuvo en Colombia el desarrollo ferroviario en términos de territorio, variables económicas y el impacto regional. Por último, se presenta el epílogo, en el que se aborda el periodo siguiente.

1. LA CONSTRUCCIÓN DE FERROCARRILES

El modelo general al comienzo de la construcción ferrocarrilera consistió en capitalistas extranjeros, inversionistas locales, grandes concesiones de tierras baldías, apoyo monetario por kilómetro construido, subvenciones, garantías sobre el rendimiento del capital, emisiones de bonos en los mercados internacionales, plazos de redención de la obra, y amplios términos de finalización de la concesión; en contraparte, los gobiernos regionales o el nacional obtuvieron pocas contraprestaciones.

En el siglo XIX se identifica el comienzo en la construcción de los ferrocarriles de Panamá, Bolívar, Cartagena, Santa Marta, Pacífico, Antioquia, La Sabana, Nordeste, Puerto Wilches, Cúcuta, Suroeste, Girardot, Espinal y La Dorada. Muchas de ellas no se concluyeron durante este periodo y los contratos de concesión, así como el nombre de las empresas que los tuvieron, fueron volátiles y con resultados disímiles. Salvo en algunos proyectos, los inversionistas locales y extranjeros estuvieron poco tiempo vinculados a los mismos.

Esto se debió en buena medida a que en el conjunto de incentivos que el Estado desarrolló en el siglo XIX para promover la construcción de ferrocarriles, se diseñó una agresiva política de tierras que buscó no sólo la adjudicación de terrenos baldíos a los constructores, sino alentar un amplio proceso de poblamiento a lo largo de las rutas para ampliar la frontera agraria e impulsar la economía del país. Los resultados en términos del acceso a las nuevas tierras en expansión dejaron mucho que desear y, en términos generales, desembocó en un traspaso gratuito de tierras a unos pocos dueños. No obstante, significó una apertura importante de nuevos ejes de explotación y de apropiación territorial que acompañaron otros procesos de colonización de tierras baldías en Colombia durante el siglo XIX.

Durante los gobiernos liberales de los decenios de 1850 a 1880, cuando comienza la discusión sobre la necesidad de los ferrocarriles en Colombia, las élites regionales y locales tuvieron una oportunidad sin igual para consolidar sus bases de poder y para desarrollar una serie de proyectos —además de los ferrocarriles debe tenerse en cuenta, entre otros, el desarrollo bancario por medio de un modelo de banca libre— que les permitieron, aunque de forma limitada por las características estructurales de la economía nacional, ampliar su actividad económica y consolidar su poder regional.

Sin embargo, los rasgos propios del sistema impidieron el desarrollo de un mercado de capitales más amplio, lo cual introdujo profundas desigualdades regionales; el efecto en la economía del país estuvo restringido a la capacidad económica propia de cada región o de convocar a inversionistas foráneos, sin que existiera la posibilidad de crear redes más amplias o economías de escala.

Esto se debe en parte a que sólo hasta finales del decenio de 1860 se puede percibir una mejora importante en los productos agrícolas de exportación que garantizaron la carga interna de retorno necesaria para hacer atractivos estos ferrocarriles. Sin embargo, a pesar de tener este marco común de discusión, el desarrollo de cada una de estas líneas presenta diferencias significativas en sus propósitos, construcción, tipos de contratos y, sobre todo, en los resultados para el país. Las diferencias y los elementos comunes permiten inferir algunas de las condiciones que tuvieron estas líneas férreas para convertirse en empresas rentables, privada y socialmente o, por el contrario, en negocios desastrosos, con consecuencias que trascendieron los cálculos financieros y económicos.

Es difícil encontrar en todas estas rutas una fórmula única para el fracaso o el éxito del proyecto ferroviario, pues explicaciones tradicionales que afirman que las rutas de menos de 150 km con capital privado eran exitosas, en tanto las de mayor longitud y con capital público estaban condenadas al fracaso, no se sostienen ante una revisión rápida de las líneas férreas colombianas, en las cuales hay evidencia de contraejemplos en uno y otro sentido.

Tampoco es posible afirmar que la presencia del capital extranjero por sí mismo fuera una fuente constante de fracasos para el sistema de concesiones ferroviarias, aunque sí fue un elemento desestabilizador en la medida en que sujetaba al país a procesos de negociación constreñidos por las relaciones diplomáticas de los países de origen, lo que dio lugar a costosas e injustas demandas. No obstante, algunos negociantes nacionales aprovecharon también esta situación para fijar el domicilio de sus empresas en el exterior, con el objeto de contar de manera inequitativa con el apoyo del país extranjero.

Lo que sí parece ser una constante, es que tal vez uno de los principales defectos en la contratación consistió en que el gobierno asumió las emisiones de bonos de deuda para su financiación y garantizó los rendimientos del capital de las empresas, que oscilaban entre 6 y 7% sobre el capital suscrito. Esto abrió la puerta (segura para el concesionario) al negocio especulativo y no al de la construcción. Muchos especuladores utilizaron la cláusula que garantizaba estos rendimientos mientras la empresa alcanzaba cierto umbral operativo sin que necesariamente estuviera atada a un número de kilómetros construidos, a la operación de la línea o, peor, al valor del capital pagado efectivamente que podía ser de apenas una fracción del suscrito. En las ocasiones que el Estado intentó dar por terminados estos contratos, jueces y tribunales de arbitraje internacionales fallaron en contra de Colombia, lo que se convirtió en una fuente constante de pérdidas para la nación, tanto por la especulación como por los fracasos en la construcción.

Asimismo, se puede observar un esfuerzo sostenido de manera amplia por terratenientes, en alianza con comerciantes, para impulsar este tipo de proyectos, aunque sus resultados diferían de región en región. Fue así como se otorgaron enormes concesiones de tierras, pero no siempre representaron un proceso de ampliación de la frontera agraria. Incluso en los casos en que sí ocurrió, el proceso provocó una distribución inequitativa de la tierra que habría de convertirse en una fuente importante de tensión en la región.

En aquellos tiempos exitosos de la construcción y operación de los ferrocarriles se puede observar una relación con momentos de auge económico, en cuanto a que lograron aunar los esfuerzos políticos, sobre todo los regionales, con el apoyo de la dirigencia empresarial. Hay que hacer notar que en la mayoría de los casos de éxito, los empresarios y la dirigencia política resultaron ser los mismos, como sucedió en ferrocarriles regionales de las empresas del Ferrocarril de Antioquia, el Ferrocarril de Cúcuta y, en parte, en el Ferrocarril del Pacífico. Un elemento común de éxito en todos ellos fue la participación de la élite económica local en los proyectos, bien como inversionistas directos o por medio de la cooptación de los gobiernos regionales, que eran los que promovían los mismos.

La etapa de auge en la construcción no se dio, como en otros países de América Latina, en el siglo XIX sino en los primeros decenios del siguiente. Esto se debió inicialmente al esfuerzo del gobierno de Rafael Reyes (1904-1909) por impulsar obras de fomento y por crear un nuevo marco legal e institucional que permitía apoyar estas iniciativas; pero sobre todo a un cambio de fondo en las condiciones económicas del país que se vieron desde el decenio de 1910 hasta 1928. Una estabilización del manejo institucional; una paz relativa entre los dos partidos políticos tradicionales; el crecimiento de las exportaciones cafeteras, con una mayor participación en el mercado mundial y precios al alza para el periodo; y una mayor capacidad de endeudamiento externo y de entrada de capitales, en especial entre 1923 y 1928. Con estas nuevas condiciones, el gobierno nacional y los locales pudieron quintuplicar el tamaño de la red férrea, que pasó de 598 km en 1898 a 1 571 en 1922 y a cerca de 2 549 en 1929 (véase gráfica 1).

Para el decenio de 1920 la bonanza económica fue aprovechada hábilmente por el gobierno de Pedro Nel Ospina (1922-1926) para mejorar los niveles de inversión en infraestructura en el país. Aunque los ferrocarriles recibirían una porción impor-

Gráfica 1. Kilómetros de red construidos y en uso, 1871-2000

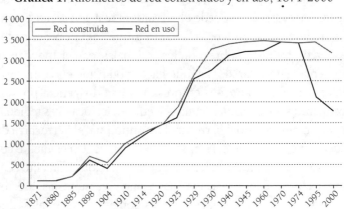

Fuente: elaborada a partir de Poveda (2000: 62-64).

tante de los dineros pagados por la indemnización por Panamá (65%), su pago se hizo de manera desordenada y atomizada, lo que se unió a un redireccionamiento de la inversión hacia las carreteras, a partir del decenio de 1930, que habría de afectar en el largo plazo el desarrollo ferroviario colombiano.

El dinamismo de los años anteriores se vio detenido como consecuencia de la crisis de 1929, pues el gobierno nacional canceló todos los contratos de construcción y eliminó todos los subsidios de transporte a los gobiernos departamentales con el propósito de centralizar la política ferroviaria. Esto se concretó con la creación del Consejo Administrativo de los Ferrocarriles Nacionales (CAFN), al cual se le dio en sus inicios un carácter técnico para el manejo de la política y la administración ferroviarias, lo que imprimió un nuevo dinamismo al manejo del sector. En algunos casos, como el Ferrocarril de Antioquia, el control de las líneas lo mantuvieron los gobiernos locales hasta 1954, cuando pasaron en su totalidad al control del gobierno central mediante la compra a aquéllos, en condiciones favorables para la mayoría, lo que les proporcionó recursos fiscales que fueron usados para inversiones en otras áreas diferentes al transporte.

De acuerdo con autores como Ramírez, Pachón y Poveda, entre 1934 y 1935 se construyeron 226 km de vías, con una inversión promedio de 0.47% del PIB, mientras que de carreteras se construían más de 1 000 km, con una inversión pública promedio de 1.41% del PIB. Sin embargo, la escasez de recursos, la nacionalización de varios ferrocarriles, la competencia con carreteras paralelas, los altos costos laborales y las bajas tarifas redujeron los ingresos de este sector. Con la nacionalización de la mayoría de los ferrocarriles colombianos, el CAFN debió asumir todos los costos operacionales y laborales de las empresas. Para 1934 la red férrea colombiana contaba con poco más de 3 000 km construidos, pero en términos de densidad era de tan sólo 0.3 km por 100 km^2 de territorio y de 3.8 km por 10 000 habitantes.

En el decenio de 1930 se registraron resultados operativos pobres en la mayoría de los ferrocarriles, situación que condujo a una reestructuración del CAFN en 1943, mediante la Ley 7, con la cual el gobierno pudo nombrar directamente a los miembros del Consejo y se hizo una reforma laboral para enfrentar el problema de la carga de las prestaciones. La primera medida politizó el manejo del CAFN, que hasta entonces se había caracterizado por ser sólo técnico, y la segunda no tuvo el efecto esperado en los ingresos. Finalmente en 1954 se liquidó el Consejo y se creó la Empresa de Ferrocarriles Nacionales, con la cual se nacionalizó totalmente el manejo del sistema férreo, al tiempo que su actividad mostraba una caída sostenida.

2. EL IMPACTO DE LOS FERROCARRILES EN EL PAÍS

Un efecto interesante del desarrollo férreo colombiano es que permitió procesos de redefinición territorial que se apuntalaron en estos proyectos ferroviarios. En primer lugar, un grupo de líneas configuraron un sistema temprano y complementario de transporte articulado a través del río Magdalena, lo que permitió además del efecto esperado en el comercio internacional, la integración de diversas zonas del país. En segundo lugar, en un conjunto de líneas férreas se puede ver la identificación de una población con un modelo de territorialización y del ejercicio del poder. En tercer lugar, se evidencia que otras líneas se convirtieron en factores importantes en la redefinición del modelo territorial y político que desplazó los ejes tradicionales de poder y que fueron factores determinantes en la escisión de las unidades administrativas y políticas tradicionales.

En este sentido, dentro del primer grupo se contrasta la afirmación tradicional que sostiene que las rutas férreas colombianas no constituyeron una red integrada para el siglo XIX. Esto puede ser cierto si sólo se consideran las líneas como tales, pero cuando se observa su articulación con la principal vía fluvial de Colombia, el río Magdalena, esta percepción desaparece. Así, el río y los ferrocarriles se constituyeron en una amplia red de comunicación que articuló a las regiones exportadoras con el mundo y entre ellas. Para comienzos del siglo xx, los ferrocarriles de Bolívar, Antioquia, Santa Marta, Puerto Wilches, Cartagena, Girardot-Bogotá, Honda-La Dorada, entre otros, llegaban al río Magdalena y permitían un tránsito de mercancía entre Colombia y el mundo. En esta sección, se describen algunas de las líneas férreas que permitieron la conexión interregional y con los mercados internacionales.

Esto se comienza a definir de manera temprana, pues para mediados del decenio de 1860 era evidente la necesidad de conectar a Barranquilla, sobre el río Magdalena, con un puerto marítimo más eficiente y sin los problemas de navegación que presentaba la desembocadura en el mar Caribe. La construcción de una pequeña línea de conexión con la costa le permitió a Barranquilla consolidarse en 1903 como el puerto de salida de 67% del café que iba al mercado de Nueva York. Entre 1916 y 1923 Barranquilla se convirtió, en términos de cantidades, en el principal puerto de exportación cafetera del país.

Tras la Independencia, Cartagena se vio paulatinamente desplazada de las comunicaciones con el interior. En primer lugar, como resultado de la sedimentación del Canal del Dique y, después, ya en la segunda mitad del siglo xix, por el éxito del Ferrocarril de Bolívar y su conexión con el Magdalena. Las discusiones sobre un ferrocarril que reemplazara esa conexión comenzaron en 1865, pero el proyecto sólo se concretó entre 1891 y 1894 (véase el cuadro 1, más adelante). La extensión total de la línea fue de 105 km con una trocha de una yarda.

La puesta en operación del ferrocarril le permitió a Cartagena recuperar parte del dinamismo que le había arrebatado Barranquilla tras la inauguración de su ferrocarril en los primeros años del siglo xx. De esta manera, Cartagena pasó de tener poco más de 8 000 habitantes a cerca de 93 000 en 1919, y la dinámica económica era vigorosa. Sin embargo, la crisis de 1929 aunada a un fuerte incendio en el muelle terminal del ferrocarril afectó los resultados financieros de la empresa. Cuando en 1938 se concluyeron las adecuaciones del Canal del Dique, el cual conectaba el puerto con el río Magdalena, se vio que los trasbordos del ferrocarril eran poco competitivos y el proyecto se abandonó.

Una línea clave en este proceso fue la del Ferrocarril de Antioquia, el cual fue construido con el doble propósito de conectar el interior del departamento del mismo nombre con los mercados internacionales de café, y el de abrir un eje de colonización agrícola nuevo en dirección al río Magdalena. Esta línea fue el medio más importante de transporte de la carga cafetera cuando la salida al Pacífico aún no se había regularizado. Su extensión fue de 193 km. El ferrocarril se convirtió en una ruta fundamental en el desarrollo antioqueño.

Uno de los trayectos centrales en la interconexión con el río Magdalena buscó unir a éste con Bogotá. Esta ruta comenzó a ser construida por Francisco J. Cisneros en 1881, pero en 1885, con 33 km tendidos, debió renunciar a continuar la obra debido a la falta de recursos estatales. La construcción siguió con lentitud durante el resto del siglo xix y se culminó en el decenio de 1920 con una extensión total de 368 km. No obstante, con la construcción de una carretera paralela y la introducción de locomotoras diésel de rendimiento inadecuado para la operación de una línea con fuertes pendientes y radios, la ruta perdió rentabilidad y dejó de operar en el decenio de 1970.

En general, para mediados del siglo xx es posible ver cómo muchas de las líneas férreas colombianas lograron interconectarse entre sí sin necesidad de recurrir al transbordo de mercancías en el río Magdalena. Por ejemplo, el Ferrocarril de Antioquia continuó su expansión en un eje diferente al inicial (hacia el río Magdalena) conectando con el Ferrocarril de Amagá hacia el occidente de este departamento, y más tarde con el Ferrocarril del Pacífico que unía las principales ciudades del sur del país con el puerto de Buenaventura en el océano Pacífico. Este último también se interconectó con el importante ferrocarril cafetero de Caldas.

De la misma manera, el ferrocarril que unía a Bogotá con el río Magdalena se interconectó más adelante con el Ferrocarril de Antioquia y con el de Santa Marta (en la costa Caribe), logrando así una red férrea que conectó la capital del país con la costa Atlántica, con la zona cafetera y con la costa Pacífica, al menos entre 1961 y 1973.

La ruta del Ferrocarril del Pacífico fue la primera que se consideró de carácter nacional, pues con ella se articulaba al Pacífico con Cali, con los departamentos cafeteros y con el Magdalena y el Caribe. Dicha ruta estaría compuesta por el Ferrocarril Central de Bolívar, que se proyectaba desde Cartagena hasta la frontera antioqueña, de allí por el río Cauca hasta Puerto Caldas y Cartago para conectar a esta altura con lo que se había construido del Ferrocarril de Caldas, y con el del Pacífico hasta Popayán. Este proyecto se denominó Ferrocarril Troncal de Occidente.

El proyecto sólo se pudo comenzar durante el gobierno de Pedro Nel Ospina gracias al empuje provocado por los ingresos derivados de la indemnización de Panamá en 1923. Parte de lo que pretendía este ambicioso proyecto era el fortalecimiento de lo que se vislumbraba como una importante zona agrícola y ganadera en el norte del país, con fuertes posibilidades para los cultivos de algodón, maíz y arroz. Además, se trata de una zona topográficamente adecuada para la construcción de ferrocarriles, con grandes rectas y sin obstáculos geográficos importantes, lo que ofrece posibilidades de construcción rápida y de costos menores en este tipo de obras en zonas montañosas.

En 1925 se habían concluido 30 km, continuando con dificultades en varios frentes. Sin embargo, como consecuencia de la crisis de 1929 se suspendieron los trabajos y en 1946 se suspendió definitivamente el servicio, cuando se contaba con 44 km de rieles. En 1948 se levantaron éstos y se adecuó el trazo para usarlo como carretera.

No obstante, en 1942 el Ferrocarril del Pacífico logró, como se mostró, la conexión con el Ferrocarril de Antioquia, con lo cual por primera vez hubo una comunicación continua por tren entre el río Magdalena y el Pacífico. Para entonces, el Ferrocarril del Pacífico tenía una extensión total de 853 km, contando la línea principal y todos sus ramales, que lo ubicó como el de mayor extensión del país.

Como se puede apreciar en la gráfica 2, la interconexión ferroviaria con Antioquia y el Magdalena tuvo un impacto inmediato e importante sobre el volumen de carga movilizada a través del puerto de Buenaventura comparado con los periodos anteriores, la cual mantendría una tendencia al alza, aunque con fuertes oscilaciones ocasionadas por los ciclos internacionales. Más tarde, este eje sería complementado por el transporte por carreteras, el cual eventualmente desplazaría la mayor parte del volumen de carga de alto valor que se movilizaba a través de este puerto.

Gráfica 2. Balanza comercial del puerto de Buenaventura

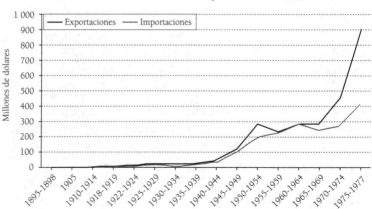

Fuente: Correa (2012).

A pesar de su extensión e importancia, a mediados del decenio de 1940 ya se podían ver los efectos de la competencia de las carreteras con los ferrocarriles. El costo de transporte de una tonelada de café entre Manizales y Buenaventura era de 27.84 pesos colombianos por tren, mientras que combinando el transporte férreo hasta Buga y de allí por la variante carretera a Buenaventura, el costo total era de 24.41. Lo mismo sucedía con el valor de la tonelada de café transportada desde Armenia hasta Buenaventura (21.65) o haciendo el transbordo en Buga para tomar la variante a Buenaventura (19.75); para la ruta Medellín-Buenaventura, por tren costaba 41.45 y con el mismo transbordo en Buga bajaba a 38.83; en la ruta desde Fredonia la diferencia era de 2.63 a favor de la variante, y en las rutas desde Cartago y Caicedonia la diferencia en los mismos tramos era de 3.43 y 2.94, respectivamente, a favor del transporte combinado a partir de Buga. Esta situación se repetía en 1944 en las demás conexiones que llevaban al puerto de Buenaventura.

No obstante, la ruta entre Buenaventura y Antioquia ofreció sus servicios de manera ininterrumpida de 1942 a 1972, prestándole un servicio muy importante a la economía cafetera nacional al poder utilizar el puerto del Pacífico para las exportaciones del grano. Durante el gobierno del Gustavo Rojas Pinilla se creó la empresa Ferrocarriles Nacionales de Colombia (FNC), la cual asumió el control de los ferrocarriles oficiales, incluido el del Pacífico.

En su etapa de auge fue posible recorrer, aunque no siempre en condiciones adecuadas, el país de norte a sur por las zonas Caribe, Andina y del Pacífico. Más adelante, se logró evitar el transbordo en el Magdalena para conectar durante un breve periodo, este mismo espacio geográfico mediante una operación férrea controlada por una sola empresa estatal, como se verá más adelante.

Indudablemente los ferrocarriles estudiados contribuyeron de manera clara a la conformación de una conciencia nacional que trascendió lo local para vincularlos, por definición, con lo nacional y lo global. Así, como se afirmó, en los procesos de

Red ferroviaria de Colombia, 1929

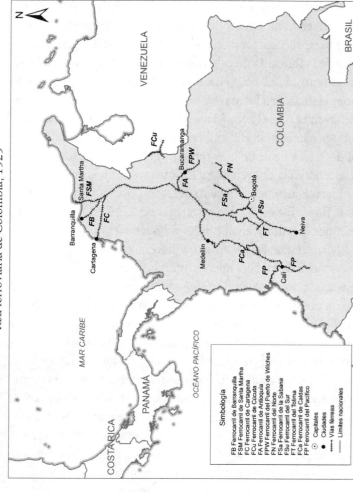

Fuente: elaborado con base en datos de Poveda, 2010. Apoyo técnico del Departamento de Sistemas de Información Geográfica de El Colegio de México.

Cuadro 1. Proyectos para la red férrea nacional

Trayecto geográfico	Años de construcción	Extensión (km)
A Panamá	1850-1855	77
Puerto Colombia-Barranquilla	1869-1888	28
Cartagena-Calamar	1890-1894	105
Central de Bolívar (Cartagena-Medellín, pero construido sólo hasta Gambote)	*ca.* 1922-1925	nd
FFCC de Antioquia (Puerto Berrío-Medellín)	1874-1929	193
Medellín-Jericó (río Cauca)	1911-1930	127
Buenaventura-Cali-Palmira	1878-1915-1917	Hasta Cali 173
Cali-Popayán	1914-1926	158
Cali-Zarzal-La Virginia	1917-1924-1928	nd
La Virginia-La Pintada (Cañón del río Cauca)	1928-1951	nd
Zarzal-Armenia	1927	nd
Cartago-Pereira-Manizales	1915-1921-1927	111
Tumaco-El Diviso	1925-1928	109
La Dorada-Ambalema	1881-1907	111
Ambalema-Buenos Aires	1919-1931	65
Ibagué-Flandes	1899-1921	76
Espinal-Neiva (Villavieja)	1919-1930	185
La Dorada-Puerto Berrío-Bosconia-Fundación-Santa Marta	1953-1961	nd
Girardot-Facatativá	1881-1910	131
FFCC de La Sabana (Bogotá-Facatativá)	1882-1889	39
Facatativá-La Dorada (Palanquero)	1925-nd	197
Bogotá-Soacha-Sibaté (FFCC del Sur)	1896-1903-1906	30
Ramal El Charquito-Salto de Tequendama	Terminado en 1927	
Sibaté-San Miguel (no llegó a Fusagasugá)	1925-1929	10 Kilómetro 41
FFCC del Norte (Bogotá-Zipaquirá-Chiquinquirá-Barbosa)	1893-1898-1928 nd-Barbosa después de 1930	nd
Puerto Wilches-Bucaramanga	1881-1935	nd
Santa Marta-Fundación	1882-1906	94
FFCC del Nordeste (Bogotá-Tunja-Sogamoso)	1925-1931	nd
Cúcuta-Villamizar	*ca.* 1879-1888	60
Ramal Cúcuta-El Diamante	1926-1929	42
Ramal La Frontera	1895-1897	16

Fuente: LaRosa y Mejía (2012: 155).   nd: no disponible.

redefinición territorial que se apuntalaron en estos proyectos ferroviarios se pueden apreciar con claridad dos tipos de modelos. En primer lugar, un grupo de proyectos hegemónicos dentro de las regiones, entre los que se cuentan como ejemplos claros los ferrocarriles en Antioquia y el de Cúcuta, los cuales permitieron fortalecer la identificación tradicional con el ejercicio del poder y una idea de territorio. En segundo lugar, los proyectos ferroviarios contrahegemónicos que se convirtieron en factores importantes en la redefinición del modelo territorial y político. Tal vez el caso más claro es el de Panamá, en donde el ferrocarril se convirtió eventualmente en un elemento desestabilizador de la soberanía nacional en el Istmo. En el mismo sentido, los ferrocarriles de Bolívar y del Pacífico fueron elementos dinamizadores de la economía regional, lo cual permitió apuntalar una nueva realidad regional que desplazó los ejes tradicionales de poder de manera definitiva.

En Antioquia, poderosos terratenientes de Medellín acrecentaron sus fortunas mediante un esquema de colonización de tierras baldías que no buscó la democratización de la propiedad campesina, sino que de hecho fortaleció las relaciones de dependencia mediante contratos de arrendamiento campesino. Esta situación provocó fuertes litigios y profundos problemas sociales en la periferia antioqueña.

El diseño de este proyecto obedeció a una propuesta de política pública estratégica, puesto que interesaba profundamente a los sectores de la élite antioqueña: tierras y comercio internacional. Los ferrocarriles antioqueños se diseñaron desde el principio como una forma de consolidar el eje de comunicación entre el río Magdalena, Medellín y el río Cauca (con la eventual conexión con el Pacífico), en perjuicio incluso de otros intereses regionales. Por tal razón, representó de manera clara los intereses de los dirigentes antioqueños de la segunda mitad del siglo XIX, apuntalando su posición hegemónica al interior de la región y frente a otras regiones competidoras.

Eventualmente, cuando esta línea se fusionó con el Ferrocarril de Amagá y se logró la conexión con el río Cauca, se afianzó la idea colectiva que relacionó al ferrocarril con el tránsito a la modernidad. Hay que anotar, sin embargo, que el ferrocarril no sólo se utilizó como medio de transporte para el mercado internacional, sino que permitió el desarrollo de un importante circuito ganadero y minero al interior del departamento.

Casos como el antioqueño permiten analizar cómo se estableció un dominio territorial efectivo, y evidencia de manera clara la red de poderes y de dominaciones que subyacen en el territorio. En este caso se puede apreciar la cooptación del gobierno regional por los grupos económicos más poderosos ubicados en Medellín y su área de influencia, que lograron una profunda identificación de los intereses públicos y privados en torno a uno de los proyectos de infraestructura más importantes de la región.

En un sentido similar al antioqueño, el caso de los ferrocarriles santandereanos presenta elementos de discusión nuevos. Santander definió la construcción de sus ferrocarriles a partir de varios proyectos pensados en términos de un sistema de transporte. Sin embargo, las situaciones política y económica llevaron a que no se pudieran concluir de manera satisfactoria o que operaran parcialmente respecto a su diseño original.

A diferencia de la mayor parte de los proyectos ferroviarios, la ruta de Cúcuta a Puerto Villamizar se constituyó en un modelo de eficiencia en la contratación. Esta línea corta de 54.7 km fue una iniciativa del capital privado, construida por ingenieros nacionales, en los tiempos y con presupuestos asignados y sin ningún tipo de financiación o subsidio gubernamental. Fue un proyecto que aunó la voluntad de los empresarios locales con el ámbito político para que lo pudieran llevar a cabo.

Por otra parte, los proyectos que se pueden definir como contrahegemónicos permitieron que se consolidara una nueva forma de territorialización y del ejercicio del poder dentro de las dirigencias regionales: éstos se pueden evidenciar, por ejemplo, en las rutas de Panamá, Bolívar y el Cauca. La primera de estas líneas, el Ferrocarril de Panamá, puede considerarse durante sus mejores años como una las más rentables del mundo, llegando incluso a repartir dividendos en 1867 en un nivel récord que ascendió a 44%, aunque en 1868 bajaron a 20%. Los años siguientes no fueron tan favorables y se registró un pico muy bajo en 1870 de tan sólo 3%, para nivelarse alrededor de 9 a 16% en los seis años siguientes. Durante muchos años, transportó casi la totalidad del oro que se extrajo en California, llegando a registrarse entre 1855 y 1867 un total de 700 millones de dólares en oro transportado sin reportarse un solo robo o pérdida durante estos años. Bajo el control francés, en 1886 la empresa transportó 320 928 toneladas de carga y 799 264 pasajeros, cifra récord para la época.

Más allá de su éxito económico, este tipo de situaciones se convirtió en un factor desestabilizador, pues independientemente del origen de la inversión, las empresas que obtuvieron estas concesiones estaban radicadas en países como Estados Unidos o Inglaterra. La protección diplomática, e incluso militar, que podían obtener de estos países ponía a Colombia en una situación asimétrica y desigual frente a las compañías. Además, la ruta tuvo poco efecto en el desarrollo económico de Panamá y de Colombia, pues no articuló mercados internos con el comercio internacional y tampoco se dieron efectos de eslabonamiento industriales que se presentaron en otras rutas. No obstante, ésta promovió la redefinición cosmopolita y moderna de Panamá a través de la conexión interoceánica, la cual le dio un nuevo protagonismo a partir de 1855.

La ruta férrea permitió que el territorio panameño adquiriera un espacio pleno de nuevos significados, en el cual la élite panameña, aunque alejada del ferrocarril en su propiedad y manejo, fue testigo de la redefinición del Istmo en el contexto internacional. Fue así como la participación de las élites locales fue muy activa durante la segunda mitad del siglo XIX. Estas lograron aprovechar la coyuntura nacional e internacional de comienzos del siglo xx, y obtuvieron claros beneficios de la separación. Así, se puede entender esta línea como un proyecto contrahegemónico, en la medida en que permitió apuntalar un reto serio a la soberanía nacional y redefinir una nueva élite local que participó, aunque asimétricamente, en la creación de la nueva nación. De tal manera, el territorio adquirió un nuevo sentido hacia el interior del Istmo y frente a otros que competían con y por él, incluyendo a países como Costa Rica o Nicaragua, e incluso la misma Colombia. Representó el apuntalamiento de una nueva territorialidad.

El otro ferrocarril que definió un modelo contrahegemónico fue el de Bolívar. Éste presenta algunas similitudes iniciales con el de Panamá, pero un desarrollo diferente en múltiples sentidos. Como se vio, los inicios de este proyecto permiten evidenciar ya elementos que se convertirían en arquetípicos en la contratación férrea, incluyendo sus virtudes y sus excesos. Así, además de tener una serie de tratos con empresas radicadas en el extranjero, algunas de ellas de capitalistas colombianos, también fue pionera en la administración gubernamental directa, con regulares resultados, y también en el primer modelo de operación de particulares por arrendamiento.

El Ferrocarril de Bolívar se desarrolló en medio de un complejo proceso de contrataciones que provocaron pérdidas para la nación, sobrecostos y demandas contra el Estado que terminarían siendo constantes en estas empresas. No obstante, el ferrocarril cumplió su función y creó dinámicas que trascendieron por mucho estos elementos. Como el de Panamá, puede clasificarse como un proyecto contrahegemónico en la medida en que contribuyó de manera decisiva a un cambio en el balance de poder económico y político en el Caribe, pues permitió el desplazamiento en importancia de Cartagena y Santa Marta, y el surgimiento de una Barranquilla pujante y cosmopolita, con una dinámica económica de primer orden en el país y como un centro de migración interno y externo muy atractivo. Asimismo, como en el caso anterior, mientras se mantuvieron las condiciones de exclusividad de la conexión con el mar Caribe, la empresa fue rentable y produjo dinámicas más amplias de comercio exterior, con un efecto multiplicador en la región y el país. Fue una solución eficiente en el mediano plazo para superar las dificultades de transporte del mundo hacia el interior.

Aunque no se puede afirmar que la ruta tuviera un impacto directo en la conformación de la región en el sistema federal de los decenios de 1850 y 1860, sí determinó una fractura seria de las dinámicas de poder en el Bolívar Grande; permitió el desarrollo de una subregión pujante y vinculada a la gran apuesta de desarrollo económico de la segunda mitad del siglo XIX, que eventualmente condujo a la conformación del departamento del Atlántico a comienzos del siglo XX. Se convirtió, como el de Panamá, en un buen ejemplo de las tensiones latentes por el encuentro entre lo central y lo periférico, entre lo incluido y lo excluido; en un elemento que agudizó las tensiones de la territorialización derivadas de los encuentros de prácticas enfrentadas y de las fuerzas económicas, sociales y políticas establecidas.

El Ferrocarril del Pacífico fue desde el principio un proyecto de mayor alcance, pues no sólo buscó conectar la producción regional con los mercados internacionales, sino la interconexión nacional con los ferrocarriles de Antioquia y los del Caribe, con lo que logró la conexión ferroviaria del Pacífico con el Caribe. Tras un difícil, por decir lo menos, proceso de contrataciones en el siglo XIX, al principio del XX los ritmos de construcción superaron ampliamente a los del siglo anterior, en condiciones técnicas inmejorables y una situación de mercado propicia para hacer de la ruta una vía estratégica para el comercio internacional. Eventualmente, a pesar de los altibajos económicos, se logró bajo la administración pública la soñada conexión con el Ferrocarril de Antioquia, y más tarde con el Atlántico. Así se cumplió, al menos por un decenio, el sueño ferroviario de la conexión interoceánica, al tiempo que se vinculaban casi todas las regiones del occidente del país.

Por sus características, se configuró en el último proyecto contrahegemónico del periodo, pues permitió crear parte de las condiciones necesarias para que una subregión del Gran Cauca reuniera los elementos necesarios para definir un nuevo espacio de territorialidad en el occidente con la creación del departamento del Valle del Cauca, y que desplazara las regiones más tradicionales y señoriales, junto con Popayán, del dominio efectivo de esta zona.

3. EPÍLOGO

Con la creación de los FNC en 1954 el gobierno comenzó la compra de las líneas férreas que aún estaban bajo el control de los gobiernos departamentales, con el propósito de unificar su operación, costos y tarifas. Los ferrocarriles fueron reorganizados en cinco divisiones: Centrales, Pacífico, Norte Sección Primera, Magdalena y Nariño. La División Pacífico quedó constituida con el Ferrocarril del Pacífico y contaba para entonces con una extensión total de 824 km.

En 1961 se concluyó uno de los proyectos ferroviarios más importantes de la segunda mitad del siglo XX: el Ferrocarril del Atlántico. Esta ruta conectó a Puerto Salgar con Santa Marta, pasando por Puerto Berrío. El ferrocarril permitió que en el decenio comprendido entre 1962 y 1972 el país contara con una ruta férrea continua desde el Caribe hasta el Pacífico. Por tal razón, en 1963 Colombia disponía de una red nacional integrada de 3404 km de longitud. Sin embargo, cuando eso sucedió el ferrocarril ya no era competitivo como medio de transporte. De acuerdo con Pachón, el transporte por carretera había sustituido al férreo en los productos de alto valor; y en los de bajo valor ocurría lo mismo por cuenta del transporte fluvial por el río Magdalena.

En términos generales, en América Latina hasta el decenio de 1980 se mantuvo la tendencia de que la provisión de la infraestructura necesaria para el transporte se hiciera por cuenta del Estado; sin embargo, desde finales de este periodo se ve un viraje hacia el sector privado derivado, en primer lugar, de las crisis macroeconómicas que afectaron a la región en los ochenta, con un resultado fiscal importante en la inversión pública en infraestructura. En segundo lugar, el desarrollo de procesos generalizados de privatizaciones y liberalizaciones de las economías que se empezaron a evidenciar a finales del decenio y comienzos de los noventa, tuvieron un efecto directo en los marcos regulatorios y la propiedad de las empresas oficiales.

En este contexto, para finales del decenio de 1980 la crisis del sector ferroviario era profunda, razón por la cual durante el gobierno de Virgilio Barco se promulgaron la Ley 21 de 1988 y el Decreto 1588 de 1989, que dieron un nuevo marco regulatorio para reestructurar el transporte ferroviario colombiano. Al amparo de esta normatividad se liquidó la empresa de los Ferrocarriles Nacionales de Colombia y se creó la Empresa Colombiana de Vías Férreas (Ferrovías), con el objetivo de modernizar y adecuar los ferrocarriles en el país.

Además, en los noventa se redefinió el marco legal con la expedición de las leyes 105 de 1993 y la 336 de 1996, que reorganizaron el sector transporte, fijaron los criterios generales del sector y convirtieron al Ministerio de Transporte en autoridad rectora del sistema nacional.

Asimismo, en 1999 se autorizó la creación de Sociedades de Transporte Ferroviario (la sociedad encargada de la red del Pacífico fue la Sociedad de Transporte Férreo del Pacífico, STFP-Transpacífico, que operó la red hasta la entrega de la concesión a Tren de Occidente, S.A.), y se creó el Fondo de Pasivo Social de los Ferrocarriles Nacionales para que manejara pensiones, prestaciones e indemnizaciones de los antiguos empleados de FNC. La participación del sector privado obedeció a las recomendaciones del Banco Mundial para la instauración de un esquema multimodal de transporte en Colombia.

De acuerdo con información de prensa, en el balance de gestión presentado en 1997 por Transpacífico se reportaban pérdidas en 1996 por 189 millones de pesos, y activos que sumaban 3046 millones y de patrimonio un total de 1272 millones. Para el año siguiente la empresa proyectaba una movilización de 25000 toneladas largas mensuales, aunque se reconocía una movilización a diciembre de 1996 de tan sólo 3000 toneladas mensuales, con un equipo rodante obsoleto.

En 1996 el sector reorganizado presentaba problemas financieros e institucionales, lo que llevó a una nueva reestructuración ferroviaria. En 1998 se entregó en concesión parte de la red del Ferrocarril del Pacífico a la Sociedad Concesionaria Red Férrea del Pacífico, S.A., luego Tren de Occidente, S.A. El esquema incluyó 30 años de duración del contrato, la cesión de la infraestructura ferroviaria y el compromiso de aportes del gobierno. En contraprestación, el concesionario asumió los costos de la rehabilitación, el mantenimiento, la operación y la explotación del servicio.

Los primeros 190 km rehabilitados se inauguraron a comienzos de 2003, e inicialmente la ruta dio empleo a 120 personas, pero se empezó a discutir la posibilidad de cuantiosas inversiones en material rodante y locomotoras nuevas, pues para entonces sólo se contaba con cinco locomotoras usadas que se le compraron al Fondo Pasivo de los Ferrocarriles Nacionales, con un costo estimado de compra y adecuación de 5000 millones.

En medio de fuertes altibajos, entre 2003 y 2006 la ruta movilizó un promedio de 87000 toneladas netas. La carga transportada se caracterizó por ser de trayectos cortos y de volumen escaso que dejaban pérdidas a pesar de tener tarifas menores a las de carretera. En el año 2006, el gobierno reconoció serios problemas en la concesión del Pacífico, derivados de la baja carga movilizada, la dificultad en la reubicación de los predios y el déficit del equipo rodante disponible, así como las condiciones técnicas inadecuadas de la trocha angosta para los estándares actuales del transporte férreo.

A pesar de las expectativas que se crearon a comienzos del siglo XXI, la rehabilitación y ampliación de la concesión del Pacífico ha mostrado profundos problemas de viabilidad financiera. En 2006 se habían invertido alrededor de 150 millones de dólares, pero sólo movilizaba 13 000 toneladas de carga mensuales que ese año produjeron pérdidas de 800 millones de pesos colombianos mensuales por parte del concesionario, el cual sólo operaba en ese tiempo cuatro trenes de carga.

Hay que tener en cuenta que los estudios proyectaban una movilización de carga anual de 300 000 toneladas en 2003 y de un millón en 2005, lo cual no se compara con las exiguas 13 000 toneladas de la realidad. No obstante, desde 2005, frente a los pobrísimos resultados, Tren de Occidente, S.A. empezó a presentar reclamaciones al gobierno ante la viabilidad de la operación. La situación se agravó como consecuencia del déficit de material rodante que tenía la compañía (apenas 50 vagones) y frente a la necesidad de renovar las cinco locomotoras diésel viejas y de poca potencia que por entonces poseía.

En 2006 el Departamento Nacional de Planeación reconoció que el esquema de concesiones presentaba resultados menores que los obtenidos en otros sectores de infraestructura, como las redes viales y puertos. Además, la red férrea colombiana en esas fechas ya figuraba como una de las de menor desarrollo de América Latina.

Las continuas pérdidas, la baja movilización de carga (que en 2007 sólo llegó a las 84 000 toneladas) y la incapacidad para continuar la rehabilitación llevaron a Tren de Occidente, S.A. a solicitar al Instituto Nacional de Concesiones (Inco) la posibilidad de ceder el contrato a otra firma. Finalmente, el 17 de octubre de 2008 el Inco traspasó la concesión a un nuevo operador: Ferrocarril del Oeste, S.A., a quien se le entregó la operación de la vía entre Buenaventura, Zaragoza, Zarzal y La Tebaida y se dio por terminado el pleito entre el antiguo concesionario y el gobierno.

Como consecuencia de la interrupción de la ruta a partir de 1972, y con la fuerte competencia de las carreteras, la línea ha tenido un proceso de deterioro continuo. En 2011 sólo existe un tramo reconstruido entre Buenaventura, Cali, Palmira y Zarzal con unas condiciones de servicio precarias, aunque se han realizado algunos trabajos de importancia en su recuperación. Los trayectos que iban a Popayán y a Antioquia, así como varios de sus ramales desaparecieron definitivamente.

De acuerdo con el ex ministro Jorge Eduardo Cock, el problema fundamental de esta ruta es que todos los estudios de carga para la red del occidente arrojaron cifras negativas. En los estudios de factibilidad mostraban números positivos si se imponían tarifas más altas que las del transporte automotor, como consecuencia del bajo volumen de carga que esta línea puede movilizar. Cock afirmaba que el potencial transporte de carbón, que se estimaba en un millón de toneladas anuales, era "un volumen poco significativo para un ferrocarril", pues los vagones tendrían que regresar vacíos; el café representa en el Valle del Cauca menos potencial de carga que el carbón, con el agravante de tener orígenes dispersos; el azúcar para exportación presenta problemas similares a los del café, empeorados por la corta distancia a recorrer; y la carga en contenedores no es suficiente ni siquiera para garantizar la rentabilidad de la concesión.

Actualmente el país ofrece un panorama muy atractivo y un reto para el empresariado colombiano, pues en los últimos años se han firmado una serie de acuerdos de bilaterales de libre comercio que exigen repensar la forma en que ahora se hacen los negocios en un entorno global. Sin embargo, si se mira el rezago en infraestructura este panorama se vuelve menos halagüeño, pues se percibe, no sólo en Colombia sino en la región, una pérdida de dinamismo y un atraso que restan competitividad al país frente a esta realidad en el comercio internacional.

En particular, el sector ferroviario colombiano es tal vez uno de los más atrasados del continente, sin que se vea una salida clara en los próximos años para regularizar y modernizar los principales corredores ferroviarios del país. De hecho, uno de los más importantes, el que debe vincular a Buenaventura con el interior, a pesar de ser considerado como central en la movilización de carga, desde finales de los años noventa ha tenido una serie de concesiones fallidas que no han logrado recuperar este importante corredor.

No es posible continuar simplificando la discusión sobre los ferrocarriles en Colombia a una comparación burda entre la opción de carreteras o ferrocarriles; es necesario plantear estudios de factibilidad serios que tengan en cuenta el tipo de carga que se va a movilizar, las distancias a recorrer, la carga de retorno, los costos de movilización y el sistema de fletes para poder hacer una evaluación sensata de las posibilidades reales de estas rutas.

De los 3 468 km de red, sólo un tercio está en operación y de manera precaria. Sólo las rutas que transportan carbón en el Atlántico (que mueve casi la totalidad de la carga férrea del país) parecen tener un manejo adecuado, mientras que las otras son un desastre que operan con locomotoras viejas, de baja potencia y con una deficiente capacidad de carga.

Es tal vez el sistema de transporte que más terreno ha cedido, no sólo en Colombia, como es evidente, sino en el mundo, con excepciones como Estados Unidos o Canadá. Así, por ejemplo, en la Unión Europea la cuota de mercado del ferrocarril frente al carretero y el aéreo cayó de 20% en 1970 a 8% en 2003. En Estados Unidos se transportaron 1 300 millones de toneladas en 1993 y 1 634 en 2002, mientras que el carretero movilizó 5 747 y 6 860 millones de toneladas en los mismos años. En Alemania, entre 1995 y 2001 en ferrocarriles se pasó de 70 a 75 billones de ton/km, mientras el carretero pasó de 270 a 350 billones. Del total de pasajeros transportados en 2004 en Colombia, sólo 0.02%

emplearon el ferrocarril, aunque en 2006 éste se hizo cargo de 31% de toda la carga del país, de la cual 98.7% era de carbón.

En la actualidad, como se puede ver en la concesión del Pacífico o en el ejercicio del gobierno nacional en 2005 para definir una estrategia basada en 17 pilares para el año 2019, bicentenario de la Independencia —conocido como Visión 2019—, no hay estudios serios. En los realizados no se tuvieron en cuenta factores como el ancho de la trocha, la antigüedad del material rodante, el deterioro de las vías y el trazado como limitantes a las estimaciones realizadas al momento de otorgar las concesiones. Se puede observar una escasa coordinación entre el gobierno central y los regionales, y no se han establecido criterios claros para el desarrollo de un modelo de transporte multimodal.

BIBLIOGRAFÍA

Arias de Greiff, Gustavo (1986), *La mula de hierro*, Bogotá, Carlos Valencia Editores.

—— (2006), *La segunda mula de hierro*, Bogotá, Panamericana Formas e Impresos.

Bravo, José María (1974), *Monografía sobre el Ferrocarril de Antioquia*, Medellín, Idea.

Caicedo, Julián (1983), *Vida, pasión y muerte del Ferrocarril de Cúcuta*, Cúcuta, Cámara de Comercio.

Correa, Juan Santiago (2012), *Café y ferrocarriles en Colombia: los trenes santandereanos (1869-1990)*, Bogotá, CESA.

—— (2012), *De Buenaventura al Caribe: el Ferrocarril del Pacífico y la conexión interoceánica (1872-2012)*, Bogotá, CESA.

—— (2012), *Los caminos de hierro: ferrocarriles y tranvías en Antioquia*, 2ª ed., Bogotá, CESA.

—— (2012), *The Panama Railroad Company o cómo Colombia perdió una nación*, Bogotá, CESA.

—— (2012), *Trenes y puertos en Colombia: el ferrocarril de Bolívar (1865-1941)*, Bogotá, CESA.

Echeverri, Aquiles (1974), *El Ferrocarril de Antioquia o el despertar de un pueblo*, Medellín, Academia Antioqueña de Historia.

LaRosa, Michael, y Germán Mejía (2012), *A Concise Contemporary History*, Maryland, Rowman & Littlefield.

Mayor, Alberto (1999), *Francisco Javier Cisneros y el inicio de las comunicaciones modernas en Colombia*, Bogotá, Banco de la República–El Áncora Editores.

Meisel, Adolfo, y María Teresa Ramírez (eds.) (2010), *Economía colombiana del siglo XIX*, Bogotá, Banco de la República–FCE.

Olarte, Augusto (2006), *La construcción del ferrocarril de Puerto Wilches a Bucaramanga (1870-1941): síntesis de una obra discontinua y costosa*, Bucaramanga, SIC.

Ortega, Alfredo (1932), *Ferrocarriles colombianos: la última experiencia ferroviaria del país (1920-1930)*, Bogotá, Imprenta Nacional–Academia Colombiana de Historia.

—— (1920-1923), *Ferrocarriles colombianos: resumen histórico*, 2 vols., Bogotá, Imprenta Nacional–Academia Colombiana de Historia.

—— (1917), *Reseña general sobre la marcha y desarrollo que han tenido los ferrocarriles colombianos desde 1835 hasta 1914*, Washington, Imprenta del Gobierno.

Pachón, Álvaro (2006), "Desarrollo de la infraestructura de transporte en Colombia (1950-2000)", en Pachón y Ramírez (eds.), pp. 225-548.

Pachón, Álvaro, y María Teresa Ramírez (eds.) (2006), *Infraestructura de transporte en Colombia durante el siglo XX*, Bogotá, Banco de la República–FCE.

Palacios, Marco (1983), *El café en Colombia (1850-1970): una historia económica, social y política*, 2ª ed., México–Bogotá, El Colegio de México–El Áncora.

Pérez, Gustavo (2007), *Nos dejó el tren: la historia de los ferrocarriles colombianos y los orígenes del subdesarrollo*, Bogotá, Ediciones Cisnecolor.

Poveda, Gabriel (1974), *Antioquia y el Ferrocarril de Antioquia*, Medellín, Gráficas Vallejo.

—— (2002), "El primer ferrocarril de Colombia", *Dyna*, vol. 69, núm. 137, pp. 61-73.

—— (2010), *Carrileras y locomotoras*, Medellín, Fondo Editorial Universidad Eafit.

Ramírez, María Teresa (2006), "Desarrollo de la infraestructura de transporte en Colombia (1900-1950)", en Pachón y Ramírez, pp. 5-224.

Ramírez, María Teresa (2007), "Efectos de eslabonamiento de la infraestructura de transporte sobre la economía colombiana", en Robinson y Urrutia (eds.), pp. 383-457.

Restrepo, Libia (2004), *La práctica médica en el Ferrocarril de Antioquia (1875-1930)*, Medellín, La Carreta Editores.

Rippy, Fred J. (1943), "Dawn of the railway era in Colombia", *Hispanic American Historical Review*, núm. 23, noviembre, pp. 650-663.

Robinson, James, y Miguel Urrutia (eds.) (2007), *Economía colombiana del siglo xx: un análisis cuantitativo*, Bogotá, Banco de la República–FCE.

Safford, Frank (2010), "El problema de los transportes en Colombia en el siglo xix", en Meisel y Ramírez (eds.), pp. 523-574.

Tisnés, Roberto María, y Heriberto Zapata (1980), *El Ferrocarril de Antioquia: historia de una empresa heroica*, Medellín, Imprenta Departamental.

4
PERÚ

LUIS FELIPE ZEGARRA

INTRODUCCIÓN

Hasta mediados del siglo XIX, en Perú el transporte se realizaba sobre todo a lomo de mula y llama. No existían ferrocarriles ni caminos apropiados para el uso de la rueda; y los ríos eran en su mayoría no navegables. Aunado a ello, la geografía de la costa y la sierra presentaba serias dificultades a los viajeros. El calor agobiante de los desiertos costeros y la complicada geografía de los Andes hacían de los viajes verdaderos retos. En estas circunstancias, el costo de transporte fue alto y las posibilidades para comerciar a largas distancias eran limitadas.

La invención de la máquina a vapor, un hecho revolucionario en el mundo, tuvo un impacto en el transporte peruano. La navegación a vapor agilizó el traslado entre pueblos costeros, y los ferrocarriles a vapor permitieron la interconexión entre algunos pueblos de la costa y la sierra; entre los puertos y las principales ciudades, valles y minas. Perú construyó su primer ferrocarril a mediados del siglo XIX. En los decenios de 1860 y 1870 muchos ferrocarriles fueron construidos.

El ferrocarril provocó un gran optimismo entre los peruanos. Políticos, empresarios y la población en general confiaban en un futuro donde la complicada geografía sería conquistada por el hombre mediante el ferrocarril. Por ejemplo, la ley del 8 de noviembre de 1864 establecía que uno de los más imperiosos deberes del Estado era procurar la plantificación de fáciles y prontas vías de comunicación, que liguen a todos los pueblos de la República entre sí, y a los situados en el interior, con los pueblos de la costa, a fin de proporcionarles cómoda exportación a sus productos y barata adquisición de los artículos de importación, desarrollando de este modo el comercio, la agricultura, la minería y la industria, únicas fuentes seguras y constantes de riqueza para las naciones.

Con la construcción de ferrocarriles se esperaba, pues, transportar muchos productos más rápidamente y de forma más barata. Ahora los valles costeños podrían aprovechar mejor su potencial —sobre todo el azucarero y algodonero—, los valles serranos podrían finalmente exportar su producción a Lima y al extranjero, y sería posible que las minas de la sierra fueran explotadas con los mayores niveles de inversión que se producirían. Todo el país estaría mejor conectado. Podríamos finalmente ser una nación.

¿Tuvo el ferrocarril los efectos esperados? ¿Logró fomentar la economía peruana y reducir los costos de transporte tal como se predecía?

Este capítulo describe la evolución del ferrocarril en Perú a partir de 1850, y analiza su impacto en la economía peruana. En particular, este artículo muestra que la construcción de ferrocarriles se vio seriamente afectada por la Guerra del Pacífico y la caída de los ingresos fiscales, y que a inicios del siglo XX sólo unos cuantos pueblos se encontraban interconectados por el ferrocarril. Además, muestra que el ferrocarril aumentó notablemente la velocidad de los viajes y redujo los costos pecuniarios por el transporte de carga. Los ahorros sociales del ferrocarril, sin embargo, fueron bastante moderados, debido a la baja extensión ferroviaria.

La estructura de este capítulo es la siguiente. En la primera sección se describe el transporte antes del ferrocarril. En la segunda se trata la construcción de los ferrocarriles. En la tercera se analiza el impacto en la velocidad de los viajes. En la cuarta se estudian sus efectos en los costos de transporte. En la quinta sección se analiza el periodo de declive de los ferrocarriles.

1. EL TRANSPORTE ANTES DEL FERROCARRIL

Un punto de partida para comprender las consecuencias del ferrocarril consiste en analizar el transporte antes de la construcción de estas máquinas. Esta sección describe los modos de transporte previos al ferrocarril y cómo la geografía influyó en las dificultades de los viajes.

Como muestra Tschudi, la geografía y la infraestructura de transporte en la sierra presentaban enormes desafíos al transporte. Los ascensos eran largos y empinados, los cañones profundos, y los caminos eran angostos, lo cual hacía muy difícil el transporte y prácticamente impedía el uso de la rueda. Varias fuentes de la época provenientes de viajeros que conocían bastante bien los caminos de Perú muestran las dificultades de viajar en la sierra. En los años de 1890, por ejemplo, Ernst Middenford sostuvo que la geografía de los Andes en ningún sitio era tan variada y compleja como en Perú. Debido a que los ascensos eran largos y empinados, el viaje se convertía en una labor sumamente extenuante. De hecho, en las zonas más pobladas de la sierra, el terreno era rara vez plano, con la excepción de la meseta del Titicaca y los valles de Jauja y Vilcanota. Es más, los caminos no estaban trazados en línea recta, debido a la geografía y la presencia de montañas; y la ausencia de puentes en algunas regiones aumentaba las distancias: un viajero tenía que cabalgar largos trechos para encontrar un lugar seguro por donde cruzar los ríos. No se trataba sólo de viajes agotadores, también eran viajes peligrosos, debido a lo angosto de los caminos, en los que en algunos tramos dos mulas no podían pasar al mismo tiempo. Además del peligro de la geografía, también estaban los bandidos, que presentaban serios riesgos a los viajeros, como Contreras, Wortley y otros han mostrado. Por último, el clima también afectaba seriamente los viajes: durante los meses de lluvia (diciembre a abril), la comunicación se interrumpía casi totalmente.

Uno pensaría que el transporte en la costa no era tan difícil como en la sierra. Después de todo, no se presentaban las lluvias, los abismos ni los ascensos empinados de la sierra. El transporte en la costa, sin embargo, también tenía severas dificultades. En primer lugar, dado que la costa estaba formada por largas extensiones de arena, la tracción de la rueda y el trabajo de los animales de carga eran bastante complicados. Como consecuencia de estas dificultades, los viajes eran largos y penosos. Así lo sostienen Tschudi y Stevenson. En 1873, por ejemplo, el naturalista y viajero Antonio Raimondi indicó que la distancia entre Pativilca y Huarmey en la costa peruana era de 16 leguas, pero la mayoría de viajeros pensaba que el trayecto era en realidad de 25 leguas.

En segundo lugar, el extremo calor en el desierto podía ser mortal para el viajero y su caballo. Por ello, los viajeros preferían atravesar la costa en la noche y así evitar el calor, pese a que en la noche se corría el riesgo de perderse si no había luz de luna.

Analicemos ahora los medios de transporte que se usaban antes del ferrocarril. En la sierra, la geografía y la angostura de los caminos dificultaron enormemente el uso de vagones. Los viajeros tenían que atravesar la sierra a lomo de caballo y mula. Los caballos eran más rápidos que las mulas, especialmente en regiones planas; pero éstas eran más seguras. La carga era transportada a lomo de mula o llama, pero las mulas tenían tres ventajas sobre las llamas. Primero, podían cargar hasta 300 libras, mientras que las llamas no podían llevar más de 125: según Hills, a veces 100 libras se consideraba una carga completa. Segundo, las mulas eran más rápidas: podían hacer un trayecto de más de 50 km en un día, mientras que las llamas sólo 25 km o menos. Tercero, las mulas podían soportar el calor del desierto costero mejor que las llamas. Por otro lado, como explica Cisneros, las

llamas eran mejores para el terreno y el clima difíciles de la sierra, y no requerían tanto cuidado dado que se alimentaban de
cualquier hierba, lo que reducía su costo de mantenimiento.

Deustúa narra que el transporte de pasajeros y carga en la
costa se realizaba en vagones jalados por caballos o mulas, o directamente a lomo de estos animales. Los caballos eran más rápidos que las mulas en condiciones regulares. Sin embargo, en las
condiciones extremas de los desiertos secos y arenosos de la costa peruana, las mulas eran más apropiadas. La mula era, en palabras del viajero Tschudi, el "camello del desierto": la resistencia
de las mulas bajo fatiga y poco alimento era extraordinaria. Incluso en la ruta Lima-Callao, el tráfico era impensable sin el uso
de mulas, según explica Waszkis.

En algunos países, los ríos y los canales fueron medios bastante eficientes de transporte, ciertamente más rápidos que el que se
hacía en vagones o a lomo de animal. En Perú no existían canales
y los ríos no eran navegables en la mayor parte de las zonas habitadas. Había ríos navegables solamente en la selva, pero la mayor
parte de su superficie era inhabitable: allí vivía sólo 4% de la población. Además, estos ríos no conectaban la selva con el océano
Pacífico. De manera que aunque en la costa y la sierra había muchos ríos, éstos no eran apropiados para la navegación. Esto constituía una enorme debilidad del sistema de transporte peruano,
dado que los ríos y canales son usualmente medios más baratos
de transporte para largas distancias. Así, se tenía que depender de
los animales para el traslado de pasajeros y carga. Jones, por ejemplo, indicaba que la falta de ríos navegables imponía serios obstáculos al comercio. En particular, "ningún río navegable ofrece
rutas hacia el interior y no existe otra forma fácil de acceder a la
zona montañosa. Entre las latitudes 5 grados y 35 grados sur no
existe un paso en los Andes con una elevación inferior a los 11 000
pies. Los obstáculos al comercio debidos a esta situación son enormes". Estados Unidos y Europa tenían ríos y canales navegables,
además del océano, los cuales eran utilizados para transporte.

Perú era, por tanto, similar a México y Brasil, países que tampoco tenían ríos navegables en la mayor parte de sus territorios.

En el caso de la costa, considerando las dificultades del transporte terrestre, el mar se convertía en una alternativa interesante para el transporte. Los veleros facilitaban el comercio entre los poblados de la costa, especialmente en la navegación de sur a norte, siguiendo la corriente de Humboldt. De acuerdo con Tschudi, la introducción de la navegación a vapor en los años de 1840 facilitó el transporte marítimo, el cual ya no era afectado mayormente por las corrientes ni por los vientos. Sin embargo, la navegación marítima enfrentaba algunos problemas. Con la excepción del Callao, el principal puerto peruano, los puertos en la costa no tenían instalaciones apropiadas en el siglo XIX: eran simplemente puertos naturales. En los años de 1920, la infraestructura en la mayor parte de puertos seguía siendo deficiente, como muestra Jones. No obstante que el cabotaje ayudó a mejorar el transporte entre los poblados costeros, el problema persistía entre los puertos marítimos, los valles y minas de la sierra, e incluso entre los puertos y los valles de la costa.

En conclusión, la geografía y la falta de una adecuada infraestructura de transporte implicaron grandes desafíos para los peruanos del siglo XIX. El traslado en la costa y en la sierra fue bastante difícil. Sin un medio más moderno que el simple uso de la mula y la llama para comunicar los distintos poblados de Perú, no se podría aprovechar los enormes recursos naturales que este país tenía sin explotar. Frente a eso, los ferrocarriles aparecían como la solución al problema del transporte y el camino al progreso.

2. LA RED FERROVIARIA

Con la invención de la máquina a vapor, muchos países entraron en una etapa de construcción de ferrocarriles. En 1849 Perú fue el primer país en América del Sur que construyó un ferrocarril. Éste conectó la ciudad capital (Lima) con el puerto principal (Callao). El segundo ferrocarril fue Tacna-Arica, en 1856. Varios líneas más fueron construidas en el norte, centro y sur de Perú, especialmente durante el gobierno de José Balta (1868-1872). En los decenios de 1860 y 1870 había mucha esperanza en la construcción de ferrocarriles. Había consenso en que esto permitiría al país explotar sus vastos recursos naturales en minería y agricultura, así como promover la prosperidad económica. El rol del Estado consistía en otorgar privilegios a quienes participaran en la construcción de ferrocarriles, o incluso en su financiamiento.

El primer ferrocarril, contratado en 1848 y que empezó a operar en 1851, conectó Lima con el puerto del Callao. De acuerdo con el contrato de concesión, el gobierno dio un privilegio exclusivo de explotación de 25 años al empresario Pedro González Cándamo y a la sociedad José Vicente Oyague y Hermano. La propiedad sería de los empresarios durante 99 años, tras lo cual el ferrocarril pasaría a ser propiedad del Estado. Éste cedía los terrenos por donde pasaba el ferrocarril y facilitaba la compra de terrenos de particulares.

El segundo ferrocarril, contratado en 1851, conectó Arica con Tacna. Las condiciones del contrato, esta vez adjudicado al empresario José Hegan, fueron las mismas que para el ferrocarril Lima-Callao. El empresario tenía además privilegios tributarios. El Estado facilitó también 2 millones de pesos en vales que serían reembolsados tres años después con vales de consolidación (bonos de deuda interna). Finalmente, el Estado le garantizaba a la empresa un retorno de 6.5% sobre el capital invertido.

En 1864 el Estado estableció reglas generales para intervenir en la construcción de ferrocarriles. En particular, el 8 de noviembre de ese año el Congreso aprobó una ley que establecía la participación del Estado en ese sector. Esta ley mencionaba que "uno de los más imperiosos deberes del Congreso" era procurar "la plantificación de fáciles y prontas vías de comunicación". Con tal fin, la ley establecía que el Ejecutivo estaba autorizado a dar a la empresa una garantía de 7% del capital utilizado para su construcción durante el término de 25 años. En principio, esta ley hacía referencia a la construcción del ferrocarril entre el puerto de Pacasmayo y la ciudad de Cajamarca; pero también indicaba que los mismos privilegios se harían extensivos a un ferrocarril entre Huaraz y el puerto de Santa y a todos los demás que pudieran establecerse en la República. Para ello, el Estado utilizaría las rentas nacionales.

A partir de 1869, sin embargo, el Estado pasó a financiar directamente la construcción de los ferrocarriles. El 15 de enero de ese año, el Congreso autorizó a contratar la construcción de los ferrocarriles Arequipa-Puno y Cusco, Chimbote-Santa o Huaraz, Trujillo o Pacasmayo-Cajamarca, Lima-Jauja y los demás que necesitara el país. Con ello, el Estado se convertía en el dueño de este transporte. Además, el Ejecutivo estaba autorizado para, en caso de que fuese necesario, emitir bonos con una tasa de interés de 6% anual y una tasa de amortización de 2% a partir de 10 años. El 24 de enero de 1871 el Congreso autorizó al Ejecutivo la emisión de bonos por un valor máximo de 15 millones de libras esterlinas para la construcción de los ferrocarriles de Cusco, Cajamarca y Ancash, por empresas privadas o mixtas, y el pago del ferrocarril Ilo-Moquegua.

El 9 de julio de 1875, el Congreso aprobó una ley en la que autorizaba al Ejecutivo para la terminación de los ferrocarriles de Paita-Piura, Pacasmayo-Magdalena, Salaverry-Trujillo, Chimbote-Huaraz, Callao-Oroya y Arequipa-Cusco y Puno, para lo cual se utilizarían los fondos obtenidos por un empréstito de 3 millones de libras esterlinas, adicionales a los 15 millones de 1871 y 1873.

El Estado invirtió grandes sumas de dinero, la mayor parte obtenida durante el *boom* del guano. La extensión férrea entonces aumentó de sólo 87 km en 1865 a 1 792 km en 1875 (gráfica 1). En este periodo el avance fue importante, pues se construyeron los ferrocarriles Pacasmayo-Guadalupe, Eten-Chiclayo y Salaverry-

Trujillo en la costa norte, el tramo Callao-Lima-Chicla en la costa y sierra central, los ferrocarriles de Mollendo-Arequipa y Arequipa-Juliaca-Puno en la costa y sierra sur, el ferrocarril Ilo-Moquegua en la costa sur, y los ferrocarriles salitreros Pisagua-Sal de Obispo, Iquique-La Noria y Patillos-Lagunas en la provincia de Tarapacá, entre otros.

El optimismo en la construcción de ferrocarriles era significativo. En los años de 1860, en su obra *Estudios sobre la provincia de Jauja*, Manuel Pardo, empresario y futuro presidente de Perú, sostuvo que los ferrocarriles eran sumamente importantes para el progreso económico del país, en particular de la sierra central. De acuerdo con Pardo, con la construcción de un ferrocarril que uniera Lima con la sierra central, el rico valle de Jauja podría exportar a Lima su producción agrícola, lo que promovería el progreso en la región. Hacia finales de 1870, en la inauguración del ferrocarril Mollendo-Arequipa, a la que el mismo presidente de Perú asistió, el arzobispo de Arequipa predijo que el ferrocarril traería progreso a la región. De acuerdo con el arzobispo, los cielos bendecían a las locomotoras, "que destinadas a comunicar su movimiento a los trenes entre Mollendo y Arequi-

Gráfica 1. Red ferroviaria, 1850-1950

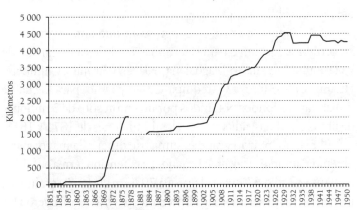

Fuente: Ministerio de Hacienda (1953: 269).

pa, desahucian ya el desierto y eliminan la distancia. Ellas estimularán la exportación, la industria y el comercio, y acabarán, como ha de acontecer con los demás del globo, por impulsar a los pueblos desde la verdad de la religión, a las delicias del orden y de la paz, a la preponderancia y a la libertad".

Así, el Estado participó activamente en la construcción de ferrocarriles. También fue dueño de los más importantes, como el Ferrocarril Central y el Ferrocarril del Sur. Lamentablemente, como sostiene Ugarte, la inversión estatal en ferrocarriles se hizo de manera desordenada y muy poco planificada. El Estado utilizó los recursos del guano y los fondos de préstamos externos para invertir en ferrocarriles que finalmente no rindieron lo que algunos esperaban. El historiador Frederick Pike, por ejemplo, sostuvo que Perú vertió todas sus energías y se endeudó para invertir en ferrocarriles que no podrían ser rentables en un futuro cercano. Asimismo, como sostuvo el historiador Jorge Basadre en su enciclopédica obra *Historia de la República del Perú*, el ferrocarril de Meiggs, cuyo costo llegaría hasta las nubes, arruinó finalmente al país (en particular al Estado) y fue el anuncio no del progreso, sino de la bancarrota y la catástrofe internacional.

El declive de las reservas de guano y de los ingresos fiscales a mediados del decenio de 1870 desaceleró la construcción de ferrocarriles. Más aún, la Guerra del Pacífico (1879-1883), en la cual Chile derrotó a Perú y Bolivia, afectó severamente la construcción de ferrocarriles en Perú. Asimismo, esta guerra provocó la destrucción de los ferrocarriles Pacasmayo-La Viña, Chimbote-Recuay, Ancón-Chancay, Ilo-Moquegua y el ferrocarril minero de Cerro de Pasco. Además, Perú perdió los ferrocarriles ubicados en Tarapacá, pues esta provincia fue anexada a territorio chileno tras el fin de la guerra. La red ferroviaria disminuyó entonces de 2 030 km en 1877 a 1 509 km en 1883. Además, el estancamiento económico y el declive de los recursos fiscales en la posguerra afectaron profundamente la construcción de ferrocarriles.

Con la firma del Contrato Grace entre el Estado peruano y la Peruvian Corporation (conformada por los tenedores de los bonos de deuda del gobierno) en 1889, esta empresa extranjera asumiría la administración de los ferrocarriles del Estado durante 66 años, como una manera de pago por la deuda del gobierno. Además, la Peruvian Corporation se comprometió a invertir en la reconstrucción de las líneas dañadas y expandir la red ferroviaria. De esta forma, el Estado no tendría que pagar sus obligaciones con los tenedores de bonos de deuda pública. Se consideró que con la firma de este convenio y la cesión de la administración, se podría lograr la expansión de la red ferroviaria y el aprovechamiento de los recursos naturales. Perú dejaría atrás los malos tiempos de la guerra y vendría una etapa de progreso económico.

Un vicecónsul británico era claramente optimista sobre el futuro de Perú: "La prolongación de los ferrocarriles de Perú, consecuente con el contrato de los tenedores de bonos con el Gobierno", argumentaba, "llevará a la apertura de inmensos campos agrícolas y mineros, y dará vida a todas las grandes industrias nacionales del interior, que por tanto tiempo han esperado los medios de comunicación con la costa para poder activarse… Perú puede razonablemente esperar un futuro próspero".

En general, sin embargo, la construcción de ferrocarriles fue un proceso lento en el decenio de 1890: la red ferroviaria aumentó de 1 509 km en 1883 a sólo 1 800 en 1900. En el año de 1900 dicha red era menor que en los niveles anteriores a la Guerra del Pacífico. A principios del siglo XX, sin embargo, comenzó un proceso de mayor crecimiento de la red férrea, sobre todo entre 1905 y 1911. Con el financiamiento del sector privado nacional y extranjero (especialmente el de la Peruvian Corporation), la red ferroviaria aumentó de 1 800 km en 1900 a casi 3 000 en 1910, y a 4 522 en 1930. Entre 1900 y 1930 se construyeron los ferrocarriles eléctricos en Lima y Arequipa, se expandieron el Ferrocarril Central (sobre todo el tramo entre La Oroya y Huancayo) y el Ferrocarril del Sur (en particular el tramo Checcacupe-Cusco), y se construyeron los importantes trayectos de Huancayo-Huancavelica, Cusco-Santa Ana y el Noroccidental, entre otros. En 1928, el Estado cedió a perpetuidad a la Peruvian Corporation los ferrocarriles administrados por esta compañía.

A partir de 1930 la red ferroviaria se redujo. La recesión de los años treinta y la preferencia por las carreteras constituyeron un serio obstáculo a la expansión de este sector. Hacia 1940 la red ferroviaria tenía 4 447 km, menos que en 1930; y en 1950 era de sólo 4 252 km.

En el cuadro 1 se muestra el avance de la red ferroviaria de Perú por regiones, y el mapa ilustra el estado de ésta en 1939. Se puede apreciar que no había un sistema integrado. La red ferroviaria estaba conformada por dos ferrocarriles que unían la costa con la sierra, y varios ferrocarriles pequeños en la costa; pero no era una red integrada.

Cuadro 1. Distribución geográfica de los ferrocarriles, 1890-1939
(kilómetros)

	1890	1910	1933	1939
ZONA NORTE	366	729	952	1 197
Lambayeque	91	170	197	199
La Libertad	167	391	445	607
Otros	108	168	310	391
ZONA CENTRO	295	1 165	1 715	1 726
Ferrocarril Central	185	384	525	559
Otros en la sierra central	254	429	432	
Ancash y norte de Lima	77	347	570	562
Ciudad de Lima y alrededores	33	180	191	173
ZONA SUR	794	1 109	1 547	1 526
Ferrocarril del Sur	720	860	972	983
Otros	74	249	575	543

Nota: para el año 1890, la información incluye la mayor parte de ferrocarriles. Para 1910-1939, comprende todos los ferrocarriles.

Red ferroviaria de Perú, 1939

Fuente: elaborado con base en datos de Deustúa (2010: 191). Apoyo técnico del Departamento de Sistemas de Información Geográfica de El Colegio de México.

En Lima y Callao varios ferrocarriles fueron construidos a partir de 1848. El que hacía el trayecto entre estas localidades empezó a operar en 1851. El ferrocarril que conectaba la ciudad de Lima con el pueblo de Chorrillos (localizado en la costa a sólo 14 km de la capital), pasando por los poblados de Miraflores y Barranco, se construyó en 1858. El ferrocarril Callao-Bellavista fue construido en 1897, con el fin de conectar los depósitos de trigo en Bellavista y el molino La Libertad en Callao. En 1902 se hizo otra línea para comunicar a la ciudad de Lima con el pueblo de Magdalena, cuyo tramo constó de 8 km. A partir de 1904 se construyeron los ferrocarriles eléctricos en Lima, que tuvieron una gran demanda. Todos ellos a cargo de empresarios privados.

En el norte del departamento de Lima, el ferrocarril Lima-Ancón-Chancay data de 1869, el cual era propiedad del Estado. Lamentablemente, el tramo Ancón-Chancay fue destruido por el ejército chileno durante la Guerra del Pacífico. A partir de 1883 el ferrocarril conectó solamente Lima y Ancón. Este trayecto se extendía de manera paralela a la costa, pasando por la hacienda Puente Piedra, y atendió las necesidades de transporte de varias otras haciendas, como Infantas, Chuquicanta, Pro, Naranjal y Carapongo.

Luego, en 1912 fue construido el Ferrocarril Noroccidental, el cual conectó los pueblos de Ancón, Huaral, Huacho, Chancay, Sayán y Barranca. Con el fin de transportar la producción de las haciendas vecinas a la ciudad de Lima, se tendieron otros ramales, como los de las haciendas Infantas, Pro y Puente Piedra (conectados a la línea Lima-Ancón), el ramal de la hacienda Monterrico Grande (comunicado con el Ferrocarril Central), y el ramal de la hacienda Villa (conectado al trayecto Lima-Chorrillos).

Al sur de Lima, varios ferrocarriles también fueron construidos para servir a los poblados y los valles costeros. En 1870, por ejemplo, el que conectó el puerto de Cerro Azul con el pueblo de Cañete. Este ferrocarril, propiedad de empresarios privados, transportaba los productos del valle de Cañete, especialmente azúcar y algodón. Las haciendas Quebrada, Casa Blanca, Huaca y Santa Bárbara, en Cañete, fueron beneficiadas con este ferrocarril. Hacia 1871 se terminó de construir una línea importante que conectaba el puerto de Pisco y la ciudad de Ica. Años después, en las cercanías de Ica se hizo otro tramo para comunicar el puerto de Tambo de Mora y el pueblo de Chincha Alta.

Los ferrocarriles sirvieron no sólo a Lima y sus alrededores. En el norte de Perú se construyeron otros más, conectando los valles y ciudades principales con los puertos marítimos. Estos ferrocarriles se destinaron en gran medida al transporte de productos agrícolas, especialmente azúcar y algodón. En 1887, por ejemplo, empezó a operar un ferrocarril que unió el puerto de Paita, el poblado de Sullana y la ciudad de Piura; éste era propiedad del Estado. En 1889 comenzó a operar el ferrocarril Piura-Catacaos; y en 1909, más al norte, el Tumbes-Puerto Pizarro.

Varios ferrocarriles se tendieron en el departamento de Lambayeque, en la costa norte de Perú. El ferrocarril de Etén, de propiedad privada, data de comienzos del decenio de 1870, conectando el puerto norteño de Etén con los pueblos de Monsefú, Chiclayo, Lambayeque y Ferreñafe. También en ese decenio se abrió al público la línea Chiclayo-Patapo, para comunicar la ciudad de Chiclayo, las haciendas norteñas de Pomalca y Tumán, y los molinos de Dall'Orso, Santa Isabel, La Unión y Mocce en el departamento de Lambayeque. El ferrocarril Chiclayo-Pimentel inició operaciones en 1873. En 1874 se construyó un nuevo ferrocarril: el de Pacasmayo, de propiedad estatal, que conectó el puerto de Pacasmayo con los poblados de San Pedro y Calasñique. Este ferrocarril tenía dos ramales: uno iba de Calasñique a Guadalupe, pasando por San José, Talambo, Chepén y Lurífico; y el otro hacía el trayecto Calasñique a Yonán, pasando por Montegrande. Varios años después, en 1904, un nuevo ferrocarril fue construido en el departamento de Lambayeque por empresarios privados, uniendo el puerto de Etén con la hacienda Cayaltí, con el fin de facilitar el transporte de la producción de esta hacienda. Éste fue el objetivo de la familia Aspillaga, propietaria de dicha hacienda.

En el departamento de La Libertad, al sur de Lambayeque, varios ferrocarriles fueron construidos con el fin de facilitar el transporte de la producción de las haciendas en los valles de Chicama y Santa Catalina a los principales puertos del departamento. Un ferrocarril, propiedad del Estado, se tendió entre 1869 y 1876, conectando el puerto de Salaverry, la ciudad de Trujillo (capital de La Libertad), los ricos valles azucareros de Chicama y Santa Catalina, y el pueblo de Ascope. Después, otros ferrocarriles fueron construidos por el sector privado. En 1898 un hacendado financió las obras del ferrocarril Huanchaco-Tres Palos, con el fin de facilitar el transporte de la producción de las haciendas Chiquitoy, Chiclín y Roma al puerto de Huanchaco. Otro más se construyó en 1898 para conectar a las haciendas en el valle de Chicama, entre ellas Roma, Cartavio, Chicamita, Chiclín y Chiquitoy. En 1905, otro hacendado financió las obras de un nuevo ferrocarril entre la ciudad de Trujillo y las haciendas azucareras de Laredo y Menocucho, en el valle de Santa Catalina.

El ferrocarril sirvió no sólo a la costa. De hecho, uno de los más importantes fue el Ferrocarril Central. Éste, de propiedad del Estado, conectó el puerto del Callao con la ciudad de Lima y, sobre todo, varios pueblos en la sierra central. Este ferrocarril fue particularmente importante para el transporte de mineral extraído de las minas de la sierra central. El Ferrocarril Central fue un sistema que estuvo conformado por las líneas Callao-Lima-La Oroya, La Oroya-Cerro de Pasco, La Oroya-Huancayo, Ticlio-Morococha, y otras líneas menores que conectaban la línea principal Callao-La Oroya con los centros mineros en Junín. La construcción del ferrocarril Callao-La Oroya empezó en 1869. Sin embargo, tomó un tiempo largo antes de que la construcción llegara a Oroya, como se había planificado inicialmente. Hacia 1878 el ferrocarril arribó de Callao a Chicla, pero la Guerra del Pacífico paralizó la construcción. Luego de la guerra, se reiniciaron los trabajos; el trayecto llegó a Casapalca en 1892 y a La Oroya en 1893. Este ferrocarril constituyó una maravilla de la ingeniería por la geografía agreste que conquistó, llegando a una altitud de 4 147 metros en Casapalca. Otras líneas fueron construidas con el paso de los años. El tramo Ticlio-Morococha se construyó en 1900 y el ferrocarril La Oroya-Cerro de Pasco en 1904. Luego otros ferrocarriles conectaron La Oroya y Huancayo en 1908. La línea Huancayo-Huancavelica se abrió en 1926, pero éste no conectaba directamente con el Ferrocarril Central.

Otro sistema ferroviario importante fue el Ferrocarril del Sur, de propiedad del Estado, construido en la costa y sierra del sur del país. Éste estuvo conformado por los ferrocarriles Mollendo-Arequipa, Arequipa-Puno y Juliaca-Cusco. Una línea conectaba el puerto de Mollendo con la sierra de los departamentos de Arequipa, llegando en la ciudad de Arequipa a 2 301 metros de altitud. Una nueva línea se tendió desde Arequipa a Puno en 1876. Este ferrocarril alcanzó su máxima altitud en Crucero Alto a 4 470 metros, bajando luego a Juliaca y Puno, dos ciudades importantes del departamento de Puno. Otra que partió de Juliaca a Sicuani fue construida en 1893. Este ferrocarril después se extendió a Checcacupe en 1906 y a la ciudad de Cusco en 1908. También en Cusco se inauguró la línea Cusco-Santa Ana en 1925, aunque ésta no estuvo conectada con el Ferrocarril del Sur. Otras líneas menores se abrieron en Arequipa para transportar productos desde las haciendas cercanas. Así, se construyeron los ramales de Vitor-Sotillo en 1899, Ensenada-Pampa Blanca en 1906, y Ensenada-Chucarapi en 1922, todos éstos conectados con el Ferrocarril del Sur.

Esta descripción de los ferrocarriles de Perú muestra que varios de ellos fueron construidos en este país desde mediados del siglo XIX. Frente a estos hechos, uno podría pensar que Perú gozó de una muy buena conexión ferroviaria hacia 1930 o 1940, y que el transporte a lomo de mula se convirtió en cosa del pasado. La evidencia, sin embargo, indica que los ferrocarriles no favorecieron a la mayor parte de la población. Pese a la cantidad importante de vías férreas, un gran número de poblados no fueron conectados por los ferrocarriles y permanecieron, por lo tanto, ajenos a este medio de transporte moderno. En el decenio de 1910, por ejemplo, Dávalos y Lissón señalaron que de acuerdo con un estudio del ingeniero Tizón y Bueno, en esa época había 10 000 poblados en Perú, y que sólo 300 de ellos estuvieron conectados por ferrocarril. Asimismo, Milstead indicaba que la infraestructura férrea era deficiente no sólo en la sierra sino también en la costa. De acuerdo con Milstead, a inicios de la década de 1920 persistía un sistema primitivo de transporte en alrededor de 85% del país. Sólo 3 200 km de ferrocarriles a vapor y 160 km de líneas eléctricas interurbanas se encontraban en operación en 1924. Aunque algunos ferrocarriles se habían construido desde mediados del siglo XIX, no había un sistema ferroviario integrado. El ferrocarril había llegado a Perú, pero sólo algunos podían disfrutar de este medio. La mayor parte de la población seguía sujeta al transporte a lomo de mula o llama.

Un claro indicador del atraso en la construcción de ferrocarriles es que Perú estuvo detrás de varios países en América Latina en extensión ferroviaria per cápita. Hacia 1912 Perú sólo tenía 7.5 km de extensión férrea por 10 000 habitantes, por debajo del promedio de la región, que era de 12.9 km (gráfica 2). Perú estuvo por debajo de Argentina, el cual tenía 42.6 km por 10 000 habitantes. Otros países con una clara ventaja sobre Perú fueron Uruguay, Chile, Costa Rica, Cuba, México y Brasil. Todos tenían más de 9 km de red férrea por 10 000 habitantes.

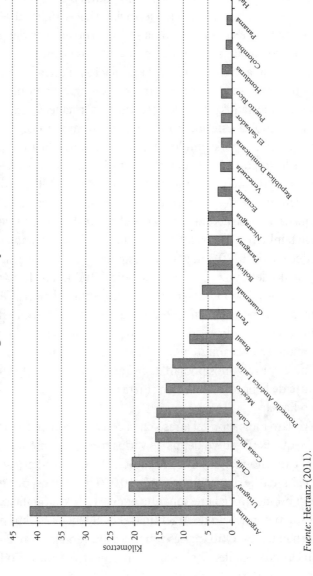

Gráfica 2. Longitud ferroviaria por 10 000 habitantes, 1912

Fuente: Herranz (2011).

3. LA VELOCIDAD DE LOS FERROCARRILES

Desde la construcción del primer ferrocarril, muchos vaticinaron que este moderno medio de transporte transformaría la vida de los peruanos o, por lo menos, de aquellos que pudiesen viajar en tren y de aquellos que pudiesen transportar su carga en sus vagones. El ferrocarril permitiría que las personas viajaran más rápida y cómodamente. Más aún, el ferrocarril no sería sólo más veloz que las mulas y las llamas, sino además menos caro. Ahora sería posible transportar la carga de las minas y las haciendas a un menor costo que antes, lo cual traería el progreso al país, sobre todo a los pueblos más alejados de la costa.

¿Tuvo el ferrocarril los efectos esperados? ¿Redujo los tiempos de viaje y las tarifas? ¿Contribuyó a la expansión de la economía?

Analicemos primero el impacto de los ferrocarriles en la velocidad de los viajes. Varias fuentes sugieren que el transporte de pasajeros y carga por mula o llama era lento. De acuerdo con Briceño y Salinas, una mula saludable y fuerte usualmente viajaba a una velocidad de 10 km por hora en la costa, ocho en la sierra y seis en la selva. Esta diferencia obedecía a la topografía y el clima. En periodos de lluvia, el viaje tenía que detenerse a las dos o tres de la tarde. Los mismos autores apuntan que la jornada diaria era de ocho horas en la costa, y cinco horas en la sierra o en la selva. Así, las mulas podían completar hasta 80 km por día en la costa, 40 en la sierra y alrededor de 30 en la selva. De acuerdo con Cisneros, una mula con carga podía recorrer 55 km por día en condiciones regulares en la sierra. Las llamas eran bastante más lentas que las mulas, y quizá por eso más baratas. Algunas fuentes de la época señalan que la velocidad de las llamas se situaba tan sólo entre 19 y 25 km por día. Tschudi indica que la jornada diaria de las llamas era de tres a cuatro leguas, es decir, unos 19 km. En forma similar, Hills también señala que las llamas pocas veces cubrían más de 20 km por día. Para Cisneros, éstas podían recorrer hasta 25 km por día. Dado que las llamas nunca se alimentaban en la noche, el arriero tenía que parar durante la jornada para que los animales comieran.

Los ferrocarriles representaban un método de transporte mucho más rápido que el sistema tradicional de caballos, mulas y llamas. Los trenes ordinarios (que paraban en cada estación), por ejemplo, tenían una velocidad de por lo menos 11 km por hora, y los trenes extraordinarios (que paraban en pocas estaciones) siempre tuvieron una velocidad mayor de 19 km por hora.

Las diferencias de velocidad entre los trenes y las mulas y llamas eran notables. Así, en la región central, los trenes tomaban menos de un día para completar la ruta Lima-Cerro de Pasco, mientras que con los animales esto podía llevar varios días. En el decenio de 1820, por ejemplo, el viajero Robert Proctor informó que el viaje desde Lima a Cerro de Pasco podía tomar hasta cinco días. Este mayor número de días por viajar en caballo o mula tenía un costo de oportunidad (el dinero que se pudo haber ganado si utilizara esos días en trabajar), además del cansancio que normalmente ocasionaría viajar varios días a lomo de animal.

En el sur de Perú, como era de esperar, los trenes también eran mucho más rápidos que los caballos, mulas y llamas. Así, el ferrocarril podía completar la ruta Pisco-Ica en menos de cuatro horas; mientras que, como describe Tschudi, los viajeros hacían alrededor de un día a través del arenoso, seco y peligroso desierto. El ferrocarril Mollendo-Arequipa-Puno era también bastante más rápido que los animales. La velocidad de los trenes ordinarios en esta ruta era alrededor de 24 km por hora. Por el contrario, en el decenio de 1850 el viajero S.S. Hills completó 160 km desde el puerto de Islay a la ciudad de Arequipa en dos días con caballo y mulas a una velocidad promedio de 76 km por día. Luego Hills demoró nueve días para hacer la ruta Arequipa-Cusco en mula por las montañas, y le tomó otros nueve días completar la ruta Cusco-Puno. Notemos las enormes diferencias entre viajar en tren y en mula, llama o caballo: usualmente tomaba menos de 13 horas completar la ruta Arequipa-Puno en tren, pero tomaría seis días hacerlo en caballo y mula. La ruta Arequipa-Cusco tomaría nueve o 10 días completarla a lomo de mula, pero menos de un día hacerlo en un viaje más cómodo en tren.

El ferrocarril fue un sistema más rápido que los caballos, las mulas y llamas, y tan rápido como los barcos a vapor, ya que éstos usualmente navegaban a una velocidad entre 12 y 20 km por hora. Como es natural, los veleros viajaban más lentamente, en concreto, a una velocidad de menos de 8 km por hora, y podían ir tan lento como 3 km por hora o menos cuando los vientos y las corrientes marinas no eran favorables. Los mayores ahorros en tiempo desde mediados del siglo XIX se produjeron con la sustitución de navegación a vela por navegación a vapor, y por el cambio del sistema tradicional de mulas y llamas al sistema ferroviario. Con la introducción de los ferrocarriles y la navegación a vapor, los peruanos viajaron más rápido que antes y ciertamente de manera más confortable.

4. COSTOS DE TRANSPORTE

Los ferrocarriles contribuyeron con la economía peruana. En particular, redujeron los costos de transporte y permitieron, por lo tanto, una mejora en los niveles de bienestar de los peruanos. En esta sección damos algunas cifras de ahorros en costo de transporte.

Un efecto importante del ferrocarril fue la reducción de los costos pecuniarios, es decir, las tarifas de carga y pasajes. El sistema de transporte a lomo de mula y llama era bastante costoso, especialmente en la medida en que las necesidades de traslado a largas distancias aumentaron hacia finales del siglo XIX. El cuadro 2 muestra el costo de las tarifas de carga y los pasajes de los ferrocarriles más importantes en 1908 a precios de 1900. En lo

Cuadro 2. Ferrocarriles de Perú: costos de transporte, 1908
(a precios de 1900)

Clase	Pasajes (soles por pasajero-km)		Tarifas de carga (soles por ton-km)		
	Primera	Segunda	Primera	Segunda	Tercera
NORTE	2.5	1.3	16.0	13.5	10.9
CENTRO	4.3	2.6	16.9	12.2	10.2
Ferrocarril Central y otros ferrocarriles en la sierra	4.4	2.6	13.6	11.8	9.9
Ancash y norte de Lima	4.7	3.2	16.8	14.3	11.8
Ciudad de Lima y alrededores	2.3	1.2	49.2		
SUR	3.3	1.7	9.7	8.1	6.3
Ferrocarril del Sur	3.4	1.7	9.1	7.6	5.9
Otros	2.7	1.6	37.9	30.6	23.3

Nota: para los ferrocarriles de la ciudad de Lima y alrededores, las tarifas de carga son las únicas disponibles. No existe distinción entre clases de transporte de carga.
Fuente: Zegarra (2011a).

referente a transporte de carga, la primera clase usualmente se refería a productos importados, la segunda clase a bienes manufacturados, y la tercera a productos mineros y agrícolas.

Las tasas efectivas de carga fueron usualmente menores para ferrocarriles que para mulas, en especial en rutas largas. De acuerdo con Tizón y Bueno, transportar carga en una mula costaba alrededor de 26 centavos de sol por tonelada/kilómetro en la sierra. Esta tasa era mayor que las tarifas de carga de tercera clase de la mayor parte de ferrocarriles, y lo mismo sucedió en las tarifas de segunda clase (con excepción de aquellas rutas de menos de 15 km). Usualmente, las tarifas de carga en tercera clase se encontraban por debajo de 20 centavos por ton/km; para los ferrocarriles de más de 50 km, las tarifas de carga eran menores de 15 centavos, y en algunos casos éstas eran menores de 10 centavos. Dado que los productos minerales y agrícolas eran transportados en vagones de tercera clase, el ferrocarril era más barato que las mulas.

Tradicionalmente el transporte de carga ligera en distancias cortas se realizaba a lomo de llamas. En comparación con los ferrocarriles, las llamas eran mucho más lentas, pero no necesariamente más baratas, sobre todo cuando la demanda de transporte aumentó. Tizón y Bueno indicó que con llamas se cobraba alrededor de 13 centavos de sol por ton/km a precios de 1900. Para el decenio de 1890, Deustúa apuntó que los llameros cobraban más de 25 centavos por ton/km. Las tarifas de carga del ferrocarril en tercera clase no necesariamente eran mayores. Por ejemplo, la tarifa de carga en tercera clase en la ruta Callao-Cerro de Pasco era de 12 centavos por ton/km; mientras que la misma entre Callao y Morococha era de 16 centavos.

Probablemente motivados por los altos costos de transporte del sistema de mulas y llamas, algunos mineros apoyaron la construcción del Ferrocarril Central. Como sostiene Contreras, una vez que este ferrocarril arribó a La Oroya, hubo varios intentos de extender la línea a Cerro de Pasco. Backus & Johnston Co. y Ernest Thorndike, por ejemplo, gestionaron un permiso para concluir el ferrocarril a Cerro de Pasco. En la costa norte, como mencionamos, los hacendados que cultivaban azúcar y algodón financiaron la construcción de ferrocarriles.

Por otro lado, en general las tarifas de pasajeros de primera clase eran menores que el transporte en mulas. En promedio, viajar a lomo de mula costaba alrededor de 7.6 centavos de sol por kilómetro (a precios de 1900). Por el contrario, viajar en tren en primera clase costaba usualmente menos de 5 centavos por kilómetro. En la mayor parte de ferrocarriles, los pasajes en segunda clase estaban usualmente por debajo de 3 centavos de sol por kilómetro. Así, el viaje en tren no sólo era más cómodo y más seguro que a lomo de mula, sino también más barato.

Como muestran estas cifras, el ferrocarril permitió el ahorro en tarifas de carga y de pasajeros. ¿Pero qué tan importantes fueron tales ahorros?

Analicemos el ahorro social en tarifas de carga. Considerando que la mayor parte de los caminos no eran apropiados para la rueda, asumimos que en ausencia de ferrocarriles el transporte de carga se habría realizado a lomo de mula y llama. Consideremos dos escenarios alternativos: el primero implica que sólo se usarían mulas en ausencia de trenes, y el segundo, que las llamas se utilizarían tanto como fuera posible. El primer escenario produce un límite superior al ahorro de carga, y el segundo da un límite inferior. En este último, además, se asume que la elasticidad del precio de la demanda por el servicio de carga es –1 (es decir, que ante la disminución de 1% en las tarifas, la demanda por el servicio de transporte de carga aumenta en 1%). El cuadro 3 muestra los resultados. Hubo un ahorro social en carga gracias al ferrocarril. En el primer escenario, el ahorro social en carga aumentó de sólo 1.5% del PIB en 1890 a 3.5% en 1904 y 7.5% en 1918. Estas cifras implican que no hubo un ahorro en carga sino hasta una etapa tardía en la operación de los ferrocarriles. En el segundo escenario, el ahorro social en carga fue 0.5% del PIB en 1890, 1.1% en 1904 y 1.7% en 1918.

Ahora analicemos el ahorro social en pasajes. Se asume que en caso de que no se hubiese construido el ferrocarril, los pasajeros de primera clase habrían viajado a lomo de mula, y los de segunda clase habrían caminado. Dado que caminar implicaba no pagar pasaje, el ahorro fue siempre negativo para los pasajeros de segunda clase. Pero dado que los pasajes en primera clase eran mayores que las tarifas en mula, el ahorro social siempre fue positivo para los pasajeros de primera clase. En total, los ahorros en pasajes fueron negativos en 1890, pero luego aumentaron y llegaron a ser 1.6% del PIB en 1918. El ferrocarril no parece, pues, haber llevado a un gran ahorro social en pasajes.

Otro componente del ahorro social es el tiempo. Dadas las diferencias en velocidades entre los trenes y los animales, si un número importante de personas viajaba en tren, Perú habría ahorrado una buena cantidad de horas como consecuencia del uso del ferrocarril. En comparación con lo que habría ocurrido de no haber existido éste, quienes viajaban en tren ahorraban un tiempo valioso. Al momento de valorar las horas ahorradas, sin embargo, es posible que el ahorro en soles o dólares no haya sido significativo si el valor del tiempo era bajo. Hubo ahorro de tiempo como consecuencia de los ferrocarriles; sin embargo, dado que el costo de oportunidad del tiempo no era muy alto a finales del siglo XIX e inicios del XX, el ahorro social en tiempo no fue muy alto.

Considerando todos los componentes del ahorro social (en tarifas de carga, pasajes y tiempo), el ahorro social del ferrocarril aumentó de un rango de 0.3-1.3% del PIB en 1890 a 3.6-9.4% en 1918. Estas cifras muestran que no hubo ahorro sino hasta una etapa tardía en la operación de los ferrocarriles. De hecho, las cifras de ahorro social en Perú fueron menores que en México, Brasil y Argentina. Por ejemplo, el ahorro social estuvo entre un mínimo de 25% y un máximo de 38% del PIB en México en 1910 (según cálculos de Coatsworth), entre 18 y 38% en Brasil en 1913 (de acuerdo con Summerhill) y fue de 26% en Argentina en 1913 (según Herranz-Locán). El ahorro social en Perú se

Cuadro 3. Ahorro social (porcentaje del PBI)

	1890	*1904*	*1914*	*1918*
1. AHORRO EN CARGA				
a] Límite superior	1.50	3.50	6.65	7.48
b] Límite inferior	0.50	1.07	1.96	1.70
2. AHORRO EN PASAJES	−0.34	0.13	1.34	1.57
a] Primera clase*	0.04	0.31		
b] Segunda clase*	−0.38	−0.18		
3. AHORRO EN TIEMPO	0.16	0.21	0.33	0.34
a] Primera clase	0.04	0.06	0.24	0.25
b] Segunda clase	0.12	0.15	0.09	0.09
4. AHORRO SOCIAL TOTAL				
a] Límite superior (línea 1a + línea 2 + línea 3)	1.32	3.84	8.32	9.38
b] Límite inferior (línea 1b + línea 2 + línea 3)	0.31	1.41	3.63	3.61

* El ahorro en pasajes en 1914 y 1918 fue calculado para el total de pasajeros, debido a que información específica sobre pasajes de primera y segunda clase no se encuentra disponible.
Fuente: Zegarra (2013).

compara con los de Uruguay y Colombia: de acuerdo con el propio Herranz, en Uruguay el límite superior del ahorro social fue 5.8% en 1912-1913, y, de acuerdo con Ramírez, en Colombia el límite superior del ahorro de carga fue de 7.9% del PIB en 1927. En cuanto a los límites inferiores, el ahorro social en Perú también fue menor que en México, Brasil y Argentina.

Estos bajos niveles de ahorro social se debieron a la limitada red ferroviaria y los consecuentes pocos servicios de pasajeros y de carga. Como mencionamos, Perú tenía pocos ferrocarriles a principios del siglo XX, luego de varios decenios de haber construido el primer ferrocarril. Éste permitió reducir los costos de tiempo y los pecuniarios. Sin embargo, en términos agregados, el impacto directo del ferrocarril en la economía (medido con los ahorros sociales) fue bastante limitado.

La invención de la máquina a vapor y, en particular, su uso para la construcción de los ferrocarriles provocaron un gran optimismo en Perú. Muchos consideraron que con el ferrocarril el país disfrutaría de un periodo de auge económico. Los decenios de 1860 y 1870, etapa del *boom* del guano, se convertirían en el punto de partida de un futuro diferente para Perú. Se podrían interconectar pueblos hasta ese entonces prácticamente aislados, sería posible explotar y exportar los vastos recursos naturales, los minerales y los productos de los valles. Habría más inversión, pues después de todo el costo de transporte era un elemento importante de la estructura de costos de muchas empresas, lo que aumentaría los niveles de ingresos de la población.

Los efectos del ferrocarril fueron los esperados para una parte de la población. El tren sin duda significó una revolución en el transporte para muchos habitantes de las zonas costera y serrana. Para quienes explotaban las minas del centro de Perú, en particular aquellas ubicadas en Junín y Cerro de Pasco, el Ferrocarril Central representó un transporte más rápido, más seguro y más barato. Para los dueños de algunas haciendas azucareras y algodoneras en la costa, o quienes vivían en los principales poblados de la costa, el ferrocarril también significó menores costos de transporte en tiempo, pasajes y tarifas de carga.

La mayor parte de la población, sin embargo, no se benefició con el ferrocarril. No porque éste haya sido perjudicial, sino simplemente porque la mayoría de los peruanos vivía en poblados sin interconexión ferroviaria, muy alejados de una estación de tren. Muchos de ellos, entonces, se mantuvieron con el mismo sistema de transporte de siglos atrás: las mulas y llamas. No fue sino hasta la llegada de las carreteras y los caminos rurales cuando buena parte de la población tuvo acceso a medios de transporte terrestre más rápidos y baratos.

Las cifras muestran claramente que el ferrocarril produjo ahorros en horas-hombre y en pasajes y tarifas de carga, sobre todo a partir del decenio de 1910. Hubo, por tanto, un ahorro social como consecuencia de la construcción de ferrocarriles. Este ahorro, sin embargo, estuvo muy por debajo de otros países, en particular de México, Brasil y Argentina. La contribución directa del ferrocarril al PIB no parece haber sido muy alta.

Quedan, sin duda, todavía algunas preguntas por responder. ¿Por qué no se invirtió más en ferrocarriles? Sabemos que el Estado enfrentó serios problemas fiscales en las décadas de 1870 y 1880. ¿Pero por qué las empresas privadas no tuvieron mayores incentivos para invertir en este sector? Las cifras indican que el ahorro social fue bajo debido a la poca inversión en ferrocarriles. ¿El retorno de la inversión fue también bajo? ¿O era demasiado riesgoso invertir en este sector?

Es posible que la misma geografía que significó transporte lento y peligroso antes del ferrocarril haya sido un factor determinante en la lenta inversión en el sector. La costa, con geografía menos agreste que la sierra, y con su cercanía al mar, ofrecía probablemente ventajas para la inversión en ferrocarriles con respecto a la sierra. Dueños de haciendas demandaban los servicios de ferrocarriles con el fin de transportar sus productos con mayor rapidez, seguridad y a menor costo a los puertos, y para importar los productos necesarios; también las ciudades demandaban los servicios de los ferrocarriles para el transporte de pasajeros y de productos importados desde los puertos. Con ello, invertir en ferrocarriles en la costa era probablemente rentable y seguro. No es sorprendente en estas circunstancias que la inversión privada en el sector ferroviario en la costa haya sido bastante mayor que en la sierra. Los riesgos y los costos de invertir en la complicada geografía de los Andes debieron ser un gran desincentivo para apostar por los ferrocarriles en esa zona. Tampoco sorprende entonces que la inversión en los ferrocarriles más importantes de la sierra (el Central y el del Sur) haya sido en gran parte realizada con financiamiento del Estado. La geografía impuso, pues, serios obstáculos no sólo al transporte preferroviario entre la costa y la sierra sino también a la inversión en ferrocarriles.

5. EPÍLOGO

El apogeo de los ferrocarriles en Perú ocurrió a finales del decenio de 1920. Para 1929 había 4 522 km de vías en todo el país. A partir de 1930, sin embargo, el interés por el tema ferroviario declinó de manera sustancial. La longitud ferroviaria declinó a 4 448 km en 1940 y a 4 252 km en 1950.

Con el advenimiento de los vehículos automotores, el gobierno desistió de invertir en ferrocarriles y optó más bien por las carreteras. Hasta 1930, en general éstas se construyeron como complemento de los ferrocarriles. Después de esa fecha, sin embargo, el gobierno fomentó las carreteras como sustituto de los ferrocarriles. Como sostiene el propio Ministerio de Fomento: "el gobierno del presidente Sánchez Cerro deliberadamente puso en práctica la política inversa de construir mejores carreteras que las existentes hasta entonces (para asegurar un más bajo costo de transporte), precisamente por las mismas rutas donde corrían los ferrocarriles". Más todavía, en algunos casos el gobierno financió la construcción de carreteras con los ingresos de los ferrocarriles. De acuerdo con Kemp, durante algunos años el gobierno estableció un impuesto a la carga transportada entre La Oroya y Callao para financiar la construcción de la carretera Chosica-Matucana-Casapalca-Morococha. Además, para ello el gobierno utilizó el trabajo de desempleados.

El creciente interés del gobierno en construir carreteras radica en que se consideraba que éstas eran un mecanismo para combatir el monopolio que tenían los ferrocarriles, el cual ocasionaba tarifas altas. Como sostiene el Ministerio de Fomento, "desde que se construyeron, hasta el año 1930, nuestros ferrocarriles, a cubierto de toda competencia, han operado sobre nuestras rutas más densas de tráfico, movilizando casi todo nuestro volumen de carga y pasajeros, cobrando muy elevadas tarifas, con positivo retardo para nuestro desarrollo, expansión y progreso".

A partir de 1930 las carreteras se extendieron por todo el país, mientras el sistema ferroviario declinaba. Cifras oficiales del Ministerio de Hacienda muestran que la extensión de las carreteras aumentó de 18 069 km en 1929 a 23 609 km en 1938 y a 35 808 en 1950; y las carreteras asfaltadas aumentaron de 110 km en 1936 a 2 793 km en 1950. El número de vehículos creció de manera significativa: de 10 727 en 1927 a 25 947 en 1940 y a 60 437 en 1950. La mayor parte eran automóviles, que llegaron a 31 984 en 1950. Por el contrario, la red ferroviaria se contrajo: cayó de 4 522 km en 1930 a 4 447 en 1940 y a 4 252 en 1950. Ya en los años cuarenta algunos ferrocarriles tenían poca demanda. Entre 1941 y 1945, por ejemplo, el ferrocarril de Tumbes-Puerto Pizarro apenas transportó un promedio anual de 2 000 toneladas, dejando de operar en 1949. Asimismo, el ferrocarril de Tambo de Mora-Chincha Alta dejó de operar en ese decenio.

En los cincuenta y sesenta la situación económica de los ferrocarriles empeoró, debido a la competencia de las carreteras, la administración ineficiente, así como la situación aislada de algunas de las líneas. La extensión de las carreteras aumentó de 35 808 km en

1950 a 45 549 en 1966; y la extensión de las carreteras asfaltadas aumentó de 2 793 km a 4 547 durante esas mismas fechas. Mientras tanto, la longitud ferroviaria cayó de 4 252 km en 1950 a 3 342 en 1965; y la red en explotación disminuyó de 2 725 km en 1956 a 2 244 en 1965. Varias líneas dejaron de operar: el ferrocarril de Paita-Piura lo hizo en 1959 y el ferrocarril de Ilo-Moquegua en 1964.

Hacia 1965 la longitud de la red ferroviaria era de 3 342 km, de los cuales sólo 2 244 estaban en funcionamiento. Considerando la que todavía estaba en uso, el Estado era propietario de sólo 321 km: las líneas Huancayo-Huancavelica, Cusco-Santa Ana, Matarani-La Joya y Tacna-Arica. Es decir, era dueño de sólo 14% de la línea ferroviaria en funcionamiento. Por su parte, al sector privado (incluida la Peruvian Corporation) le pertenecían 1 923 km de vía en explotación. La empresa The Peruvian Corporation era dueña de 1 474 km de vía, con los ferrocarriles Central, el del Sur, el Pacasmayo-Guadalupe y Chilete y el de Trujillo. Otras empresas privadas eran dueñas de 448 km, referidas sobre todo a la línea La Oroya-Cerro de Pasco y a la Corporación Peruana del Santa.

Las líneas que producían mayor tráfico en el decenio de 1960 eran el Ferrocarril Central y el Ferrocarril del Sur, ambos propiedad de The Peruvian Corporation, junto con el ferrocarril La Oroya-Cerro de Pasco. En 1965 el Central transportó 1.3 millones de toneladas de carga y 347 000 pasajeros; mientras que el del Sur trasladó 640 000 toneladas de carga y 722 000 pasajeros. Por su parte, el ferrocarril La Oroya-Cerro de Pasco transportó 1.4 millones de toneladas de carga y 376 000 pasajeros.

Como resultado de la competencia con las carreteras, los ferrocarriles tuvieron resultados económicos deficitarios en los años sesenta. En 1960, los ingresos de los ferrocarriles fueron de 347 millones de soles, y los gastos llegaron a 385 millones. Cinco años más tarde, los ingresos fueron de 530 millones, y los gastos 577 millones de soles.

En 1968 se produjo el golpe de Estado del general Juan Velasco Alvarado. Este gobierno tomó una serie de medidas con el fin de aumentar la participación del Estado en la economía. Una de ellas fue la "nacionalización" de las empresas extranjeras y la estatización de varias empresas privadas. El 2 de abril de 1971 todos los ferrocarriles que se encontraban en manos privadas fueron expropiados, incluidos los administrados por la Peruvian Corporation. Un año después se creó la Empresa Nacional de Ferrocarriles del Perú (Enafer), en la que fueron reunidos todos los ferrocarriles del Estado, con excepción de la línea La Oroya-Cerro de Pasco. De esta manera, la participación estatal en la propiedad de los ferrocarriles pasó de 21.7% en 1970 a 97.5 en 1972.

En los siguientes años, el gobierno tomó algunas medidas para modernizar el sistema ferroviario. Se contrataron ingenieros extranjeros para hacer estudios sobre los ferrocarriles existentes y proponer nuevas líneas; se autorizaron créditos para adquirir locomotoras, vagones y rieles. En 1976 se reestructuró la empresa estatal. Hacia 1980, los ferrocarriles transportaron 5.8 millones de toneladas de carga, monto superior que el observado en 1970. La cantidad de pasajeros, sin embargo, continuó en declive.

En el decenio de 1980 se produjo una caída en los servicios de los ferrocarriles, en gran parte debido a la profunda crisis económica. La carga transportada se redujo de 5.8 millones de toneladas en 1980 a 3.5 millones en 1990, y el número de pasajeros se redujo de 4.2 millones a 3.1 millones en las mismas fechas. Para 1990, la red ferroviaria consistía de ocho líneas, cinco administradas por Enafer (Callao-Huancayo, Huancayo-Huancavelica, Matarani-Cusco, Cusco-Quillabamba y Tacna-Arica), dos por Centromin Perú (La Oroya-Cerro de Pasco y Pachacayo-Chauca) y una por Southern Peru (Toquepala-Ilo-Cuajone). En total, la red ferroviaria era de 2 196 km.

Enafer fue privatizada en el decenio de 1990. En la actualidad, los ferrocarriles que operan en Perú son el Central Andino, el Huancayo-Huancavelica, el Transandino o del Sur, la línea minera de Southern Peru Copper Corporation, el ferrocarril de Doe

Run, la línea Cajamarquilla-Cajamarca, la línea de Cemento Andino, el Metro de Lima y el ferrocarril Arica-Tacna (único ferrocarril internacional de Perú). El Estado sólo es dueño de los ferrocarriles Huancayo-Huancavelica y Arica-Tacna. En el año 2013, había 1 953 km de líneas férreas en Perú.

BIBLIOGRAFÍA

Basadre, J. (1983), *Historia de la República del Perú*, Lima, Editorial Universitaria.

Bonilla, H. (1975), *Gran Bretaña y el Perú. Los mecanismos de un control económico*, 4 vols., Lima, Instituto de Estudios Peruanos–Fondo del Libro del Banco Industrial del Perú.

Briceño y Salinas, S. (1921), *Itinerario general de la República*, Lima, Editorial Universitaria.

—— (1927), *Cuadro general para el término de distancia judicial, civil y militar dentro de la República y aun en el extranjero*, Lima.

Bulmer-Thomas, V. (2003), *The Economic History of Latin America since Independence*, Cambridge, Cambridge University Press.

Cisneros, C. (1906), *Reseña económica del Perú*, Lima, Imprenta La Industria.

Coatsworth, J. (1979), "Indispensable Railroads in a Backward Economy. The Case of Mexico", *The Journal of Economic History*, vol. 39, núm. 4, pp. 939-960.

Contreras, C. (2004), *El aprendizaje del capitalismo. Estudios de historia económica y social del Perú republicano*, Lima, IEP.

Costa y Laurent, F. (1908), *Reseña histórica de los ferrocarriles del Perú*, Lima, Ministerio de Fomento–Litografía Tip. Carlos Fabbri.

Dávalos y Lissón, P. (1919), *La primera centuria*, Lima, Librería e Imprenta Gil.

Deustúa, J. (1994), "Routes, Roads, and Silver Trade in Cerro de Pasco, 1820-1860. The Internal Market in Nineteenth-Century Peru", *The Hispanic American Historical Review*, vol. 74, núm. 1, febrero, pp. 1-31.

—— (2009), *El embrujo de la plata. La economía social de la minería en el Perú del siglo XIX*, Lima, BCRP–IEP.

Galessio, E. (2007), *Ferrocarriles del Perú. Un viaje a través de su historia*, Lima, Aruntani.

Garland, A. (1901), *Artículos económicos publicados en* El Comercio, Lima, Imprenta La Industria.

Gómez, J., e I. Bazán (1989), *Capitalismo y formación regional. Chiclayo entre los siglos xix y xx*, Chiclayo, Población y Desarrollo–Instituto de Investigación y Capacitación.

Gootenberg, P. (1993), *Imagining Development. Economic Ideas in Peru's "Fictitious Prosperity" of Guano, 1840-1880*, Berkeley, University of California Press.

Herranz-Locán, A. (2011), "The Role of Railways in Export-Led Growth. The Case of Uruguay, 1870-1913", *Economic History of Developing Regions*, vol. 26, núm. 2, pp. 1-32.

Hills, S. (1860), *Travels in Peru and Mexico*, 2 vols., Londres, Longman, Green, and Roberts.

INEI (1996), *Compendio Estadístico 1995-96*, Lima, INEI.

Jones, C. (1927), "The Commercial Growth of Peru", *Economic Geography*, vol. 3, núm. 1, pp. 23-49.

Kemp, K. (2002), *El desarrollo de los ferrocarriles en el Perú*, Lima, Universidad Nacional de Ingeniería.

Ledesma, V., y W. Bollaert (1856), "Outlines of the Geography of Peru", *Journal of the Royal Geography Society of London*, vol. 26, pp. 210-229.

Leff, N. (1972), "Economic Retardation in Nineteenth Century Brazil", *Economic History Review*, vol. 25, núm. 3, agosto, pp. 489-507.

Markham, C. (1874), "Railroad and Steam Communication in Southern Peru", *Journal of the Royal Geography Society of London*, vol. 44, pp. 127-132.

McEvoy, C. (2004), *La huella republicana liberal en el Perú. Manuel Pardo. Escritos fundamentales*, Lima, Fondo Editorial del Congreso del Perú.

Meiggs, H. (1876), *Los ferrocarriles del Perú. Colección de leyes, decretos, contratos y demás documentos relativos a los ferrocarriles del Perú*, Lima, Imprenta del Estado.

Middenford, E. (1974), *Perú. Observaciones y estudios del país y sus habitantes durante su permanencia de 25 años*, Lima, Universidad Nacional Mayor de San Marcos.

Miller, R. (1976a), "The Making of the Grace Contract, the Peruvian

Government and the British bondholders, 1885-1890", *Journal of Latin American Studies* 8 (1), mayo, pp. 73-100.

—— (1976b), "Railways and Economic Development in Central Peru, 1890-1930", en Miller *et al.* (eds.), pp. 27-52.

Miller, R., Clifford Smith y John Fisher (eds.) (1976), *Social and Economic Change in Modern Peru*, Center for Latin American Studies, Liverpool, University of Liverpool.

Milstead, H. (1928), "Distribution of Crops in Peru", *Economic Geography*, vol. 4, núm. 1, pp. 88-106.

Ministerio de Fomento (1932), *Economía y reseña histórica de los ferrocarriles del Perú*, Lima, Ministerio de Fomento.

Ministerio de Hacienda y Comercio (1931), *Extracto estadístico del Perú, 1929-1930,* Lima, Imprenta Americana.

—— (1935), *Extracto estadístico del Perú, 1931-32-33,* Lima, Imprenta Americana.

—— (1939), *Extracto estadístico del Perú 1939,* Lima, Imprenta Americana.

—— (1953), *Anuario estadístico del Perú, 1950*, Lima, Ministerio de Hacienda y Comercio.

—— (1969), *Anuario estadístico del Perú, 1966*, Lima, Ministerio de Hacienda y Comercio.

Pardo, Manuel (1996), *Estudios sobre la provincia de Jauja*, Lima, Ediciones José María Arguedas.

—— (2004), "Estudios sobre la provincia de Jauja", en McEvoy, pp. 83-135.

Paz-Soldán, M. (1862), *Geografía del Perú*, vol. I, París, Librería de Fermín Didot Hermanos, Hijos y Co.

Pike, Frederick (1967), *The Modern History of Peru*, Nueva York, F.A. Preaeger.

Quiroz, A. (1993), *Domestic and Foreign Finance in Modern Peru, 1850-1950, Financing Visions of Development*, Pittsburgh, University of Pittsburgh Press.

Raimondi, A. (2006), *El departamento de Ancash*, Lima, Universidad Nacional Mayor de San Marcos.

Ramírez, M. (2000), "Railroads and the Colombian Economy", Bogotá, Banco de la República, mimeo, documento presentado en el 2000 Econometric Society World Congress.

Roel, V. (1986), *El Perú en el siglo XIX*, Lima, Librería y Distribuidora El Alba.

Stevenson, W.B. (1825), *Historical Descriptive Narrative of Twenty Years Residence in South America*, Londres, Hurst, Robinson and Co.

Summerhill, W. (2005), "Big Social Savings in a Small Laggard Economy, Railroad-Led Growth in Brazil", *The Journal of Economic History*, vol. 65, núm. 1, pp. 72-102.

Tizón y Bueno, R. (1909), *Algunos artículos sobre vialidad nacional*, Lima, Tipografía Nacional Pedro Berrio.

Tschudi, J. (1847), *Travels in Peru During the Years 1838-1842 on the Coast, in the Sierra, Across the Cordillera and the Andes, into the Primeval Forests*, Londres, David Bogue Ed.

Ugarte, César (1980), *Bosquejo de la historia económica del Perú*, Lima, Banco Central de Reserva del Perú.

Vivian, E. (1921), *Peru. Physical Features, Natural Resources, Means of Communication, Manufactures and Industrial Development*, Nueva York, D. Appleton & Co.

Waszkis, H. (1993), *Mining in the Americas, Stories and History*, Abington, Cambridge, Woodhead Publishing Limited.

Webb, R., y G. Fernández-Baca (1991), *Perú en números 1991*, Lima, Cuánto.

—— (2003), *Perú en números 2003*, Lima, Cuánto.

Wortley, Emmeline Stuart (1851), *Travels in the United States, etc., during 1849 and 1850*, Londres, Richard Bentley.

Zegarra, L.F. (2011a), "Transport Costs and Economic Growth in a Backward Economy. The Case of Peru, 1820-1920", *Journal of Iberian and Latin American Economic History*, vol. 29, núm. 3, pp. 361-392.

—— (2011b), "Railroads in Peru, How Important were They?", *Revista Desarrollo y Sociedad*, núm. 68, pp. 213-259.

—— (2013), "Transportation Costs and the Social Savings of Railroads in Latin America. The case of Peru", *Journal of Iberian and Latin American Economic History*, vol. 31, núm.1, pp. 41-72.

5
BRASIL*

Maria Lúcia Lamounier

INTRODUCCIÓN

La expansión ferroviaria en Brasil se inició en el decenio de 1850. La aprobación del Decreto número 641 del 26 de junio de 1852, que fijó las reglas generales e instituyó garantías y privilegios para el capital invertido en la construcción de ferrocarriles, allanó el camino para nuevas iniciativas. Posteriormente, en estrecha relación con los intereses de la agricultura de exportación, se aprobaron dos importantes concesiones para la construcción de ferrocarriles en el país: una línea en la región azucarera de la provincia de Pernambuco y otra en la región cafetera de Río de Janeiro. Desde esa fecha hasta el final del siglo XIX, varias líneas, extensiones y ramales fueron construidos sobre todo para servir de salida a los productos de exportación.

A mediados de siglo, la agricultura de exportación continuó siendo el sector más rico y el más importante del país. Se destacó el cultivo de productos tropicales, como el azúcar, el algodón, el tabaco, y sobre todo el café. La base de la organización de la agricultura fue la gran propiedad y el trabajo esclavo. Contar con grandes extensiones de tierra aún no utilizadas estimulaba la permanencia de los métodos tradicionales de cultivo; con el capital en su mayor parte depositado en la propiedad de la tierra y

* Traducción del portugués de Ismael Valverde.

204

de los esclavos, la inversión en las técnicas más avanzadas representaba un esfuerzo grande y arriesgado.

Desde entonces, la expansión de la red ferroviaria en Brasil tuvo lugar en forma continua hasta la década de 1960, aunque su mayor crecimiento se produjo durante el último decenio del siglo XIX y principios del XX. Si en los primeros años de la construcción los ferrocarriles intentaron conectar la superficie de cultivo para la exportación en el interior con los principales puertos, al final del siglo las líneas y ramales empezaron a dirigirse cada vez más hacia el interior, destinándose a la integración territorial, a la incorporación de regiones inexploradas y a la expansión de la frontera agrícola y del mercado interno.

El capítulo se divide en cinco secciones, además de esta introducción. La primera examina el crecimiento de los ferrocarriles en las principales regiones agroexportadoras y en otras áreas del país. La segunda sección analiza el papel del Estado en la planificación, las subvenciones y las inversiones en los ferrocarriles. La tercera estudia las relaciones entre los ferrocarriles y otros medios de transporte disponibles. En la cuarta se analizan los efectos económicos y sociales, y en la quinta sección, la decadencia de este sector.

1. LA EXPANSIÓN DEL FERROCARRIL EN BRASIL

Inicialmente, la producción de azúcar y café para la exportación guió el despliegue de los ferrocarriles en Brasil. Hasta los primeros decenios del siglo XIX, el azúcar, cultivada especialmente en las provincias del noreste, seguía siendo el principal producto de exportación. Al empezar el decenio de 1830, el café que se cultivaba en las provincias del sureste comenzó a ser cada vez más importante. A mediados de siglo, el café representaba cerca de 50% del valor total de las exportaciones brasileñas.

En ese entonces, la mayoría de la población y de las actividades productivas se concentraban en las regiones costeras del país. El transporte entre las distintas regiones costeras y del interior se hacía por vía fluvial y terrestre. El progreso de la navegación a vapor favorecía el transporte de pasajeros, mercancías de exportación, importación y consumo interno a través de una intensa navegación costera. El transporte al interior era bastante rudimentario. Los pocos caminos de tierra que había se encontraban en condiciones deplorables y la situación empeoraba con las prolongadas temporadas de lluvia en las regiones montañosas. En las zonas azucareras, los medios de transporte utilizados eran fluvial (balsas, canoas y barcazas) y terrestre con carretas de bueyes. En el centro-sur, cuya topografía con altos acantilados y bosques vírgenes obstaculizaba la construcción de caminos, se emplearon recuas de mulas, que con su ir y venir iban marcando senderos y rutas al interior.

La primera vía ferroviaria de Brasil fue construida en la provincia de Río de Janeiro. La segunda se construyó en la región cañera de la Zona da Mata, en Pernambuco. Muchos hacendados y agricultores vieron la construcción de ferrocarriles como un medio adicional para contrarrestar los efectos negativos del final de la trata de esclavos y el eventual fin de la esclavitud en Brasil. Además de reducir los costos de transporte, que traían consigo "progreso" y "trabajo libre", se esperaba que los ferrocarriles contribuyeran a la liberación de cientos de trabajadores que participaban en el sistema de transporte con manadas de burros y bueyes, y que ocupaban a muchos esclavos.

Entre 1854 y 1930, la extensión del tráfico de la red subió de 14.5 km a un total de 15 316 km en 1900, y 32 478 en 1930 (gráfica 1). A partir del comienzo del decenio de 1920, hubo una disminución en el auge de la construcción de vías férreas, aunque continuó creciendo hasta 1960, cuando alcanzó 38 287 km. La relación entre el nivel de tráfico y el tamaño de la población alcanzó su punto máximo entre los años 1910 y 1920.

La mayor parte de la extensión construida se encontraba en la región sureste del país. En 1876, de un total de 2 051 km,

Gráfica 1. Evolución de la red ferroviaria brasileña, 1855-1990

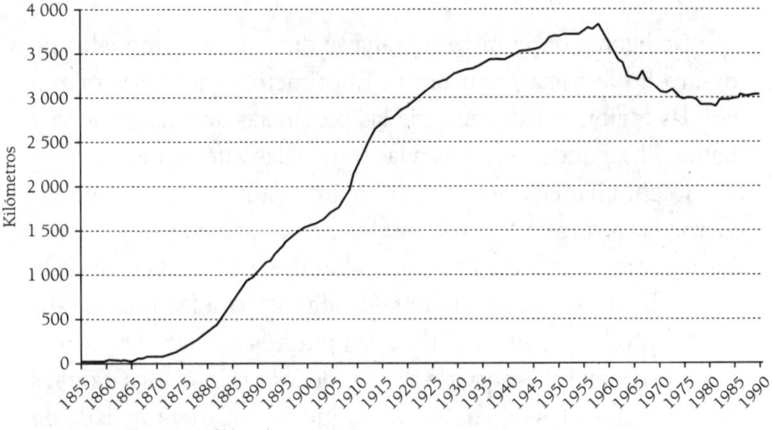

Fuente: IBGE (1990: 457).

1 193 se encontraban en las regiones cafetaleras de Río de Janeiro y São Paulo. Entre 1870 y 1890, la longitud de los rieles en São Paulo aumentó de 139 km a 2 425. En el decenio de 1870, 36% de la extensión total de los ferrocarriles en el país se encontraba en esa región. A principios del siglo XX, en 1905, del total de 16 781 km de la red, 10 530 (63%) estaba en el sureste, principalmente en los estados de Minas Gerais, São Paulo y Río de Janeiro; en 1960, aproximadamente 51 y 19% del total de la red se centraba, respectivamente, en el sureste y el sur.

En comparación, la expansión de la red ferroviaria en las áreas azucareras no fue significativa. A partir del decenio de 1870, la diferencia entre la longitud de los ferrocarriles construidos en el noreste y el sureste se hizo cada vez más grande. Según Evaldo Cabral de Melo, en 1871 Brasil tenía 820 km de vías férreas, de las cuales 33% correspondía a las ubicadas en el noreste. En 1905, la red ferroviaria en operación ya cubría 16 781 km, pero la participación en el noreste se reducía a 3 282 km, cerca de 20%, mientras que la participación alcanzó 63% en el sureste. A pesar del crecimiento de la red del noreste, la participación en la longitud total se mantuvo en torno a 20%; las redes más significativas se encontraban en los estados de Bahia y Pernambuco.

De hecho, en la historiografía se destacan dos modelos de desarrollo ferroviario en Brasil. El primero estaba relacionado con las regiones azucareras de las provincias de Pernambuco y Bahia. El segundo se refería a las provincias cafetaleras.

Cechin llama la atención sobre los distintos efectos que tuvieron los ferrocarriles en la producción de azúcar y café. Como los ingenios azucareros se construyeron en general cerca de la costa, de un río o de la afluente de alguno para facilitar la salida del producto, su traslado a los puertos era fácil, mientras que era difícil transportarla dentro de las propiedades o de las plantaciones a los ingenios. La producción de una tonelada de azúcar consumía 20 toneladas de caña de azúcar y muchas toneladas de madera. La superficie del área cultivada dentro del ingenio era demasiado pequeña para usar una locomotora, pero muy grande para utilizar mulas y hombres. Con el tiempo, los rieles y los vagones tirados por animales se comenzaron a usar en las fábricas. En la producción del café, por el contrario, era mucho más importante lograr el transporte de la hacienda al puerto. Por ser el azúcar un producto de relativamente bajo valor, no había iniciativas de financiamiento local para la modernización de los ingenios, necesaria en vista de la competencia internacional. Estas circunstancias, y la existencia de alternativas de transporte por mulas y cursos de agua, contribuyeron para que la rentabilidad de los proyectos ferroviarios en la región azucarera fuera baja. En el segundo caso, es decir, el que se refiere a la producción de café, sucedió lo contrario: el proyecto de trenes fue muy atractivo y, financiado en el ámbito local, logró establecer una sólida red ferroviaria que sentó las bases para el desarrollo futuro. En comparación con la región azucarera, la red construida en las zonas cafetaleras pronto resultó relativamente lucrativa, a pesar de la topografía, que requería obras de ingeniería más complejas.

La construcción de la Estrada de Ferro Dom Pedro II (EFDPII) marcó el inicio del ferrocarril en la zona cafetera; conectaba Corte con las provincias de São Paulo y Minas Gerais. Al igual que otras concesiones en la década de 1850, la construcción de EFDPII fue un intento por parte del gobierno para servir a los intereses de los propietarios afectados con la desaparición de la trata internacional de esclavos. La compañía EFDPII se formó en Río de Janeiro en 1855; el primer tramo de la línea que conectaba la capital, Río de Janeiro, con Belém (62 km), fue inaugurado en 1858. Formada inicialmente con recursos públicos y privados, la EFDPII pasó a ser propiedad del Estado en 1865, debido, sobre todo, a problemas financieros. Posteriormente cambiaría su nombre a Estrada de Ferro Central do Brasil. En ese entonces, la mayor parte del café se producía en Vale do Paraíba y se exportaba desde el puerto de Río de Janeiro. Cuando la EFDPII comenzó a construirse, el cultivo de café se había expandido de Vale do Paraíba a la provincia de São Paulo. En el decenio de 1860, las exportaciones de café de São Paulo aumentaron considerablemente (cuadro 1). Aunque la mayor parte del café que se producía en la provincia se exportaba por el puerto de Río de Janeiro, las exportaciones que salían del puerto de Santos estaban aumentando rápidamente. De los 2 413 385 de kilos exportados de São Paulo en 1862-1863, 1 361 876 se enviaron por el puerto de Santos.

Cuadro 1. Población, ferrocarriles y café, São Paulo, 1860-1900

Año	Población	Ferrocarriles (kilómetros)	Café (kilogramos)
1870	830 000	139	60 462 000
1880	1 107 000	1 212	69 540 000
1890	1 384 753	2 425	106 300 000
1900	2 282 279	3 373	220 000 000
1910	3 142 875	5 204	696 701 545
1920	4 628 720	6 616	826 644 755
1930	7 160 705	7 099	1 188 058 354

Fuente: Mattoon (1977).

La construcción de la red ferroviaria de São Paulo comenzó con una línea que une el puerto de Santos a Jundiaí. En 1859, la São Paulo Railway Company (SPR) se formó en Londres; la línea de Santos a São Paulo y Jundiaí (139 km) se inauguró en 1867. La subida de la Serra do Mar exigía trabajos difíciles y complejos. El SPR no atravesaba las zonas de cultivo de café, pues paraba exactamente donde éstas comenzaban; sin embargo, era la ruta más conveniente para llegar al puerto. De acuerdo con el contrato de concesión, la compañía tenía derecho de extender la línea hasta Río Claro, pero no mostró ningún interés en hacerlo. La tarea de ampliar la línea y construir un sistema ferroviario complejo la llevaron a cabo otras empresas creadas entre 1870 y 1875, todas formadas con capital privado de origen nacional. La Companhia Paulista de Estrada de Ferro (CPEF), el Ituana, el Sorocabana y la vía férrea de la Companhia Mogiana de Estradas de Ferro (CMEF).

En los años siguientes, otras líneas troncales fueron construidas en varias direcciones que llegaron a las regiones cafetaleras en auge. Entre 1875 y 1919, la longitud de las líneas de ferrocarril en São Paulo saltó de 655 a 6 614 km; desde entonces el ritmo de la construcción se fue reduciendo, pero la red paulista siguió creciendo, alcanzando un pico de 7 664 km en 1960.

Los dos primeros decenios de la construcción de ferrocarriles en Brasil no condujeron a la introducción de una red ferroviaria importante en el noreste ni en el sureste. Varios factores contribuyeron a los malos resultados en estos primeros años. Sobre todo se han asociado con los elevados costos de construcción. Búsquedas y exploración inadecuadas llevaron a rutas inapropiadas. Los costos iniciales fueron altos porque la mano de obra, materiales y equipos tenían que ser importados de Europa. Hubo una tendencia a construir de acuerdo con estándares más altos de lo necesario. En el caso del sureste, los problemas de construcción en las regiones montañosas llevaron a las empresas más importantes a trabajar con tecnologías de punta, lo que produjo altos costos. También hubo corrupción y contratistas deshonestos.

Hasta los primeros decenios del siglo xx, la ubicación geográfica y la orientación de la red férrea revelaban, en general, una clara relación con la economía de exportación. Sin embargo, comenzaron a ganar protagonismo importantes conexiones con el interior del país, en relación con la ampliación de fronteras y la integración política y económica del territorio nacional. Con la ampliación que iba más allá del circuito puramente exportador, destacó el crecimiento de las redes ferroviarias en los estados de Mato Grosso, Minas Gerais y Rio Grande do Sul (véase cuadro 2).

En el paso del siglo xix al xx se produjo un importante crecimiento de la red ferroviaria de Minas Gerais: de 662 km en 1883-1884 a 8 038 en 1936. En 1940, el estado tenía la red más grande del país, con 8 176 km, aproximadamente 25% de la red ferroviaria de Brasil, en un área de alrededor de 574 855 km².

La colonización y el desarrollo en la región noroeste de São Paulo en dirección a Mato Grosso tuvo lugar a principios del siglo xx. El ferrocarril llegó a la ciudad principal de la región, Bauru, en 1905, por una ramal de la línea de Sorocabana. La Companhia de Estradas de Ferro Noroeste do Brasil se formó en 1904 con

Gráfica 2. Kilómetros de vía por 1 000 habitantes

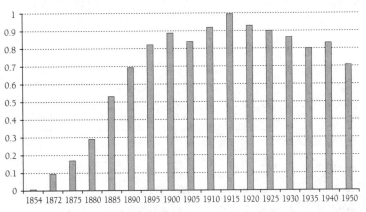

Fuente: Extensión de los ferrocarriles: IBGE (1990: 457); población de 1854 a 1939: (1986: 3); para los años 1855, 1860, 1865, 1867, 1869, 1870, 1940, 1950 y 1960: (1990: 30-33 y 37).

Cuadro 2. Evolución de la red ferroviaria por unidades de la federación (kilómetros)

Unidad de la federación	Extensión de la red en operación					
	1883-1884	1905	1919	1936	1940	1950
Rondônia	—	—	—	—	—	366
Acre	—	—	—	—	—	—
Amazonas	—	—	8	5	5	—
Roraima	—	—	—	—	—	—
Pará	—	142	398	376	376	411
Amapá	—	—	—	—	—	—
Maranhão	—	78	178	451	449	472
Piauí	—	—	—	185	247	244
Ceará	238	514	891	1 240	1 274	1 395
Rio Grande do Norte	120	155	323	499	519	608
Paraíba	122	244	329	490	489	561
Pernambuco	291	792	833	1 065	1 082	1 157
Alagoas	127	266	327	347	346	474
Sergipe	—	—	299	303	303	297
Bahia	708	1 311	1 728	2 145	2 155	2 603
Minas Gerais	662	3 843	6 614	8 038	8 176	8 645
Espírito Santo	—	336	609	773	731	671
Río de Janeiro	1 706	2 661	2 794	2 810	2 848	2 805
São Paulo	1 457	3 790	6 615	7 330	7 440	7 583
Paraná	41	834	1 110	1 508	1 580	1 768
Santa Catarina	—	166	1 018	1 186	1 188	1 332
Rio Grande do Sul	236	1 650	2 705	3 214	3 490	3 757
Mato Grosso	—	—	1 167	1 170	1 168	1 036
Goiás	—	—	182	386	386	496
Distrito Federal	—	—	—	—	—	—
Brasil	5 708	16 782	28 128	33 521	34 252	36 681

Fuente: IBGE (1986: 456).

capital privado nacional, y la construcción de la vía férrea comenzó en 1906. Cruzando el bosque virgen habitado por las tribus nómadas coroados y kaingang, el ferrocarril impulsó un rápido crecimiento económico y de las poblaciones de la región, siguiendo la dirección de la frontera con Bolivia. La línea entre Bauru (São

Red ferroviaria de Brasil, 1930

Fuente: elaborado con base en datos de Silva (1954). Apoyo técnico del Departamento de Sistemas de Información Geográfica de El Colegio de México.

Paulo) y Porto Esperança (Mato Grosso do Sul) alcanzó 1 272 km de longitud. Esta empresa pasó a control federal en 1917.

El ferrocarril Estrada de Ferro do Paraná también estableció una conexión con Mato Grosso, partiendo del litoral (Curitiba-Paranaguá). A pesar de que los estudios habían comenzado en 1868, la construcción, con 38 km de ascenso muy difícil a través de la Serra do Mar, se inició hasta 1880; el tramo de 110 km de Curitiba se terminó en diciembre de 1884. En 1890, el camino se amplió de Curitiba a Ponta Grossa (185 km).

En el sur, la construcción de ferrocarriles estaba relacionada con la proyección estratégica y comercial, así como con la integración del territorio y la región al resto del país. La extensión de los rieles en Rio Grande do Sul había crecido de 236 km entre 1883 y 1884, a 1 170 en 1936. En esta zona las obras de construcción de los primeros ferrocarriles y de los ramales fueron financiadas con recursos provenientes del extranjero. Las vías férreas se unificaron bajo el nombre de Viação Férrea do Rio Grande Sul (VFRGS) en 1905, con algunas líneas pertenecientes al gobierno federal y otras expropiadas a la empresa belga Compagnie Auxiliaire des Chemins de Fer au Brésil, del grupo de Percival Farqhar. La empresa pasó a ser administrada por el estado de Rio Grande do Sul en 1920.

2. SUBVENCIONES, PLANIFICACIÓN ESTATAL E INVERSIONES FERROVIARIAS

A partir del decenio de 1850, los gobiernos imperiales y provinciales habían tratado de alentar proyectos de construcción de ferrocarriles mediante subsidios como un medio para atraer capital y acelerar la construcción. Teniendo en cuenta los miles de kilómetros que se construyeron en la segunda mitad del siglo XIX, la estrategia parece haber funcionado.

En Brasil, las garantías y privilegios otorgados por el gobierno no diferían mucho de las que en general ofrecieron, en su momento, los gobiernos de otros países. De hecho, para que Brasil fuera más atractivo para la inversión extranjera, el gobierno imperial y el provincial concedían aún más ventajas. Los beneficios más comunes fueron: a] la "zona de privilegio", que garantizaba una longitud de aproximadamente 30 km a cada lado de la línea, área en la que estaba prohibido durante un periodo, que otra empresa construyera u operara un ferrocarril o estaciones sin permiso de la empresa original; b] un "interés garantizado", que iba de 5 a 7% del capital invertido. Por otra parte, el gobierno ofreció exenciones de impuestos sobre la maquinaria y equipos importados necesarios para la construcción y explotación de ferrocarriles, así como prioridad para la explotación del subsuelo y la comercialización de los terrenos baldíos situados en la zona de privilegio de la empresa.

El derecho de garantía establecido en el Decreto núm. 641 de 1852, obligó al gobierno a cubrir la diferencia que había entre los ingresos de la vía férrea y un porcentaje (5 a 7%) del capital invertido. Según Telles, la "garantía de interés" dio un gran estímulo para la construcción de líneas, pero también alentó la ineficiencia, ya que el beneficio era seguro. A pesar de la controversia, la ley fue considerada necesaria para atraer capital extranjero.

Las condiciones iniciales comenzaron a cambiar en el decenio de 1870. A partir de 1871, el plazo de concesión de vías férreas se redujo de 90 a 50 años. En 1873, la Ley núm. 2450 del 24 de septiembre aumentó el valor de la "garantía de interés" de 5 a 7%, limitando el monto del capital susceptible de recibir el beneficio y reduciendo a un máximo de 30 años el periodo de garantía. La misma ley también aprobó otra modalidad de apoyo, la subvención por kilómetro. La subvención no podía exceder el 20% del capital presupuestado para la construcción de la vía. Cabe decir que esta estimación se hacía en 30 *contos de réis**

---

* *Réis* es el plural de *real*, base del sistema monetario brasileño en el periodo referido. En Brasil, *contos de réis* es la denominación utilizada para referirse a un millón de reales. Esta moneda fue sustituida por el cruzeiro entre 1942 y 1994.

por kilómetro y las vías que fueran construidas por menos de este valor serían pagadas en su totalidad por el gobierno. Según Telles, la medida fue desastrosa, ya que fue un estímulo para la construcción de vías más baratas y lo más extensas posible, que dio lugar a líneas en mal estado, con numerosas curvas, "zigzagueos", y promovió abusos y regateo.

En esos primeros decenios de la construcción del ferrocarril en el país, de acuerdo con Telles, el problema no fueron sólo los reglamentos y los abusos, también la omisión del gobierno de Brasil, que no contaba con un plan nacional ferroviario (*Plano de Viação Nacional*), que no requería de los contratistas la previa presentación de proyectos y que no fiscalizaba el costo de la construcción. Los acuerdos variaban de línea a línea y la regulación del gobierno era débil e inconsistente, prevaleciendo los intereses políticos y privados y la "avaricia de los contratistas".

De hecho, aunque a lo largo del siglo XIX se discutieron varios planes para un sistema de transporte nacional, en diversos foros de los gobiernos provinciales o aun del imperial, ninguno de ellos fue implementado de manera efectiva. El primero en emplear específicamente "vías férreas" es sus términos fue el Plan Ramos de Queiroz, "*Esboço de Plan de Viação Geral para o Imperio de Brasil*", presentado en el Instituto Politécnico de Brasil en 1874. El plan, que preveía la integración de varias regiones por medio de vías férreas o por la navegación fluvial, no fue puesto en práctica, como tampoco lo fueron otros más que se presentaron en los años siguientes. Sólo en el decenio de 1930, con el Decreto 24947, del 29 de junio de 1934, se promulgó un plan general de transportes (*Plano Geral de Viação*) que buscaba coordinar los diversos sistemas de transporte existentes. En ese entonces surgieron las primeras directrices que favorecían a las carreteras; la mayor parte de la red ferroviaria del país ya estaba establecida, pero el *Plano Geral de Viação* consideraba adecuada sólo la mitad de las vías existentes, ya que en años posteriores preveía la extinción de muchos ramales.

En 1872, por vez primera un decreto del gobierno hacía mención del ancho de las vías. Antes de ese año, este aspecto se dejaba enteramente al criterio del constructor. Hasta 1869 todos los caminos que fueron construidos en Brasil eran de vía ancha (1.68, 1.60 y 1.57 m). Entre 1869 y 1873 se aprobaron los planes y comenzaron la construcción del primer ferrocarril de vía angosta. El Decreto 7959 de diciembre de 1880, sobre las condiciones y requisitos para la concesión de los ferrocarriles, fijaba por primera vez los parámetros que permitían las construcciones en general: 1 y 1.6 metros.

Analizando el papel de la garantía de interés para las empresas sobre diversos tipos de propiedad privada, nacional y extranjera, y el público, William Summerhill concluye que el mecanismo de garantía de interés fue esencial para atraer inversiones para proyectos ferroviarios en Brasil. Si bien reconoce que hubo empresas que se aprovecharon de las subvenciones aunque no las necesitaban, el autor señala que los beneficios sociales traídos por los ferrocarriles eran importantes para la economía brasileña y compensaban plenamente las transferencias hechas a las empresas.

A finales de la década de 1870, algunas empresas comenzaron a renunciar a estos beneficios, por lo que la construcción de líneas empezó a ser contratada sin la garantía de interés. Posteriormente, el Decreto 6995, del 10 de agosto 1880, cambió el sistema de pago de intereses, aprobando nuevas normas para las subvenciones futuras; al inicio de la República, se otorgaron muchas concesiones sin la garantía de interés. La bonificación de intereses y la subvención por kilometraje para los ferrocarriles se extinguieron mediante una ley de diciembre de 1903.

Las formas de financiación de los ferrocarriles instalados en varias regiones del país variaron a lo largo del periodo; el financiamiento de las empresas provenía de orígenes diversos: extranjeros, nacionales y de gobiernos federal y estatales. En São Paulo, por ejemplo, en la segunda mitad del siglo XIX, las empresas se financiaron con capital privado extranjero (británico), con recursos públicos, tanto nacionales como locales y privados del país. En Minas Gerais, el financiamiento provino de capital extranjero (británico y francés), con capital nacional privado y, lo más importante, con capital público. En 1940, la mayoría de los ferrocarriles mineros estaba en posesión del gobierno federal, pero arrendados al gobierno del estado.

Los recursos del gobierno se utilizaron desde el principio. El EFDPII (Central do Brasil) fue nacionalizado en 1865; desde mediados del decenio de 1870, el propio gobierno federal comenzó a llevar a cabo la construcción de ferrocarriles en las provincias de Bahia, Pernambuco y Rio Grande do Sul, en el periodo comprendido entre 1874 y 1889, los gobiernos central y provinciales construyeron 1 593 km de vías férreas. Además, varias empresas privadas pasaron a manos de los gobiernos central y provincial, un total de unos 443 km. Según Duncan, a principios de 1889, 34% de la longitud total de la red en el país era propiedad o estaba siendo operada por el gobierno (federal y estatal), incluyendo la EFDPII. Después de 1889, con la crisis financiera que afectó a la República en el decenio de 1890, el proceso de toma de control de las empresas ferroviarias por el gobierno federal se aceleró, especialmente en las que operaban con interés garantizado. Entre 1890 y 1914, la política de estatización pasó a adoptar medidas de arrendamiento y concesión, transfiriendo la administración de la operación de las vías férreas nuevamente a manos del sector privado, pero manteniendo la propiedad el Estado. En 1914, 53% de la longitud de las líneas de ferrocarril pertenecían al gobierno federal, 8% a los gobiernos estatales y 39% a empresas privadas; sólo 20% de la extensión total (26 062 km) era operada por los gobiernos federal y estatales y 80% por empresas privadas (véase cuadro 3).

Las dificultades financieras y económicas causadas por la primera Guerra Mundial contribuyeron a fortalecer la presencia del Estado en la administración de los ferrocarriles. Después de la guerra, las empresas ferrocarrileras no fueron capaces de mantener un avance sólido como el que se había observado en el periodo anterior. Las dificultades para la importación de equipo y las complicaciones con el pago de intereses de los préstamos en el extranjero, sobre todo debidas a la crisis cambiaria, repercutieron fuertemente en las empresas. Y la intervención federal se volvía cada vez más necesaria, tanto en la administración de compañías, en gran parte estatizadas, como en la construcción de las líneas. En 1930, los gobiernos federal y estatales tenían la propiedad de 68% y operaban 52% del sistema; los particulares

Cuadro 3. Propiedad y operación de las vías férreas en Brasil
(porcentajes)

Sector	Total propiedades			Total operado		
	1889	*1914*	*1930*	*1889*	*1914*	*1930*
Gobierno federal	34	53	59	34	18	29
Gobiernos estatales	—	8	9	—	2	23
Empresas privadas	66	39	31	66	80	48

Fuente: Acioli (2007: 28).

Gráfica 3. Ingresos y gastos en miles de reales, 1870-1883
(deflactados a precios de 1913)

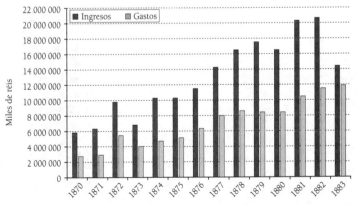

Fuentes: elaborada con base en el índice de precios de Luis A. V. Catão (1992); IBGE (1990: 461).

Gráfica 4. Ingresos y gastos en millones de reales, 1901-1941
(deflactados a precios de 1913)

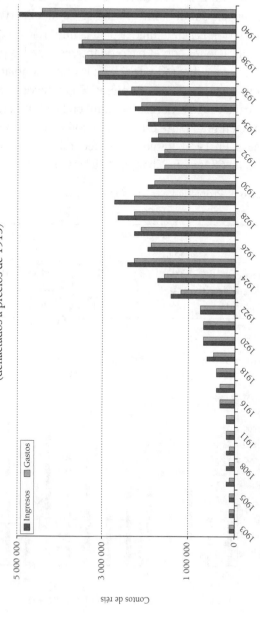

Fuente: elaborada con base en el deflactor implícito del PIB; IBGE (1990: 461).

eran propietarios de 31% y operaban 48% de la extensión total. El proceso de estatización de las empresas continuó a lo largo de los decenios siguientes. Las empresas pasaban a manos del Estado por varias razones, como el término del plazo de la concesión, deudas, contratos de garantía de intereses intercambiados por títulos de renta fija, mediante contratos de compra realizados con préstamos extranjeros (el costo de los préstamos para indemnizar por el retiro de la concesión era inferior al costo representado por la garantía de interés). Después de estatizar los últimos ferrocarriles de capital extranjero, el gobierno federal decidió nacionalizar todo el sistema ferroviario, creando la Rede Ferroviária Federal, S.A. (RFFSA) en 1957. Las gráficas 3 y 4 ofrecen información de interés sobre el desempeño del sistema.

3. LOS FERROCARRILES
Y OTROS MEDIOS DE TRANSPORTE

En el siglo XIX los caminos existentes en el país no facilitaban el transporte: eran malos y prácticamente intransitables durante los largos periodos de lluvia. Existe evidencia de que el cambio a otro tipo de transporte más moderno, como el ferrocarril, en Brasil fue lento y desigual. Las alternativas de transporte, la comodidad y los precios condicionaron el ritmo de la transición.

En el noreste, la calidad de los caminos era precaria y encarecía el traslado de productos realizado con animales. En la región, el principal medio terrestre utilizado para el transporte de azúcar fue la "carreta", hecha de madera, con dos cajas, tirada por seis o 12 bueyes. En la principal provincia azucarera, Pernambuco, al final de 1870 los caminos alcanzaron una extensión total de 384 km en varias direcciones partiendo de Recife. Peter Eisenberg señala que en esa comarca, los ferrocarriles contribuyeron a reducir a la mitad la tasa que cobraban los *"muladeiros"* o arrieros; no obstante, las quejas por los altos precios del transporte de azúcar no se redujeron. Aun así, los fletes seguían siendo más altos que en los otros medios de transporte existentes, ya fuera por vías navegables del interior o por cabotaje.

Según Eisenberg, la RSFR tuvo que luchar contra la competencia de los transportes con animales y los medios fluviales. En 1885, las barcazas trasladaban todavía 40.6% del total del azúcar enviada a Recife y los animales conducían el 6.1%. En 1890, del total de azúcar que arribó al puerto de Recife, 38.2% se condujo por agua (barcaza); 3.9% mediante animales, y 57.3% por ferrocarril. Las barcazas seguían siendo una alternativa importante; aún llevaban, en 1893, más de un tercio de la producción de azúcar, lo que se redujo a un cuarto al final del decenio. Alrededor de 1910, los ferrocarriles transportaban 85.1% de la producción de azúcar en el estado; las barcazas 14.6%, y los animales 0.04%. La parte principal del azúcar producida fue transportada por la compañía de la RSFR (50.7%); luego vino la Great Western (32%) y la Estrada de Ferro Central (2.4%). La preferencia entre una u otra estaba condicionada, por supuesto, por la ubicación de las líneas, las extensiones y el precio del flete.

En la región, hubo varias razones que colocaban al transporte marítimo como alternativa al ferrocarril. La planificación inadecuada de las líneas del ferrocarril y los diferentes anchos de vía provocaron más costos de operación y mayores tarifas: los productos tenían que ser conducidos a estaciones ubicadas en lugares poco apropiados, y cuando se tenía que hacer algún transbordo, los cargadores tenían que llevar los productos en carros de bueyes o barcas a otra estación o transportarla de un vagón a otro. La terminal de la estación de la RSFR se encontraba a un kilómetro de los muelles y de los almacenes. La terminal de la estación Estrada de Ferro Central estaba aún más lejos del puerto. Para llevar las mercancías del ferrocarril a los barcos, se emplearon lanchones, carros de bueyes y de mulas. Los agricultores, los productores de azúcar y otros propietarios también controlaban los sistemas de transporte por agua, y no estaban muy dispuestos a perder los ingresos adicionales que estos servicios garantizaban. Las diferencias entre los rieles hacían necesarios a los trabajadores para hacer el transbordo de la carga.

Según Eisenberg, cuando el azúcar llegaba a Recife, ya había atravesado dos caminos abruptos antes de que estuviera a bordo de un barco que se dirigiera a Europa, Estados Unidos o al sur de Brasil. La línea de la RSFR terminaba en el fuerte de Cinco Pontas, a un kilómetro de los muelles y almacenes de Recife. A principios del decenio de 1860, la compañía buscó realizar transbordos acuáticos por medio de carros de bueyes en el puerto, pero se enfrentó a una fuerte oposición y se vio obligada a desistir. A finales de la década de 1870, el ferrocarril contrató a una empresa brasileña de navegación, la Locomotora, que utilizó burros para jalar los vagones por las vías. Pero los transportistas y productores de azúcar de Recife, que eran socios de las empresas de carretas, lucharon contra la Locomotora bloqueando físicamente los movimientos de sus vehículos: la empresa fracasó. A principios del decenio de 1880, el ferrocarril volvió a supervisar el transbordo de los vagones, pero el azúcar se mantuvo sujeta a un daño mayor: los vagones descubiertos no protegían contra la lluvia, las bolsas se rompían y perdían el producto. Esta situación probablemente se repitió en otras líneas.

Las diferencias entre el ancho de vía constituían otro problema. Según Eisenberg, la vía férrea de la RSFR fue construida con un ancho de 1.6 metros; como en otros ferrocarriles de la provincia el ancho de vía era de un metro, el transbordo entre la RSFR y otras líneas requería un costoso traslado de la carga, además de evitar el intercambio de material rodante con el otro. Otra situación difícil que se produjo con el transporte de azúcar en Pernambuco se relacionaba con la desventaja geográfica del puerto de Recife. Para desembarcar, el muelle de acceso superficial obligaba a los pasajeros y la carga a servirse de barcos más pequeños, como pontones, canoas y balsas, lo que provocaba varios inconvenientes.

Ante tantos obstáculos, las recuas de mulas tomaron ventaja. En 1876, hablando de las "circunstancias particulares" del transporte de azúcar en Pernambuco, el ingeniero Henrique Milet señaló que a una distancia de dos o tres leguas de Recife el transporte directo a lomo de animales era preferible a la vía férrea, aunque las tarifas de carga del ferrocarril eran 50 o 40% más bajas. El ingeniero hacía hincapié en los beneficios de los servicios de los arrieros, que recibían el azúcar en la hacienda, e incluso ayudaban al embolsado y al pesaje, llevando la mercancía a la bodega del comprador; vendiendo y comprando según las órdenes del señor del ingenio, volvían inmediatamente con las bolsas vacías y con el dinero de la venta, prescindiendo así de la costosa intervención de un intermediario. De acuerdo con el ingeniero, el azúcar que se transportaba en ferrocarril necesitaba más tiempo para ser vendida, el envío y el embalaje consumían tiempo y requerían la presencia de un receptor. Era una garantía y una comodidad la entrega de puerta a puerta. Benévolo, también pone de relieve las ventajas que las recuas de mulas tenían en su competencia con los ferrocarriles, como los servicios adicionales de arrieros y la flexibilidad en las opciones de pago. Para Milet, a diferencia de los reglamentos de los ferrocarriles, con los arrieros "todo era más humano, en condiciones favorables y flexibles".

Los caminos en el sureste también se encontraban en mal estado. El transporte de mercancías y de café se realizaba con las recuas. El flujo de la producción requería un número creciente de animales. Las recuas movilizaban una gran cantidad de trabajadores para su transporte, cuidado y mantenimiento. Los viajes se demoraban, pues obligaban a parar durante la noche para el reposo de los animales y de las personas. También se requerían hombres para cargar y descargar las mercancías y ocuparse de los desembarques, de la alimentación y del forraje para los animales.

Las recuas de mulas seguían siendo un importante medio de transporte, incluso después del avance del ferrocarril, que continuamente empujaba la frontera agrícola. Los decenios de 1860 y 1870 marcaron el apogeo del servicio de arriería en la provincia de São Paulo. Permitía conectar el sur con el centro y la costa norte del país. Este movimiento fue mejorando cada vez más, fomentando las transacciones comerciales de mulas en las principales ferias que se celebraban anualmente en algunas localidades, como Sorocaba y São Paulo.

Varios autores han señalado el impacto de la construcción del ferrocarril en los costos de transporte. No hay duda de que los ferrocarriles permitieron que una mayor cantidad de bienes se movilizaran con mayor rapidez y seguridad. También se acepta en general la idea de que los ferrocarriles estimularon la ampliación de la frontera agrícola, y que la reducción en los costos de transporte liberó capital o produjo ahorros que podían reinvertirse en más extensiones ferroviarias y en las nuevas plantaciones de café. Para William Summerhill, la expansión de las vías férreas tuvo un efecto profundo en el país de los últimos años del siglo XIX a los inicios del XX. Si los beneficios directos eran pequeños en el transporte de pasajeros, en el de mercancías eran muy altos, por lo que, sin duda, el ferrocarril contribuyó al crecimiento económico. De acuerdo con estimaciones de este autor, el porcentaje de ahorro social proveniente del transporte ferroviario en Brasil pudo haber alcanzado 22% del PIB en 1913.

Sin embargo, el precio cobrado por el transporte de mercancías era sólo una parte de los costos de éste. La geografía de la zona, que ofrecía vías alternativas, la extensión de la red férrea, los problemas operativos del sistema ferroviario, así como la especificidad de la organización de la producción de café y el azúcar fueron aspectos que influyeron en el costo de envío final y la posibilidad de elegir entre el sistema tradicional y el moderno.

Mattoon, por ejemplo, señala que si bien es cierto que el ferrocarril produjo ahorros, las economías no eran tan grandes como se creía. Según el autor, a primera vista los ferrocarriles reducían drásticamente los costos de transporte; sin embargo, en el proceso se consumía una porción mayor de los beneficios, en comparación con las recuas. Las mulas transportaban mercancías desde el campo hasta el puerto, mientras que con el ferrocarril los agricultores tenían que pagar, además de la carga al puerto, el transporte de la hacienda cafetalera a la estación más cercana. Los costos de transporte de café fueron objeto de quejas continuas en São Paulo, en especial del área cubierta por SPR. Sin embargo, los arrieros se demoraban un mes para ir de Río Claro hacia Santos, y necesitaban tres semanas para descansar entre viajes. El ferrocarril hacía el circuito en un día; de cualquier modo, según el autor, era muy difícil para los arrieros competir con el ferrocarril.

Al final, los *muladeiros* fueron desplazados de sus rutas, pero esto no quiere decir que fueran expulsados del negocio. Más adelante, nuevas oportunidades se les presentaron en otras áreas, puesto que la frontera agrícola avanzaba por delante de la construcción del ferrocarril. En São Paulo, sólo a partir del siglo XX la construcción de ferrocarriles se colocaría por delante de la frontera agrícola. Incluso después de que el ferrocarril suplantara las recuas de mulas como el principal medio de transporte, la arriería permaneció como otro medio complementario, conduciendo mercancías entre ferrocarriles y las zonas productoras aún no servidas por los ferrocarriles.

4. EFECTOS ECONÓMICOS Y SOCIALES DE LOS FERROCARRILES

Hay diversos estudios sobre el impacto del ferrocarril en Brasil. Para muchos autores, debido a la estrecha relación con la economía agroexportadora, los ferrocarriles contribuyeron poco a la integración económica y política, y al crecimiento industrial del país, procesos relevantes que se habían desencadenado en otras naciones. El tema es controvertido.

La mayoría de los autores, ya sea teniendo en cuenta el periodo inicial o más tarde, cuando se instituyó una política para desmantelar el sistema ferroviario y una clara preferencia por las carreteras, presentan una visión negativa de las iniciativas ferroviarias en el país y hablan de la "decepción", del "fracaso" y de la "crisis". Diversos motivos habían provocado la agonía del sistema de transporte en prácticamente todas las regiones del país, incluidas la falta de un plan nacional, una red ferroviaria ineficaz y un conglomerado de sistemas regionales sin ninguna conexión; los males de la dependencia del capital extranjero, la falta de inversiones del Estado, la administración incompetente y retrógrada de los ferrocarriles estatales, equipos obsoletos, la corrupción, las componendas entre las empresas y los políticos, entre otros.

Algunos estudios recientes, sin embargo, han demostrado que los resultados producidos por los ferrocarriles en Brasil variaban dependiendo de las condiciones específicas de las diferentes regiones en las que se establecieron. Los estudios que se centran en Minas Gerais, por ejemplo, procuran desvincular la relación de la expansión del ferrocarril con la economía de exportación (café), y ponen de relieve el papel de los ferrocarriles en el transporte de las mercancías destinadas al mercado interno. Por otra parte, para el caso de Minas Gerais, los estudios minimizan el supuesto papel revolucionario o modernizador del Estado en la construcción de las vías férreas, destacando los altos gastos y la poca atención destinada a desarrollar otras alternativas de transporte, además de la intensificación de las rivalidades políticas en las regiones de ese estado. Incentivadas en medio de una maraña de intereses políticos locales y regionales, las empresas no habrían podido establecer una red que integrase económicamente las diversas regiones interiores del estado. No obstante, a pesar de la extensa red construida, las vías férreas no conseguían suplantar a los otros medios de transporte.

Para Telles, el efecto económico y social de la construcción de los primeros ferrocarriles en Brasil fue enorme. El ferrocarril fue un factor clave en el progreso, sobre todo en la región centro-sur del país, donde se estaba desarrollando el cultivo de café. Los ferrocarriles permitieron la expansión de la frontera agrícola y un rápido aumento de la producción y de su distribución. Fueron los primeros medios de transporte capaces de funcionar de manera segura durante todo el año, porque los viejos senderos y caminos de tierra eran intransitables para las mulas durante la estación lluviosa. Para el autor, las vías férreas avanzaron hacia la región más importante, más poblada y la más productiva del país. A medida que se extendían las líneas troncales y los ramales, mayores eran las facilidades de transporte, de la circulación de bienes, de personas y de ideas, y mayor era el crecimiento de la riqueza global y de la renta pública. Hasta finales del siglo XIX, los ferrocarriles atravesaron las regiones más pobladas. La facilidad de transporte en aquella sociedad rural y esclavista creó el hábito de viajar, acabando con el aislamiento social y cultural de los pequeños núcleos de población, y alentando la creación de nuevas ciudades; contribuyó a extender el campo de ocupaciones para los trabajadores libres, provocando la recuperación de las "artes mecánicas" y la ingeniería, así como de la capacitación técnica, entre otros.

Por supuesto, estos distintos resultados, negativos o positivos, también variaron durante ese periodo y envolvieron las transformaciones que se manifestaron en el corto, mediano o largo plazos. Un efecto mencionado a menudo, pero poco analizado en el caso de Brasil, se refiere a la relación de los ferrocarriles con el proceso de industrialización. Las principales referencias son aplicables al caso de São Paulo de cara a la expansión ferroviaria rápida y eficiente, el gran crecimiento de la producción de café y el éxito de la región, que consolidó el mayor parque industrial del país. La mayoría de los autores que han tratado la industrialización de São Paulo examinan la relación, positiva o negativa, con el proceso de expansión de la economía de exportación de café. En general, destacan indirectamente el papel de los ferrocarriles, lo que permitió la expansión de la frontera agrícola. Sin embargo, no hay muchos estudios que examinen las asociaciones directas entre el ferrocarril y los avances del proceso de industrialización. Algunos autores, que se refieren sobre todo a los primeros decenios de la expansión del ferrocarril (hasta 1900), afirman que este sector no logró cumplir los sueños de "integración territorial y de la floreciente economía industrial". Mattoon, por ejemplo, aunque no examina directamente el tema, afirma que los ferrocarriles en São Paulo no dieron lugar a la diversificación o la industrialización, y que apenas reforzaron la agricultura extensiva orientada a la exportación, pues los ferrocarriles sólo servían para el transporte de los productos de exportación, para conectar a Brasil con otros mercados. Según el autor, como la mayoría de los equipos y materiales se importaron, los efectos de eslabonamiento hacia atrás eran pocos. Esta dependencia tecnológica de São Paulo estaba relacionada con la economía de "plantación", con las deficiencias de los recursos naturales y con el avance de otros países industrializados. Para los paulistas, era más fácil importar equipos que permitir que los extranjeros los produjeran localmente, lo que finalmente condicionó el poco efecto que causó el desarrollo de los ferrocarriles en la provincia y contribuyó para que la economía de "plantación" durase. De acuerdo con esta interpretación, incluso en el caso de São Paulo, que consiguió formar una de las redes más densas de América Latina, los ferrocarriles no lograron impulsar el crecimiento industrial, como ocurrió en Europa y Estados Unidos.

Pero hay controversia. William Summerhill, por ejemplo, presenta una visión más optimista sobre los efectos de los ferrocarriles, con el argumento de que al fin del Imperio, las ganancias fueron considerables; que el ferrocarril, de hecho, aumentó el nivel de la actividad económica y que los costos de emplear el capital extranjero eran mucho más pequeños que los beneficios de hacerlo. El autor, en el análisis de los beneficios directos del servicio de transporte ferroviario de mercancías, sostiene que el efecto de este tipo de mejoras en las condiciones de transporte fue bastante profundo, que las ganancias económicas eran altas para una economía en donde el transporte tradicional era caro e ineficiente y las distancias considerables. Las ganancias, desde de la perspectiva de Summerhill, fueron mayores para la economía en su conjunto que para los empresarios involucrados; los ferrocarriles prepararon el camino para que la economía brasileña creciera a principios del siglo XX.

La cuestión de la importación de equipos, materiales y experiencia es otro punto. Cuando el ferrocarril llegó a Brasil, el parque industrial era casi nulo. Los proyectos ferroviarios no podían prescindir de la importación de equipo y de mano de obra técnica extranjera. Prácticamente todo el material, fijo y rodante, de los primeros ferrocarriles de Brasil era de origen inglés. En 1865, la EFDPII contaba con 22 locomotoras, nueve de las cuales eran de fabricación estadounidense; las primeras, de fabricación Baldwin (Filadelfia), habían llegado en 1862. A partir del decenio de 1870, el material de origen estadounidense ya era predominante. Según Telles, las locomotoras Baldwin (llamadas "balduínas") se adaptaron mejor a las condiciones locales que los modelos europeos; del tipo 4-4-0, con pequeña base rígida, se adaptaban bien al tendido ferrocarrilero de "vía estrecha" con curvas cerradas, largas distancias y poca carga para llevar. A partir de 1880, las locomotoras más pesadas comenzaron a ser utilizadas por los trenes de pasajeros y mixtos. Además de éstas, también se importaron locomotoras inglesas, francesas, belgas y alemanas. Los frenos de aire comprimido Westinghouse comenzaron a ser utilizados en EFDPII en 1880; mientras que la CMEF, la Leopoldina y otras empresas emplearon el freno de vacío. Los coches y especialmente los vagones ya eran fabricados en el país, aunque se importaban las ruedas, vigas y otras piezas de metal. Los vagones fueron construidos como una actividad normal por la Fábrica Ponta de Areia, y por los talleres de EFDPII,

CPEF y CMEF, entre otras. En 1886 se introdujeron los coches dormitorios en los trenes nocturnos y el alumbrado de gas en los vehículos de pasajeros.

Según Cechin, un kilómetro de vías consumía entre 45 y 70 toneladas de hierro, de acuerdo con el peso lineal de rieles y accesorios. Era inevitable que en el periodo inicial de la construcción de los ferrocarriles esta demanda fuera atendida con productos del exterior, como ocurrió en la mayoría de los países. Entre 1870 y 1880 en casi todos los caminos ya se estaban usando los carriles Vignole con patín, en sustitución del antiguo Barlow y Brunell. Los primeros rieles fueron modelos Vignole de hierro y, a partir de 1870, empezaron a ser sustituidos por los carriles de acero. Pero en el mismo periodo, tras el fracaso de los experimentos con barandillas de hierro, todas las vías utilizaron traviesas de madera. Hasta finales del siglo XIX, la señalización del tráfico en la mayoría de las líneas ferroviarias era realizada por hombres con banderas y linternas. En la primera década del siglo XX, los semáforos de señalización se encontraban sólo en algunas las rutas.

Al principio faltaban materiales simples de construcción; incluso los ladrillos no eran fabricados en el país en el volumen suficiente para las necesidades del ferrocarril. En algunas obras, los ingenieros extranjeros tuvieron que diseñar alfarería y enseñar a los brasileños a usarla para garantizar el suministro de ladrillos. Para la construcción de la primera sección de la EFDPII, el contratista también tuvo que instalar una fábrica de ladrillos y azulejos de gran tamaño. Asimismo, debido a la escasez de piedras adecuadas para la construcción en la provincia de São Paulo, los contratistas de la SPR comenzaron la fabricación de ladrillos en el sitio para la construcción de túneles.

En esos primeros decenios, los coches de viajeros y vagones de mercancías se importaron, pero pronto los talleres de los ferrocarriles y los fabricantes nacionales comenzaron a construirlos; los accesorios fueron importados y se montaban en partes de madera. Según Telles, en la Exposição da Indústria Nacional de 1881 se mostraron los coches y vagones, las ruedas de locomotoras, ejes, trueques, acopladores, traviesas de hierro, entre otras piezas construidas por la EFDPII.

Con la idea de que el ferrocarril no logró impulsar la industria en el país en el siglo XIX, Cechin no lo atribuye a la dependencia creada por la importación de equipos y materiales, sino que se pregunta por qué una vez satisfecha la necesidad inicial no se pasó a la producción local a partir del funcionamiento del ferrocarril. Para Cechin, una porción relativamente pequeña de la inversión ferroviaria total se tradujo directamente en demanda industrial, mas de eso no se desprende que, en sí misma, contribuyera poco al crecimiento industrial. Si el volumen total de la inversión hubiera sido muy alto, esa pequeña porción se habría reflejado en una gran demanda capaz de multiplicar las necesidades de hierro, acero, carbón y maquinaria. Así, si la construcción de ferrocarriles hubiera crecido a un ritmo elevado, aquella pequeña porción se habría convertido en una importante cantidad que resultaría en industrias de equipo ferroviario. Sin embargo, según el autor, la red ferroviaria creció lentamente, a diferencia de Europa y Estados Unidos. Para el autor, la razón principal de ello fue la baja densidad de tráfico. Examinando el caso de la EFDPII, una de las compañías más importantes en el país, que atravesaba las regiones cafetaleras, el autor señala que la tasa de utilización de capacidad de la línea era muy baja (cantidad de material rodante por kilómetro de línea) y subutilizada (número de toneladas transportadas por la locomotora). Según Pinto, a finales de 1901 había 3 471 km de líneas, con apenas 367 locomotoras, 491 coches y 6 893 vagones en el estado de São Paulo, líder en la producción de café. En 1900, la EFDPII tenía 306 locomotoras, 387 coches y 3 077 vagones con 1 242 km de vías. Para el autor, la extensión de la red, la escala de las operaciones y el efecto en las tarifas de transporte (que se estabilizaron en niveles muy altos) fueron pequeños.

Además de las exigencias de la implementación de un ferrocarril, ganaba importancia el papel de los talleres de reparación y mantenimiento, los embriones industriales de aquel entonces. Cuando Brasil ingresó a la era del ferrocarril no encontró ningún establecimiento interno que pudiera reparar los rieles, locomotoras, coches, vagones, etc. Además, el material de la vía férrea tenía una vida finita; después de algún tiempo, y a pesar del mantenimiento, debía ser reemplazado por desgaste progresivo. La operación regular de un ferrocarril requiere un amplio sistema de mantenimiento y reparación, lo cual era el objetivo principal de los talleres.

La primera tarea de los talleres era el montaje de locomotoras, vagones y coches importados del extranjero. Luego se ocupaban del mantenimiento, las reparaciones cotidianas y reparaciones mayores en el material rodante. Periódicamente todo el material debía someterse a revisión, como la limpieza de las calderas de las locomotoras, la lubricación de componentes sometidos a fricción, los ajustes en el sistema de distribución de vapor, manómetros, resortes de inspección, rodamientos, ejes y llantas, etc.; se necesitaba tener repuestos, recurriendo a soluciones locales eficaces en caso de accidentes imprevistos. Para ello, los talleres tenían que estar preparados para trabajar con el hierro, calderas de fundición y forja y debían disponer de maquinaria y equipo (máquinas de vapor, grúas fijas y móviles, prensas hidráulicas, martillos de vapor y otros) para hacer las reparaciones.

La variedad y cantidad de la maquinaria de estos talleres se habilitó para diversas actividades, como la fabricación de estructuras metálicas para distintas "obras de arte", además de que prestaban servicios a particulares, entre otros. El mercado de los servicios ferroviarios se había ampliado; además de los talleres de las propias empresas ferroviarias, distintos establecimientos privados también recibieron solicitudes de dichas empresas. Una vía de la EFDPII realizaba el mantenimiento y la reparación de sus equipos y materiales en varios talleres. Al final del siglo, eran los mayores empleadores industriales. Según Cechin, los talleres de Engenho de Dentro, de la EFDPII, en 1878 empleaban a 584 trabajadores, en 1881 a 657, en 1891 a 1 015, y en 1900, los talleres junto con las máquinas de depósito empleaban a 2 034 personas.

No se podía esperar que los talleres proporcionaran importantes avances tecnológicos; pero no se puede negar su contribución solucionando los problemas técnicos e innovando en ese ambiente tan precario. Los talleres se instalaron en varias partes del país, siguiendo las líneas ferroviarias. En São Paulo, ya estaban establecidos en el interior a finales del siglo XIX y principios del XX. La SPR en Jundiaí, la CPEF en Campinas, Río Claro, así como la CMEF en Ribeirão Preto, y muchas otras compañías aún poco estudiadas, están estrechamente relacionadas con el crecimiento urbano e industrial en el estado.

Otro importante punto para evaluar los ferrocarriles es el tema de la capacitación técnica. Los primeros proyectos ferroviarios tenían que contar con la importación de equipos enteros de técnicos e ingenieros ingleses, estadounidenses, franceses y alemanes. En el decenio de 1870, los ingenieros y técnicos brasileños empezaron a dar cuenta de algunos proyectos de nuevas extensiones. Muchos buscaban la formación y el desarrollo en el extranjero, pero también había unos pocos graduados en el país. Eran particularmente importantes en los trabajos preparatorios, la exploración y reconocimiento del terreno, y la planificación de rutas, ya que la mayoría tenía formación en ingeniería militar, con más énfasis en la topografía y la geodesia. En 1874, la Escola Central se reorganizó para formar la Escola Politécnica do Rio de Janeiro, con una carrera en ingeniería civil, minería y manufactura. En 1876 se fundó la Escola de Minas en Ouro Preto; en 1882 el Club e Engenharia promovería el primer Congreso Brasileiro de Estradas de Ferro; en 1894 se fundó la Escola Politécnica de São Paulo. Además de los cursos y los temas relacionados con los ferrocarriles, también surgieron publicaciones especializadas y revistas sobre el tema. Los talleres fueron también un lugar importante para la educación y el aprendizaje técnico.

De acuerdo con la literatura, el gran salto en la producción de material ferroviario se produjo con la construcción de la Companhia Siderúrgica Nacional (1943), cuando ésta comenzó la producción de placas negras, rieles y perfiles para abastecer otras industrias mecánicas. Al mismo tiempo surgió la Fábrica Nacional de Vagões, Mafersa, Cobrasma e Vilares, que de elevadores (Elevadores Atlas), en 1930 pasó a la fabricación de locomotoras. Las primeras fábricas de vagones datan de 1926 (Santa Matilde) y 1929 (Soma). En el decenio de 1960, las multinacionales General Eletric y Brow Boveri también comenzaron la fabricación de locomotoras para trenes metropolitanos.

5. EPÍLOGO

Según Matos, después de 1930 no hubo inversiones importantes en el sector ferroviario, con lo que prácticamente fue el final de la "era del ferrocarril". Matos, al igual que otros autores, relaciona la decadencia de los ferrocarriles con la crisis del sector de la exportación, cuyo mayor daño recayó en las regiones cafeteras. Sin embargo, existe controversia acerca de las razones que llevaron a la lenta decadencia de la industria ferroviaria en toda la primera mitad del siglo XX. Evidentemente, la crisis del sector de la exportación de café explica, en parte, las dificultades de las empresas ferroviarias, ya que el café fue el producto que más contribuyó en los ingresos de varias empresas. Sin embargo, algunos argumentan que este sector, impulsado por los ferrocarriles, pudo realizar una serie de transformaciones, incluyendo la diversificación de las actividades agrícolas, comerciales e industriales, la ampliación del mercado interno con el aumento de circulación de bienes y personas, lo cual pudo haber compensado la caída en los ingresos por tráfico a los puertos. Otros autores señalan que la producción de café se redujo en la región occidental del estado de São Paulo, pero que los cultivos siguieron creciendo hacia la frontera con Paraná. Por otra parte, sostienen que el sector del café era apenas una parte del territorio brasileño, y que no explicaría la crisis en el resto del país.

También hay quienes atribuyen la crisis del sector al papel del Estado. La falta de un plan nacional para la integración del sistema llevó a la construcción de vías deficitarias, sin calcular la viabilidad económica de las líneas. En la construcción de las líneas y extensiones se perdió de vista el sentido económico, al cruzar regiones en franca decadencia económica que no podían cubrir los costos de operación, produciendo crecientes déficits. Las crisis financieras al inicio de la República, así como el escenario internacional provocado por las guerras y la Gran Depresión pusieron a las empresas ante serios desafíos en lo que respecta a la renovación de materiales y equipos. Además, existen críticas con respecto al desempeño del Estado en general: la falta de inversión estatal, la mala gestión, el crecimiento en el número de empleados que socavó la competitividad de las empresas y el aumento de la ineficiencia del sistema, entre otros.

El Plan General de Carreteras (*Plano Geral de Viação*) de 1934, según Acioli, llamó la atención sobre la necesidad de coordinar los distintos sistemas de transporte entonces existentes, estableciendo una meta de 39 897 km de vías férreas. El plan, sin embargo, consideró que de los entonces 33 106 km de vías férreas, sólo 17 776 se adaptaban a las nuevas directrices. Siguiendo a Acioli, era necesario construir un total de 22 121 km, lo que equivalía a 67% del total de los ferrocarriles jamás construidos. Entre 1935 y 1945 se construyeron sólo 1 949 km.

En ese entonces, las carreteras pasaron a ser una de las inversiones prioritarias en materia de transporte en el país. Una tendencia que se venía observando desde 1920 cuando, ante el fracaso en implantar una red nacional de ferrocarriles, varios planes presentados, por iniciativa individual o por instituciones gubernamentales, recomendaron atención especial en las carreteras. En 1924, los fabricantes de camiones de la Ford y de la International Harvester Export Company se establecieron en Brasil. Al final del decenio, el país se convirtió en el cuarto mayor importador de automóviles de Estados Unidos. Otras iniciativas que favorecieron el crecimiento de las carreteras incluyen la creación, entre los años 1930 y 1940, del Departamento Nacional de Estradas de Rodagem y la aprobación del Plano Rodoviário Nacional. La segunda Guerra Mundial trajo dificultades cada vez mayores para el sistema ferroviario, como el del suministro de equipos y materiales. A pesar de los intentos dispersos para revitalizarlo, el lento declive era evidente dado el crecimiento de las carreteras. En 1953, el transporte por carretera movilizaba 53.1% (un total de 22 500 Mton/km) de las mercancías, la vía fluvial 25% (10 600), mientras que por ferrocarril sólo 21.7% (9 200); en 1960, la relación era de 60.3% (42 000 Mton/km), 20.8% (14 500) y 18.8% (13 100), respectivamente; en 1970, 69.6% (124 500 Mton/km), 12.1% (21 559) y 16.9% (30 267), respectivamente.

A principios del decenio de 1950, se inició una serie de estudios sistemáticos que apuntaban a la posibilidad de eliminar, a gran escala, trechos ferroviarios y extensiones que no fueran rentables. Mediante la Ley 2698 de 1855 seleccionaban los tramos más deficitarios y con menor densidad de tráfico, para sacarlos de operación. Este proceso se propuso en dos etapas: primero 1 512 km y luego 1 598 más. La eliminación se aceleró en la década de 1960. Según Nunes, el "Plano Quinqüenal para Construção e Pavimentação de Rodovias Substitutas", de 1961, eliminó un total de 4 985 km de líneas de ferrocarril y 27 extensiones (un total de 967 km), pertenecientes, todas, al estado de São Paulo. Para 1971 se habían eliminado un total de 10 795 km de líneas secundarias no rentables, de las cuales 8 050 km pertenecían a RFFSA y 2 745 a los estados; asimismo, ese año había un total de 7 418 km de extensiones en proceso de eliminación: 5 243 de la RFFSA y 2 175 de los estados. La eliminación vino acompañada de planes y medidas que preveían la sustitución de los ramales no rentables por carreteras.

De acuerdo con Acioli, al final del decenio de 1940 las últimas tres grandes compañías ferrocarrileras que aún operaban en el país (EF Santos-Jundiaí, Great Western of Brazil, The Leopoldina Railway Co.) ya habían sido incorporadas a la União, ya fuera por término de contrato de concesión o por incumplimiento de compromisos financieros. A partir de entonces, empezó a planearse la estatización del todo el sistema de transporte ferroviario. La RFFSA fue creada oficialmente en 1957, reuniendo 18 vías férreas regionales propiedad de la União, todas afectadas con un excesivo cuerpo de funcionarios y de déficits contables; más tarde, en 1959, después de las peleas judiciales entre los propietarios ingleses y el gobierno de Brasil, la Estrada de Ferro de Ilhéus fue incorporada al control del gobierno federal, así como otras vías férreas arrendadas a los gobierno estatales. Acioli observa que a pesar de la creación de la empresa estatal, la adopción de medidas que ampliaron las fuentes de financiación de los ferrocarriles no tuvieron ningún efecto. Los ingresos del tráfico ferroviario no podían cubrir los costos de operación de la empresa, incluso con la extinción de las extensiones consideradas poco rentables y de que se centraran en el transporte de carga, en detrimento del transporte de pasajeros.

A partir de la década de 1960 comenzó a haber una clara preferencia por el transporte a través de las carreteras a costa de aquel que se efectuaba por ferrocarril. De acuerdo con Acioli, después del golpe militar, el nuevo gobierno aprobó el 29 de diciembre de 1964 un nuevo Plano Nacional de Viação, con énfasis en la seguridad nacional, que incluía la construcción de un total de 92 280 km de carreteras en contraste con 36 433 km de vías de ferrocarril, distribuidos entre las troncales, extensiones, conexiones y variantes. Enseguida, después de la creación del Ministerio de Transporte en 1967, fue aprobado el Decreto Ley del 8 de septiembre de 1969 para regular la Política Nacional de Tráfico Ferroviario y las tareas del Departamento Nacional de Estradas de Ferro. También se creó un "Fondo Federal de Desarrollo Ferroviario", que consistía en 8% de la recaudación de impuestos de lubricantes y combustibles líquidos y gaseosos, además de los recursos presupuestados por la Unión; recursos que serían administrados por la propia RFFSA.

El primer Plan Nacional de Desarrollo (PND I) para el periodo 1972-1974, estableció un nuevo Plan Nacional de Transporte en 1973, confirmando, según Acioli, las mismas líneas previstas anteriormente para los ferrocarriles, con la política de erradicación de extensiones y líneas antieconómicas, la inversión y la mejora de los ferrocarriles y el transporte público. El PND II, centrándose en las industrias petroquímicas y siderúrgicas, instituyó una serie de medidas para la modernización de los ferrocarriles y los recursos previstos para ser canalizados al Programa de Corredores para la Exportación. En esa época se iniciaron los trabajos de construcción de la Ferrovia do Aço, de la EF Carajás, así como las mejoras en la EF Vitória-Minas y de todas las vías férreas destinadas al transporte de hierro.

En 1976, la RFFSA se dividió en varias superintendencias regionales, con el fin de reducir los costos de operación; de acuerdo con Acioli, a partir de entonces surgieron varios planes regionales para el ferrocarril, contemplando las distintas regiones y favoreciendo el transporte de carga, en particular de minerales, fertilizantes, cemento, petróleo y soya. Algunos otros planes no se llevaron a cabo, pero el transporte de carga pasó a ser una prioridad, en detrimento del servicio de pasajeros. En paralelo, como parte de la reformulación de la RFFSA, el gobierno del estado de São Paulo decidió agrupar en una sola empresa los cinco ferrocarriles de su propiedad, creando la Fepasa (Ferrovia Paulista, S.A.) en 1975, con una red férrea de aproximadamente 5 000 km.

Las diversas reformulaciones en la estructura de la RFFSA sirvieron a menudo sólo como un instrumento de la política del gobierno, lo que contribuyó a limitar las inversiones y aumentar el grado de endeudamiento. Al final, estas intervenciones perjudicaron gravemente el desempeño de la compañía y contribuyeron al deterioro gradual de la calidad de los servicios.

En el decenio de 1980, tras el fracaso de varios intentos de combatir la inflación y el manifiesto estancamiento de la economía, se agravó aún más la situación de la RFFSA y de la Fepasa. A pesar de acciones aisladas para promover diversas formas de cooperación con el sector privado para el transporte de mercancías, sólo en mayo de 1991, durante el gobierno de Fernando Collor, en la transferencia de la gestión de servicios al sector privado, se estableció una Comisión de Privatización de los Servicios de Transporte de la RFFSA. De acuerdo con Acioli, el proceso de privatización de la RFFSA comenzó a hacerse efectivo en 1996. En esta época, la compañía representaba alrededor de 76% de la extensión total del ferrocarril brasileño con más de 30 000 km y tenía una participación de sólo 22.5% del total de la carga general transportada, la cual estaba dominada por el transporte por carretera. La União poseía el 95.6% del total de acciones; los otros propietarios incluían el BNDES, el FND y los estados y municipios. La privatización se completó con la subasta de la antigua Fepasa, que había sido incorporada a la red de la RFFSA en 1998.

El problema del tren, sin embargo, no se resolvió con la privatización. Como apunta Acioli, el modelo de privatización, basado en contratos de arrendamiento, fue aprobado sin la debida precaución y previsión, sin un marco regulatorio, sin reglas bien definidas en cuanto a la preservación del patrimonio y sin tener en cuenta el conjunto de intereses de los usuarios. Diez años después del inicio del proceso de privatización, a pesar de algunos avances, las deficiencias persistían; la privatización también había fracasado en promover la competitividad y la inversión.

Los contratos de arrendamiento y concesión preveían que el costo de los ferrocarriles, de los materiales rodantes y de las unidades de operación sería cubierto por las empresas arrendatarias. La parte más costosa de la inversión ferroviaria, sin embargo, permaneció en manos del gobierno, que aún ahora continúa en la búsqueda de fuentes de financiamiento y mejores reglas para emprender nuevos proyectos.

BIBLIOGRAFÍA

Acioli, Rodrigo Girdwood (2007), "Os mecanismos de financiamento das ferrovias brasileiras", tesis de maestría, Universidade Federal do Rio de Janeiro.

Batista, Fernando A., Lidiany S. Barbosa y Marcelo M. Godoy (2012), "Transportes, modernização e formação regional. Subsídios a história da era ferroviária em Minas Gerais, 1870-1940", *Revista de História Regional*, vol. 17, núm. 1, pp. 5-40.

Benévolo, Ademar (1953), *Introdução à história ferroviária do Brasil. Estudo social, político e histórico*, Recife, Folha da Manhã.

Catão, Luis A.V. (1992), "A New Wholesale Price Index for Brazil during the Period 1870-1913", *Revista Brasileira de Economia*, vol. 46, núm. 4, pp. 519-533.

Cechin, José (1978), "A construção e operação das ferrovias no Brasil do século XIX", tesis de maestría, Universidade Estadual de Campinas.

Coatsworth, John H., y Alan M. Taylor (coords.) (1998), *Latin America and the World Economy since 1800*, Cambridge, Harvard University Press.

Duncan, Julian S. (1932), "Public and Private Operation of Railways in Brazil", tesis de doctorado, Columbia University.

Eisenberg, Peter (1977), *Modernização sem mudança. A indústria açucareira em Pernambuco, 1840*-1910, São Paulo, Paz e Terra.

El-Kareh, Almir C. (1982), *Filha branca de mãe preta: a Cia. Estradas de Ferro D. Pedro II: 1855-1865*, Petrópolis, Vozes.

Holloway, Thomas H. (1984), *Imigrantes para o café*, Río de Janeiro, Paz e Terra.

IBGE (1990), *Estadísticas históricas do Brasil. Séries econômicas, demográficas e sociais (1550-1988)*, Río de Janeiro.

——— (1986), *Séries estatísticas retrospectivas*, vol. 1, "Repertório estatístico do Brasil, quadros retrospectivos", separata de *Anuário Estatístico do Brasil*, año v, 1939-1940, Río de Janeiro.

Lamounier, Maria Lúcia (2007), "Agricultura e mercado de trabalho: trabalhadores brasileiros livres nas fazendas de café e na construção de ferrovias em São Paulo, 1850-1890", *Estudos Econômicos*, vol. 37, núm. 2, pp. 353-372.

——— (2012), *Ferrovias e mercado de trabalho no Brasil do século XIX*, São Paulo, Edusp.

——— (2000), "The 'Labour Question' in Nineteenth Century Brazil: Railways, Export Agriculture and Labour Scarcity", Working Papers in Economic History, London School of Economics, núm. 59.

Lewis, Colin M. (1991), *Public Policy and Private Initiative: Railway Building in São Paulo, 1860-1889*, Londres, ILAS.

——— (1983), "The Financial of Railway Development in Latin America, 1850-1914", *Ibero-Amerikanisches Archiv* (Londres), 9: 3-4.

Matos, Odilon N. (1974), *Café e ferrovias: a evolução ferroviária de São Paulo e o desenvolvimento da cultura cafeeira*, São Paulo, Alfa-Ômega.

Mattoon Jr., R.H. (1971), "The Companhia Paulista de Estradas de Ferro, 1869-1900: A Local Railway Enterprise in São Paulo, Brazil", tesis de doctorado, New Haven, Yale University.

——— (1977), "Railroads, Coffee and the Growth of Big Business in São Paulo, Brazil", *Hispanic American Historical Review*, vol. LVII: 2, núm. 2, pp. 273-295.

Melo, Evaldo C. (1984), *O norte agrário e o império*, Río de Janeiro, Nova Fronteira.

Melo, Josemir C. (2008), *Ferrovias inglesas e mobilidade social no nordeste (1850-1900)*, Campina Grande, Universidade Federal.

Nunes, Ivanil (2005), *Douradense: a agonia de uma ferrovia*, São Paulo, Annablume.

Pinto, Adolpho A. (1903), *História da Viação Pública de S. Paulo (Brasil)*, São Paulo, Typographia e Papelaria de Vanorden & Cia.

Queiroz, Paulo Roberto C. (2004), *Uma ferrovia entre dois mundos: a E. F. Noroeste do Brasil na primeira metade do século 20*, Campo Grande, UFMS.

Saes, Flávio A.M. de (1981), *As ferrovias de São Paulo, 1870-1940*, São Paulo, Hucitec.

Silva, Moacir M.F. (1954), *Geografía das estradas de ferro brasileiras em seu primeiro centenario (1854-1954)*, Río de Janeiro, Instituto Brasileiro de Geografía e Estadistica.

Summerhill, William R. (1998), "Market Intervention in a Backward Economy: Railway Subsidy in Brazil, 1854-1913", *Economic History Review*, vol. LI, núm. 3, pp. 542-568.

—— (1998), "Railroads in Imperial Brazil, 1854-1889", en Coatsworth y Taylor (coords.).

Telles, Pedro C. da Silva (1984), *História da engenharia no Brasil (séculos XVI a XIX)*, Río de Janeiro, Livros Técnicos e Científicos.

6
URUGUAY

GASTÓN DÍAZ

INTRODUCCIÓN

Al igual que otros países de Latinoamérica, después de la guerra de Independencia Uruguay padeció durante varios decenios de inestabilidad política y estancamiento económico. Sin embargo, ya en el último tercio del siglo XIX, la situación presentaba señales de cambio y las perspectivas económicas mejoraban. La relativa paz de ese periodo hizo posible el florecimiento del comercio, la aceleración de la inmigración y el aumento de la producción rural. La consolidación de un Estado con rasgos modernos alentó dichas actividades y fomentó mayores niveles de inversión. Modificaciones técnicas en el medio rural —el cercado de los campos y la cría de la ganadería ovina junto a la bovina ya existente— prometían aumentos en las cantidades producidas y exportables. El país se encontraba posicionado para insertarse en la economía atlántica como proveedor de algunas mercancías que en ese entonces tenían una demanda creciente, principalmente la carne, el cuero y la lana.

El arribo de la inversión extranjera fue una parte central de este proceso. El Estado emitió títulos de deuda pública en las bolsas de valores europeas por primera vez en 1864, al lanzar el empréstito Montevideano-Europeo para consolidar deudas internas anteriores y para financiar obras públicas. Al mismo tiempo se instalaron empresas extranjeras de cierta importancia, como el Banco de Londres y Río de la Plata, atraído por el comercio

244

regional centrado en Montevideo, y la fábrica Liebig's, exportadora de carne enlatada. En los siguientes decenios fueron empresas extranjeras las que se hicieron cargo de la construcción de la principales infraestructuras, entre otras, los tranvías, los telégrafos y los sistemas de agua corriente y de saneamiento. No obstante, la inversión extranjera directa más importante fue el ferrocarril.

Uruguay fue uno de los países de la región que recibió más inversión ferroviaria en relación con su tamaño. Los 2 577 km de vías construidos entre 1869 y 1913 posicionaron al país en el segundo lugar de América Latina en términos de kilómetros de vía férrea per cápita (el primero era Argentina), y en el cuarto puesto en términos de kilómetros de vía por área de superficie (después de Puerto Rico, Cuba y El Salvador). Casi toda la red fue construida por empresas británicas que obtuvieron concesiones del Estado uruguayo, que en la mayoría de los casos incluían un subsidio en forma de una garantía de interés. Hacia 1913 el sistema ferroviario conectaba a Montevideo con los extremos del país y pasaba por casi todas las capitales departamentales.

En los primeros decenios del siglo XX las empresas ferroviarias consolidaron su posición como transportadoras de ganado en pie y de los productos pecuarios, pero luego de este primer periodo de expansión, la inversión extranjera en nuevos ferrocarriles cesó en Uruguay. Para entonces, la rentabilidad del sector se vio amenazada por las nuevas tecnologías de transporte, por las condiciones económicas internacionales y porque el capital británico comenzó a perder la simpatía del gobierno. Después de 1914 apenas se agregaron 460 km de vía a la red —principalmente algunos pequeños ramales en los departamentos que aún no tenían conexión—, ahora construidos y manejados por el Estado. En la década de 1930, sacudido por las disrupciones internacionales de esos años, el sector entró en crisis y fue paulatinamente suplantado por el transporte automotor. El declive continuó tras la nacionalización de todas las empresas ferroviarias en 1948, y en la actualidad queda sólo un vestigio de un servicio que hace 100 años se había convertido en el principal modo de transporte para los productos más importantes de la economía nacional.

En general, la historiografía ha destacado el bajo impacto del ferrocarril en la economía uruguaya y ha provocado opiniones bastante negativas acerca de las empresas británicas que construyeron y operaron la red durante el periodo de expansión. Quienes han escrito más sobre el tema ferroviario en Uruguay, y han sido más críticos del ferrocarril y las empresas británicas, son Barrán y Nahum. La tesis que subyace en su visión, inspirada en la teoría de la dependencia, es que el ferrocarril sirvió principalmente a los intereses del capital extranjero y no alentó el progreso de la economía nacional. Más todavía, postula que la forma en que se construyó y manejó el ferrocarril lo convirtió en un obstáculo para el desarrollo del medio rural. Esta tesis ha sido reiterada por otros autores, como Martínez-Díaz y Finch. No obstante, estudios empíricos más recientes, como los de Millot y Bertino, de Herranz-Loncán y de quien escribe, ponen a prueba algunos de los argumentos esgrimidos por la visión de raíz dependentista.

A la luz de estos trabajos, en este capítulo se revisan algunas de las hipótesis planteadas por la historiografía tradicional y se propone una visión menos negativa de las empresas británicas y la red ferroviaria que tendieron. A pesar de que el impacto económico del ferrocarril uruguayo fue relativamente bajo, la evidencia presentada aquí indica que los esfuerzos para promover su desarrollo no faltaron, y que, a final de cuentas, los fondos invertidos en el sector ferroviario constituyeron un uso eficiente de recursos.

El capítulo se enfoca en los años comprendidos entre 1869 y 1913, periodo de expansión de la red ferroviaria impulsada por la inversión británica en Uruguay. Primero describe la situación de los transportes antes de la llegada del ferrocarril, así como las diferentes etapas de expansión del sistema y el papel que tuvo el Estado en su desarrollo. Luego examina algunos aspectos económicos de la inversión: los beneficios de la infraestructura para la economía uruguaya y las razones de su bajo impacto económico, el desempeño de las empresas británicas y el efecto del subsidio estatal. Finalmente, el capítulo se cierra con una breve descripción del declive del sector en el largo periodo posterior.

1. EL TRANSPORTE ANTES DEL FERROCARRIL

Las formas de comunicación terrestre preferroviarias eran la carreta, la diligencia y, para el ganado, el tropero. La carreta se utilizaba para transportar las lanas y los cueros con destino al mercado internacional, así como la producción agrícola para el consumo interno. El "comercio de tránsito", que canalizaba parte de la producción pecuaria de los países vecinos y abastecía a estas zonas de manufacturas importadas de Europa, también dependía, en parte, de este medio de transporte. De acuerdo con Barrán y Nahum, la carreta, en general tirada por bueyes, podía avanzar entre 20 y 40 km por día en las épocas en que los caminos estaban transitables. Existía también un sistema de postas de diligencia en las principales rutas, que transportaba pasajeros y correo de forma más rápida que la carreta, cubriendo entre 125 y 150 km diarios. A esta velocidad, un viaje de Montevideo, en el sur del país, hasta Artigas en el extremo norte, tardaba cuatro días. El ganado pastoreado en el interior se trasladaba vivo hacia los saladeros de la capital, del litoral del río Uruguay y de Rio Grande do Sul. Según los mismos autores, antes del ferrocarril e incluso durante muchos años luego de su instalación, se llevaba la manada de ganado a pie, acompañada por hombres a caballo, conocidos como "troperos".

No obstante, la falta de infraestructura dificultaba el transporte por estos medios. Según Millot y Bertino, los caminos eran malos, muchas veces formados por poco más que las huellas de los carros y los animales que los transitaban. Además, eran intransitables en algunas épocas del año, debido al desbordamiento de los ríos causado por las abundantes lluvias. De acuerdo con Barrán y Nahum, el río Santa Lucía, que rodea la zona de la capital, y que crecía durante las épocas de lluvias, era causa de atrasos y daños de las mercaderías que se tenían que mantener en depósito mientras esperaban que bajara la crecida. Millot y Bertino destacan la falta de puentes en el país, y mencionan que se usaba un sistema de balsas para cruzar los ríos más importantes.

El sistema de caminos tenía su centro en Montevideo y se dirigía hacia los poblados del interior del país. Las condiciones primitivas de los caminos se mantuvieron hasta finales del siglo XIX. De hecho, en algunos aspectos las condiciones del transporte terrestre empeoraban al avanzar los años. Según Barrán y Nahum, el cercado de los campos, que empezó extensivamente en el decenio de 1860, cortaba las viejas rutas y caminos. Esto hacía que los carros y troperos tuvieran que hacer circuitos más largos para rodear los predios cercados.

Dada la proximidad de gran parte del territorio uruguayo con la costa marítima y el litoral del río Uruguay, la navegación de cabotaje era otro medio de transporte importante en el periodo preferroviario. Según Martínez Montero, ya en el decenio de 1870 se había desarrollado un intenso tráfico fluvial que utilizaba naves de vapor, y que unía a Montevideo, Buenos Aires y los puertos de los ríos Uruguay y Paraná. La ciudad de Salto, situada del lado este del río Uruguay, justo antes del punto en que se hace impasable para los buques, se había convertido en uno de los centros del "comercio de tránsito" entre Montevideo y los países vecinos. Mercaderías del litoral argentino y el sur de Brasil cruzaban las fronteras del territorio uruguayo, y se llevaban hasta el puerto de Salto (en carreta, y más tarde en ferrocarril), donde continuaban el viaje por río hasta Montevideo. Parte de las manufacturas europeas que llegaban al puerto de Montevideo se enviaban por esta misma vía pero en dirección opuesta, para ser distribuidas en el interior de los países vecinos.

2. EL DESARROLLO DE LA RED FERROVIARIA

El ferrocarril llegó tarde a Uruguay. Los primeros kilómetros no se abrieron a la explotación hasta 1869. El pequeño tramo inaugurado ese año era parte de una concesión otorgada en 1866 para conectar la capital con Durazno, una ciudad del interior que quedaba a 200 km al norte. Los fundadores de la sociedad Ferrocarril Central del Uruguay eran comerciantes, banqueros y ganaderos de la clase alta uruguaya. El Estado también participó, suscribiendo la compra de 2 000 acciones. No obstante, en sus primeros años de vida la empresa se encontró con dificultades financieras, en parte porque el gobierno no pagó las acciones suscritas, así que el tendido de la vía quedó estancado a pocos kilómetros de Montevideo. Se pudo retomar la construcción de la línea sólo tres años más tarde, mediante un acuerdo con la empresa británica Baring Brothers, quien podía emitir las acciones en la bolsa de Londres, lo cual permitió la extensión de la vía hasta Durazno en 1874. Esta línea fue comprada por capitales británicos en 1876, y pasó a llamarse Central Uruguay Railway Company of Montevideo (CUR). En 1887 esta empresa llevó la vía hasta Paso de los Toros, en el río Negro, desde donde luego se extenderían dos de las grandes líneas que se construirían en los próximos años para conectar la capital con el litoral y la frontera con Brasil. En este decenio la empresa también absorbió algunas pequeñas líneas que se habían construido en los departamentos cercanos a la capital, que luego se extenderían hacia el este y oeste del país. En 1872 se iniciaron las obras del Northwestern Railway of Montevideo, más tarde convertido en North Western Uruguay Railway. Éste se extendía del puerto de Salto hacia el río Cuareim y la frontera brasileña, con el propósito de aprovechar el ya mencionado comercio de tránsito.

El capital británico aumentó su presencia en la pequeña república durante el *boom* de inversión extranjera de la segunda mitad del decenio de 1880, ligada a la relativa paz y estabilidad en Uruguay, así como a las condiciones propicias de los mercados financieros internacionales. La inversión se dirigió a la instalación de varios tipos de infraestructuras, en especial redes de transporte urbano, saneamiento y energía eléctrica, así como a la construcción de bienes inmuebles. No obstante, el sector que recibió más inversión fue el ferroviario, lo que llevó a que la extensión de las vías se triplicara en muy pocos años. El aumento, de alrededor de 500 km en 1886 a más de 1 500 en 1892 se concentró principalmente en la construcción de tres grandes líneas. La Central Uruguay Railway Eastern Extension empalmaba con el ramal este del CUR y en 1891 llegaba a Nico Pérez, en el centro-este del país. La Central Uruguay Railway Northern Extension se extendía de Paso de los Toros, en el río Negro, hacia el norte, llegando a Rivera, y con su punto terminal en la frontera con Brasil. Estas dos empresas eran jurídicamente independientes, con capital propio, pero eran manejadas por el CUR de acuerdo con un arreglo en el que las vías de las Extension Companies eran arrendadas a la empresa titular, quien operaba el servicio. La tercera línea fue construida por la Midland Uruguay Railway Company, que también empalmaba con el CUR al lado norte del río Negro y se extendía hacia el oeste, llegando a la ciudad de Paysandú, y después hacia el norte para conectar con el Northwestern en Salto. Así, todas la partes de la red quedaron conectadas con Montevideo y su puerto marítimo a través del CUR, que controlaba la línea troncal del sistema.

La crisis de Baring, iniciada en Argentina en 1890 y ligada a la sobreinversión que había ocurrido en ese país en los años anteriores, puso fin al crecimiento explosivo de la red. El Estado uruguayo entró en cese de pagos de sus obligaciones internacionales en 1891, pero rápidamente llegó a un acuerdo con sus acreedores y pudo emitir bonos de reconversión en 1892. Después de varios años de estancamiento, se retomó la expansión de la red y 1 000 km se agregaron a ella antes de 1913. En 1899 se abrió la primera sección de la Central Uruguay Western Extension Company, que empalmaba con el ramal oeste del CUR, y se extendía hacia los departamentos agrícolas del suroeste del país, llegando a Mercedes, en el río Uruguay, en 1901. La Eastern Extension Company casi triplicó su extensión con la adición de dos ramales, uno a Melo, y otro a Treinta y Tres, los dos en el noreste del país. El sureste del país también recibió una línea férrea, con la construcción del Ferrocarril Uruguayo del Este, que llegó a Maldonado en 1910. La gráfica 1 muestra la extensión ferroviaria por año en Uruguay entre 1869 y 1913.

El Estado estuvo activamente involucrado en el desarrollo de la red desde sus comienzos. Autorizó la primera concesión en el año 1866, y estableció una garantía de 7% de beneficios sobre un valor de capital fijo por milla construida. También, como se mencionó, se comprometió a proveer la mayor parte del capital para la vía, aunque nunca cumplió con esta promesa. Otras líneas

Gráfica 1. Extensión ferroviaria en Uruguay, 1869-1913

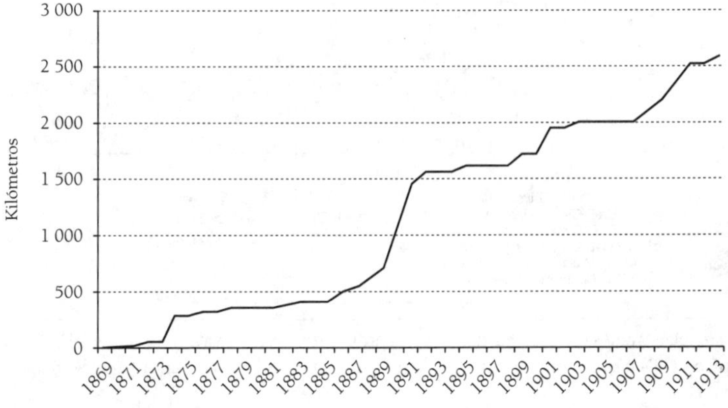

Fuente: Dirección General de Estadística, *Anuarios estadísticos* de la República Oriental del Uruguay.

Red ferroviaria de Uruguay, 1914

Fuente: elaborado con base en datos de Central Uruguay Railway Company (1914). Apoyo técnico del Departamento de Sistemas de Información Geográfica de El Colegio de México.

fueron concedidas con acuerdos similares. Dada la continua debilidad del Estado y la situación política algo caótica del país en
esos primeros años, fue difícil atraer los fondos necesarios para
la promoción de la red. Como consecuencia, el gobierno uruguayo consideró necesario institucionalizar la garantía para el
capital extranjero en la Primera Ley de Ferrocarriles de 1884. La
ley delineaba el trazado general de una futura red nacional, y
establecía las obligaciones del gobierno con respecto a las empresas beneficiarias de las concesiones, junto con la regulación
a la cual éstas se tenían que someter. Se establecía un valor fijo
de 5 000 libras por kilómetro de vía construida (una reducción
respecto a las 10 000 libras por milla en las concesiones anteriores) y el Estado se comprometía a suplementar toda ganancia
anual que fuera menor a 7% sobre ese valor de capital. Las empresas estaban obligadas a pagar al gobierno parte de cualquier
ganancia anual por encima del 8% del capital hasta haber devuel-
to la suma entera de las garantías pagadas en años anteriores. El
Estado también se reservó la potestad de intervenir en la fijación
de precios en caso de que las ganancias superaran el 12%, derecho que nunca ejerció.

La Segunda Ley de Ferrocarriles de 1888 hizo algunos ajustes
mínimos a lo instituido en 1884, pero además estableció la posibilidad de la intervención directa del Estado en la construcción de
líneas férreas. Esto pudo parecer una amenaza a las empresas británicas, y posiblemente las impulsó a aprovechar sus concesiones
para extender la red en estos años, antes de que el Estado lo hiciera. Sin embargo, en general, antes de 1915 la intervención pública
se ajustó a los ideales liberales de la época y se limitó a subsidiar y
regular las empresas privadas. Eduardo Acevedo cuenta que el
primer proyecto impulsado durante el régimen de 1888, una línea
de Montevideo a Colonia, fracasó espectacularmente el año siguiente en una estafa al Estado por parte de los concesionarios del
contrato de construcción. Ésta puede ser otra razón para la tardía
participación pública directa en el sector ferroviario. Esta línea no

se terminaría hasta 1900, pero a cargo de una compañía privada, la mencionada Western Extension.

Con el arreglo de la deuda uruguaya en 1891, después de la crisis de Baring, se renegociaron también los términos de las obligaciones del Estado en referencia al ferrocarril. El cambio más importante fue la rebaja de la garantía a 3.5%, lo que redujo la carga del subsidio para el Estado. No obstante, también se estipuló que la garantía no se comenzaría a reducir hasta que las ganancias sobrepasaran el 1.5%. Es decir, las empresas tenían garantizado un interés de 3.5% por encima del 1.5%, lo cual significó que en los hechos mientras las empresas tuvieran al menos ese nivel de ganancia sobre el capital fijo, su ingreso mínimo efectivo era de 5%. El nivel de ganancias a partir del cual las empresas tenían que empezar a devolver las garantías pagadas en años anteriores se ajustó a 6 por ciento.

Para una red con tráfico creciente y uso elevado, la totalidad de las garantías serían reintegradas por las empresas en el largo plazo; el subsidio consistiría entonces en los intereses no cobrados por el tiempo entre el pago y la devolución de las garantías. En Uruguay, como las líneas que gozaban de garantía casi nunca tuvieron suficiente tráfico como para rendir más del umbral establecido en la ley (al menos según la contabilidad de las compañías), el Estado nunca recuperó los fondos pagados y el subsidio a las empresas ferroviarias resultó en un monto enorme, casi un cuarto del total del capital invertido en la red. Por otra parte, antes de 1892, el Estado uruguayo nunca pagó en tiempo y forma lo que debía por concepto de garantías. En por lo menos cuatro instancias entregó bonos de deuda pública a las empresas ferroviarias para saldar deudas atrasadas. En algunos casos las empresas vendían los bonos en el mismo año que se las entregaban, mientras que en otros los mantenían en su poder y cobraban los intereses cada año. A partir de 1892, después de la reducción de la tasa de garantía, parece que el Estado pagó puntualmente todas sus obligaciones a las empresas. Existieron también subvenciones de otros tipos, en general de montos de dinero fijos para algunos casos específicos.

Después de la primera Guerra Mundial el ferrocarril empezaría a perder gradualmente importancia como medio de transporte. El presidente modernizador, José Batlle y Ordóñez, llegó al poder en el primer decenio del siglo xx con un programa reformista (político y social) y de nacionalismo económico. Se enfrentó al capital inglés y dictó medidas que dificultarían el negocio de las empresas británicas en Uruguay. El Estado comenzó a construir sus propias líneas férreas, principalmente ramales que servían a zonas desatendidas por las empresas británicas. Por otra parte, la política de Batlle, junto con el cambio tecnológico, llevó poco a poco a una reorientación del mercado hacia la carretera, el camión y el automóvil, con sus ventajas de transporte en distancias medias y cortas, y en cargas pequeñas, en perjuicio del ferrocarril. Como consecuencia, después de 1913, la era del ferrocarril comenzaba a llegar a su fin.

3. EL IMPACTO DEL FERROCARRIL EN LA ECONOMÍA

En Uruguay, hacia 1913 ya se habían invertido más de 112 millones de dólares (a precios de ese año) en la construcción de una de las redes más densas de Latinoamérica. No obstante, en relación con lo que ocurrió en otros países de alta inversión ferroviaria en la región, el impacto económico de esta infraestructura en Uruguay fue muy limitado.

Por un lado, la economía uruguaya no presentaba condiciones que le permitieran proveer insumos importantes para la construcción de la infraestructura o la operación del servicio. El país no tenía yacimientos minerales importantes de hierro o carbón. Su población era muy pequeña —probablemente menos de un millón de habitantes hasta entrado el siglo xx— y su industria era muy primitiva. Por tanto, gran parte de los insumos para la construcción de la red fueron importados. Las locomotoras y los vagones venían de Inglaterra, así como los rieles para el tendido de las vías. Incluso la madera para los durmientes a veces era importada, de acuerdo con las memorias del CUR, pues el quebracho argentino era más duro y resistente al clima húmedo del país que las maderas autóctonas. Las obras de ingeniería, como por ejemplo la superestructura metálica de los puentes, en ocasiones también eran traídas en partes desde Europa, desembarcadas en el puerto y llevadas hasta su punto de instalación, donde se ensamblaban. Además, en algunos casos era necesario traer mano de obra especializada de otros países, debido a la escasez de la misma entre la población uruguaya. Finalmente, ya construido, el ferrocarril operaba con carbón importado, y los talleres de reparación utilizaban maquinaria inglesa. De acuerdo con un estudio de 1908 del ingeniero Arturo V. Rodríguez sobre el Ferrocarril Uruguayo del Este, los materiales importados sumaban alrededor de 40% de los gastos de capital. No obstante, los principales insumos domésticos eran la tierra y piedra para los terraplenes y obras de balastro, la mano de obra para la construcción de las instalaciones y para la operación del servicio, y los terrenos por donde pasaban las vías. Todo esto limitaba el impacto de la demanda creada por la infraestructura, y hacía que una parte importante de los recursos financieros invertidos salieran del país por las importaciones.

Por otro lado, en términos económicos, el efecto más importante de una infraestructura de este tipo deriva de la reducción en los costos de transporte que podía producir. Esto era lo que más importaba a los productores y comerciantes, quienes esperaban poder mover sus mercaderías a precios más bajos, a velocidades más rápidas y de forma más segura de lo que era posible con los medios de transporte tradicionales. El ferrocarril también promovía el surgimiento de nuevos sectores y actividades. Por ejemplo, en Argentina el tendido de líneas férreas fue uno de los mayores impulsores de la colonización y la transformación agrícola que experimentó ese país en los últimos decenios del siglo XIX. Asimismo, para el Estado, el ferrocarril tenía beneficios estratégicos, porque además de fomentar el desarrollo, integraría el territorio nacional y ampliaría su alcance militar.

A pesar de las esperanzas de los actores involucrados, durante el periodo de expansión de la red, en términos económicos, el ferrocarril uruguayo no influyó de la misma forma que lo hizo en otros países con inversión alta. Una manera de cuantificar el impacto directo de la reducción de precios derivado de la introducción del ferrocarril es mediante una estimación del ahorro social. Este método mide la diferencia entre el costo del transporte ferroviario en una año y el de una economía contrafactual en que se tuvieran que utilizar los medios de transporte anteriores al ferrocarril (véase el capítulo sobre Perú en este volumen, para una explicación más detallada de esta metodología). Alfonso Herranz-Loncán ha estimado el ahorro social del sistema ferroviario uruguayo para 1912-1913 en alrededor de 6% del PIB de ese año. Esta cifra es muy baja en el contexto latinoamericano; estimaciones del ahorro social para años similares en países en que también se construyeron redes férreas densas, como Argentina, Brasil y México, equivalen a más de 20% del PIB de los países respectivos.

El bajo ahorro social del ferrocarril uruguayo en 1912-1913 derivaba en parte de la escasa ventaja en términos de precios que ofrecía el ferrocarril en relación con los otros medios de transporte. Herranz-Loncán señala que el tamaño reducido del territorio uruguayo le quitaba al ferrocarril uno de sus principales beneficios: ser más eficiente en los viajes de larga distancia. Asimismo, la presencia de vías navegables en gran parte del territorio permitía acceso al transporte fluvial, que era barato, y contra el cual el ferrocarril ofrecía pocas ventajas, especialmente entre Montevideo y los ricos departamentos del litoral.

Otra razón para el reducido ahorro social era el bajo nivel total del tráfico captado por el sistema ferroviario uruguayo. De acuerdo con Herranz-Loncán, hacia 1913 la red uruguaya sólo transportaba alrededor de 600 toneladas por kilómetro de vía por año, frente a más de 1 200 en la red argentina. Para el transporte de pasajeros, la diferencia relativa era aún más extrema. Mientras en Uruguay el número de viajes de pasajeros en 1913 era 1.5 veces el número de habitantes, en el país vecino el *ratio* era de 11 a uno. Los kilómetros viajados por tonelada de carga y por pasajero era también mucho mayor en Argentina, un país de alrededor de 2.7 millones de kilómetros cuadrados, que en Uruguay, con un territorio de menos de 200 000 km². Además, la especialización productiva de Uruguay limitaba la variedad de cargas que se podían trasladar. Para la principal actividad económica, la ganadería extensiva, el valor del producto por hectárea era bajo, reduciendo la densidad del tráfico. Además, la escasa población en las zonas ganaderas significaba que había poco tráfico de retorno.

El escaso impacto directo que el ferrocarril había logrado hacia 1913 fue un reflejo de que esta infraestructura no cumplió un papel de transformación en Uruguay en la misma medida que lo había hecho en otros países. Para dar un ejemplo, según los anuarios estadísticos de Uruguay, y Rapoport para Argentina, en la primera mitad del decenio de 1870, más de 90% de las exportaciones uruguayas y argentinas eran productos ganaderos: lanas, cueros, tasajo, y algunos productos secundarios como los huesos y el cebo. Pero en las siguientes décadas, en Argentina hubo una explosión de producción de granos, de modo que hacia 1913 más de 50% de las exportaciones eran agrícolas. En cambio, en Uruguay en el mismo año, 90% de las exportaciones seguía siendo del sector ganadero. Por otra parte, el asentamiento asociado a la producción agrícola en Argentina tampoco tuvo su correlato al lado este del río Uruguay. De acuerdo con Millot y Bertino, se establecieron colonias agrícolas con grandes dificultades, y de forma muy limitada. Asimismo, la modernización en el sector ganadero, que había permitido la implantación del frigorífico en Argentina ya en 1882, fue atrasada en Uruguay. El cercado de los campos, así como el mestizaje del ganado fue muy lento, con la consecuencia de que el primer frigorífico uruguayo comenzó a operar recién en 1904, y el segundo en 1912. De hecho, el año 1914 fue el primero en que se faenaron más vacas y novillos en los frigoríficos que en los saladeros. Mientras primaba este segundo destino, el tropero siguió compitiendo con el ferrocarril.

Algunos autores han atribuido parte de la culpa del escaso efecto económico del ferrocarril a las empresas que construyeron y operaron la red. Según Barrán y Nahum, el ferrocarril no se tendió para desarrollar el potencial económico nacional, sino para transportar lo que ya había en el país y, más importante, para canalizar el comercio de tránsito de la región más amplia, que incluía al litoral argentino, Paraguay y el sur de Brasil. En la interpretación de los autores, el afán de las empresas extranjeras por extraer ganancias fuertes en el corto plazo perjudicó al medio rural y desestimuló el desarrollo. Dicho de otra manera, el lento avance económico no fue la causa del bajo beneficio que aportó el ferrocarril a la economía uruguaya, sino que fue la consecuencia de una estrategia de parte de las empresas británicas que se dirigía a captar el tráfico de sólo ciertos productos de alto valor, y no al desarrollo del potencial económico del país. En palabras de estos autores, "el ferrocarril en manos de las compañías británicas no modificó las estructuras agrarias sino que las consolidó, no llevó tras de sí el progreso económico sino que fue tras él, para satisfacer las ganancias que eran su razón de ser".

Uno de los argumentos de Barrán y Nahum es que, en el decenio de 1880, el periodo de mayor construcción ferroviaria, menos de la cuarta parte de las exportaciones de Uruguay se destinaba a Inglaterra, y éstas formaban una mínima parte de las importaciones de ese país. De acuerdo con los autores, las cantidades producidas en el territorio uruguayo no merecían una red tan extensa como la que se construyó. Sin embargo, también señalan que la inversión en el *hinterland* platense era suficiente para esperar altos rendimientos. Es decir, era el comercio de

tránsito con una zona mucho más extensa que el pequeño territorio uruguayo lo que hacía el negocio ferroviario redituable, y
es lo que rigió el tamaño de la inversión y la forma en que se
tendió la red. Los autores citan como evidencia el trazado radial
del sistema, que se extendía de Montevideo hacia la frontera con
Brasil y el litoral del río Uruguay, que quedaba frente a Argentina. Argumentan que la red, tal como se construyó, no permitía un tránsito fluido entre diferentes puntos del interior, y que
esto reforzó el dominio de Montevideo sobre el resto del país y
perjudicó el desarrollo de un mercado interno dinámico.

Sin embargo, esta línea de argumentación tiene algunos defectos. Por ejemplo, Millot y Bertino señalan que el trazado radial podía canalizar el comercio de tránsito hacia Montevideo al
mismo tiempo que servía las necesidades de la economía nacional. También muestran que el trazado del ferrocarril seguía el de
los viejos caminos de diligencias, carretas y troperos, y advierten
que la tardanza en llegar hasta las fronteras del país habla en
contra de la importancia del comercio de tránsito en la estrategia
de las empresas. Es decir, la red se tendió primero para conectar
los poblados del interior de Uruguay con el puerto de Montevideo, y luego se extendió hacia las fronteras, siguiendo la forma
más natural para cualquier red de transporte en un país de tan
baja densidad poblacional. Además, como señala Winn, las empresas ferroviarias invirtieron en el establecimiento de colonias
agrícolas en las zonas por donde pasaba la vía. Es decir, el ferrocarril no sólo fue construido por delante de la demanda, sino
que se hicieron esfuerzos para promover el desarrollo del medio
rural de forma directa.

Por otra parte, un trazado que ponía a Montevideo en contacto directo con todas las regiones del país tenía importancia
para la consolidación del Estado nacional: fortalecía su autoridad central y permitía el desplazamiento militar contra los cau-
dillos del interior. Para dar un ejemplo de la importancia de la
red desde el punto de vista militar, de acuerdo con las *Memorias*

del CUR, durante la revolución de 1904 se pudieron transportar más de 110 000 caballos en ferrocarril, la mayoría probablemente para uso del ejército, frente a los cinco o 10 000 por año habituales en esa década. La red férrea, y su trazado estratégico, lo hizo posible.

Como se mencionó, el impacto económico del ferrocarril fue bajo en parte porque no presentaba ventajas grandes en términos de precio en comparación con los medios de transporte alternativos. Esto ocurría entre otras cosas porque, a pesar de que se redujeron en el periodo, las tarifas cobradas por el ferrocarril siguieron siendo relativamente altas. Como se ve en la gráfica 2, la tarifa media para la carga cayó alrededor de 50%, mientras la de los pasajeros se redujo en su cuarta parte. Esta reducción de precios fue menor que la que ocurrió en otros países. Por ejemplo, en México en el decenio de 1880, la tarifa media del transporte de cargas se redujo más de un 80% para algunas líneas.

En Uruguay, hacia 1913, el precio medio del transporte ferroviario era sólo un tercio del transporte carretero. No obstante, los fletes ferroviarios se adecuaban a los productos de alto valor,

Gráfica 2. Tarifa media por ton/km y pasajeros/km
(precios constantes de 1913)

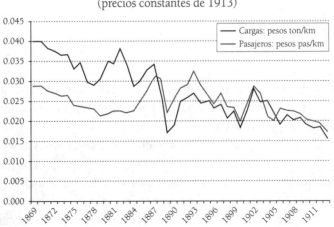

Fuentes: Díaz (2014). Deflactado con IPC de Bértola *et al.* (1999).

como la lana y los cueros, y algunas mercancías importadas, pero no a la producción agrícola. De acuerdo con los datos proporcionados por Barrán y Nahum, para los viajes más largos, la incidencia de los fletes en las lanas y los cueros en el periodo 1905-1913 era alrededor de 3% de su valor comercial, mientras que para el trigo era alrededor de 11% y para el maíz llegaba a más de 14%. De acuerdo con estos autores, a pesar de que las tarifas eran más bajas que el costo del transporte carretero, no se adecuaron a la baja relación precio/volumen de los granos, y fueron uno de los principales frenos al desarrollo de la agricultura. No obstante, cabe señalar que la incidencia de la tarifa ferroviaria en el precio de los granos no era tan alta en el contexto internacional. Por ejemplo, en México, la incidencia del flete ferroviario en el valor del maíz era 13%, muy similar a lo que ocurría en Uruguay (véase el cuadro 1 en el capítulo sobre México, p. 89). El transporte fluvial era barato, y compitió con el ferrocarril durante todo el periodo. El ferrocarril también tardó mucho tiempo en atraer el transporte de ganado en pie, en gran parte porque el sector de animales destinados al saladero, que eran de bajo valor, no podía soportar los altos fletes. Además, la pérdida de grasa que sufrían los animales en el camino al saladero no afectaba el tasajo, un producto para el que se eliminaba toda la grasa. Hasta 1905, más de la mitad del ganado vacuno que llegaba a La Tablada de Montevideo lo hacía caminando. Sólo después de la introducción del frigorífico, en el que se prefería la carne con grasa, y el aumento en los precios de la carne en el segundo decenio del siglo XX, el ferrocarril pudo sustituir al tropero como el medio de transporte preferido para el ganado en pie.

Para Barrán y Nahum, no sólo eran altas las tarifas, sino que la infraestructura era deficiente y el servicio era malo. Los productores rurales se quejaban de retrasos e inconvenientes de todos tipos. En particular, la falta de instalaciones complementarias, como depósitos y galpones, provocaba demoras durante las cuales la mercadería tenía que quedar en los vagones, expuesta a los elementos durante varias horas o a veces, días. Si bien era un problema grave para la lana y el trigo, el daño que podía causar en el caso del ganado en pie era inconmensurable. La historiografía ha asociado las insuficiencias en las instalaciones y el servicio a la forma del subsidio estatal y los incentivos perversos que éste creaba para las empresas, algo que se discute en detalle más adelante. Para Barrán y Nahum, la situación del servicio constituye otro canal mediante el cual la avaricia del capital extranjero perjudicó el desarrollo del país.

Millot y Bertino insisten en que el lento progreso de la economía uruguaya en el periodo, lejos de ser resultado de una estrategia extractiva por parte de las empresas británicas, está más vinculado con el hecho de que básicamente la tierra estaba ya apropiada, es decir, no había una frontera abierta. Además, el suelo uruguayo no era tan adecuado para la agricultura como era el suelo de la pampa argentina. Destacan también que hubo una falta de apoyo estatal para el asentamiento en las pocas tierras disponibles para el cultivo. En general, los historiadores, incluyendo a Barrán y Nahum, coinciden en que una de las principales trabas al desarrollo en el campo era la escasez del crédito, algo que se vinculaba al dominio de la clase comercial y a la ortodoxia monetaria practicada en esta etapa (Uruguay se aferró al patrón oro de 1876 a 1914). Además, el país fue perdiendo el comercio de tránsito durante el periodo en cuestión, en parte por la lentitud con que la vía se extendía hacia las fronteras y la tardanza en mejorar el puerto de Montevideo (recién en 1905 se abrió la primera sección de un puerto moderno), y porque las redes argentinas y brasileñas le quitaron el tráfico, desviándolo hacia sus propias salidas marítimas. Por otra parte, los empresarios de las líneas férreas parecen haber estado muy preocupados por el desarrollo de las zonas rurales. De acuerdo con las memorias de las compañías, éstos insistían reiteradamente al gobierno sobre la importancia de una política inmigratoria más adecuada y apoyo estatal para el establecimiento de colonias agrícolas. A la luz de la discusión anterior, es probable que el bajo impacto del ferrocarril tenga más que ver con las carencias en estos aspectos que con un comportamiento puramente extractivo por parte de las empresas ferroviarias.

Si bien el ferrocarril no fue un catalizador de la agricultura y la colonización rural como en otros países, hay un sector en el que sí tuvo un efecto importante. A principios del siglo XX apareció una nueva industria en Uruguay, el frigorífico, lo que permitió al país agregar las carnes congeladas y enfriadas, productos de alto valor y demanda creciente, a su cartera de exportaciones. La modernización en el sector ganadero —el cercado de los campos, el mestizaje del ganado y mejoras en las praderas— fue atrasada en Uruguay, deteniendo la implantación de esta actividad para la cual un flujo estable de animales de alta calidad era imprescindible. Como se mencionó, el frigorífico se instaló en Uruguay con más de 20 años de retraso con respecto a Argentina. No obstante, hacia 1914, la industria frigorífica absorbía una buena parte del ganado faenado en el país. Mientras predominó el saladero como destino para el ganado en pie, el tropero siguió siendo la forma de transporte más competitiva. En cambio, el frigorífico pagaba precios para el ganado que permitían que se trasladara con un medio de transporte moderno. La red ferroviaria extensa, que llegaba a las zonas ganaderas del interior del país, era una condición necesaria para el desarrollo de esta actividad, y en los primeros decenios del siglo XX el ferrocarril se convirtió en el principal medio de transporte para el ganado en pie.

4. LA RENTABILIDAD
DE LAS EMPRESAS FERROVIARIAS

La perspectiva negativa acerca de los ferrocarriles británicos está fundada, en gran medida, en la afirmación de que las ganancias de las empresas eran altas y que se enviaron grandes sumas a

Inglaterra en forma de intereses y dividendos sobre el capital financiero. El argumento es que, a pesar de la aparente sobredimensión de la red para el tamaño del país, y el bajo tráfico que produjo, las empresas pudieron extraer jugosos retornos por medio de las altas tarifas y los desembolsos del Estado a cuenta de garantías.

Barrán y Nahum han sido especialmente insistentes en este punto, y señalan como evidencia los altos dividendos pagados sobre las obligaciones financieras de las empresas. Para el CUR, los dividendos llegaron a 6% en 1912 (y habían pagado 7.5% en 1889-1890, justo antes del estallido de la crisis). Los autores consideran que estos dividendos eran excelentes en relación con los de otros países, señalando que en Inglaterra se pagaba un interés de 3% o menos en esos años.

No obstante, un examen más detallado del asunto revela una realidad algo diferente. Barrán y Nahum ponen demasiado énfasis en los resultados financieros de los mejores años y en las partes más rentables de la red. Un ferrocarril requiere gastos muy grandes durante el tiempo de su construcción, y la inversión puede tardar muchos años en madurar, especialmente si se tiende "por delante de la demanda", como probablemente fue el caso en Uruguay. Para evaluar su rentabilidad es importante tomar en cuenta los ingresos y gastos a lo largo de un periodo razonable de maduración. Por otra parte, altos retornos para una de las empresas no quiere decir que todas eran rentables. Para argumentar que los efectos negativos en el desarrollo de la economía uruguaya fueron el resultado las altas ganancias del capital británico, es necesario tomar en cuenta el sector ferroviario en su conjunto. Adicionalmente, la barra de comparación que escogen Barrán y Nahum no es la correcta. El interés pagado en Inglaterra era bajo, pero en general las inversiones en ese país eran mucho más seguras que la inversión ferroviaria en una economía poco desarrollada y relativamente despoblada, como era Uruguay en el siglo XIX. Por tanto, los inversores seguramente exigirían un retorno más alto para compensar el riesgo asociado a este tipo de negocio. Es más razonable utilizar la tasa de retorno sobre activos con un riesgo similar al de los ferrocarriles, como el de los títulos de deuda pública uruguaya, ya que las dos eran garantizadas por el Estado.

Era común en la época ofrecer descuentos sobre *debentures* y acciones ferroviarias, o efectuar pagos por insumos o servicios en forma de títulos. Debido a estas prácticas, evaluar la rentabilidad efectiva de las empresas en vez de la de los tenedores de la deuda y dueños de las acciones, puede dar una idea más precisa acerca del desempeño económico de la inversión. Las cifras presentadas en los siguientes párrafos fueron estimadas por quien escribe, y están basadas principalmente en información de los balances de las cinco empresas ferroviarias más importantes que operaron en Uruguay en el periodo, así como en datos de los anuarios estadísticos del país. En todos los casos las estimaciones incluyen los subsidios pagados por el Estado.

La rentabilidad media anual de la red ferroviaria en su conjunto entre 1869 y 1913 era alrededor de 3.2%, mientras que la deuda pública uruguaya pagaba en promedio alrededor de 7% anual a lo largo del mismo periodo. Esto significa que, por lo menos de acuerdo con la contabilidad de las empresas, el sector ferroviario en su conjunto no fue rentable. Es posible que si se tomara un lapso más largo, la rentabilidad media sería algo más alta, por lo menos para las empresas británicas (como se mencionó, a partir de 1915 algunas pequeñas líneas pasaron a manos del Estado). En la década de 1920 los ingresos netos de las empresas británicas se mantuvieron altos —aunque sólo en algunos años superaron las cifras de 1911-1912— y no se invirtió en vías nuevas. No obstante, en este decenio comenzaron a caducar las garantías y luego de 1930 el sector entró en crisis. La información contable de las empresas británicas en los decenios de 1920 y 1930 es incompleta, y por tanto es difícil dilucidar este asunto con precisión. No obstante, es probable que en promedio la inversión ferroviaria en Uruguay nunca alcanzara un nivel de rentabilidad adecuada como para compensar el costo de oportunidad de los recursos invertidos durante el periodo de expansión.

El cuadro 1 muestra la rentabilidad media de las principales compañías que operaron líneas ferroviarias antes de 1913. La situación de la mayoría de las empresas individuales era similar o peor que la del sector en su conjunto. Sólo el CUR tenía retornos algo más altos, de 4.2 en promedio, debido a que tenía el tronco central de la red y recogía el tráfico de las otras líneas, aunque tampoco compensó el costo de los fondos invertidos. La Western Extension Company, parte de la familia de empresas controladas por el CUR, tuvo retornos negativos en el periodo. El resultado es tan bajo en parte porque fue abierto a la explotación apenas en 1900, y su rentabilidad ha sido calculada sobre sólo 14 años, un lapso demasiado corto como para amortizar la inversión inicial. Además, ésta fue la única línea grande que se construyó sin la garantía estatal, y por tanto sus ingresos no incluyen transferencias del Estado. Las otras grandes empresas tuvieron retornos promedio de entre 2.7 y 3.4%, cercanos a los de la red

Cuadro 1. Rentabilidad media de empresas ferroviarias entre el año inicial de la inversión y 1913

Empresa	Año en que comenzó la inversión	Rentabilidad (porcentaje)
Central Uruguay Railway (línea central del sistema)	1869	4.2
Central Uruguay Railway y Extension Companies (con Hygueritas y N.E. of Uruguay)	1869	3.8
Central Eastern Extension	1887	3.4
Central Northern Extension	1889	3.0
Central Western Extension	1900	−0.5
Midland	1888	2.7
Otras líneas	—	2.0

Fuente: Díaz (2014).

en su conjunto. El renglón "otras líneas" muestra la rentabilidad media del capital de las empresas restantes.

La baja rentabilidad de las empresas se reflejaba también en los intereses y dividendos pagados a lo largo del periodo. Por ejemplo, las Northern y Eastern Extension Companies, que pagaban 5% sobre sus *debentures*, remitieron dividendos de 3.5% en promedio entre 1890 y 1913, mientras que la Western Extension Company nunca pagó dividendos. El CUR, que pagaba 6% sobre sus *debentures*, envió en promedio menos de 4% sobre su capital accionario entre 1878 y 1913. Estos dividendos no habrían sido satisfactorios para compradores de las acciones, quienes tenían opciones que pagaban tasas similares pero que eran menos riesgosas. Por ejemplo, habrían tenido un retorno más alto colocando sus fondos en deuda pública uruguaya que en acciones ferroviarias.

Es necesario hacer una precisión sobre la fiabilidad de los datos presentados. Durante esta época era común que las empresas con garantía, en Uruguay y en otros países, falsificaran la contabilidad presentada en sus memorias. Una razón podía ser para reducir las ganancias declaradas y así aumentar la cantidad de subsidio que recibían. De acuerdo con Barrán y Nahum, en Uruguay esta práctica era conocida por los gobernantes, pero no había manera de controlar a las empresas de forma eficiente. Las empresas que gozaban de la garantía sobre sólo una parte de sus líneas fueron acusadas de distribuir los costos de operación de tal forma que reducían las ganancias sobre la parte garantizada, para así cobrar más subsidio. Si hacer esto aumentaba las ganancias sobre la parte no garantizada, no les afectaba, porque en el momento de renunciar a la garantía sobre esas secciones también se liberaban de la obligación de repagar los subsidios luego de años de alta rentabilidad. Las empresas también fueron acusadas de inflar los costos de construcción. Hay poca información acerca de las dimensiones de esta práctica, y es probable que fuera común; no obstante, el valor real del capital ferroviario tendría que haber sido, en promedio, de alrededor de la mitad de lo declarado para que la red en su conjunto resultara rentable.

La baja rentabilidad de la inversión probablemente derivaba de los mismos factores que limitaron su impacto económico. La geografía del país y la especialización productiva no eran las mejores para el desarrollo de un tráfico denso, y en un país tan pequeño, la distancia media de los viajes era muy corta, quitándole una de las principales ventajas al ferrocarril. La pérdida del comercio de tránsito también fue un golpe a los ingresos de las empresas. Con flujos de tráfico reducidos y viajes muy cortos, no era posible captar economías de escala. Esto hacía que los costos se mantuvieran altos, y por tanto las tarifas también. Esto posiblemente afectó la calidad del servicio; es decir, las empresas intentaron reducir gastos para no tener que aumentar aún más las tarifas. Como se mencionó, las altas tarifas posiblemente desalentaron el crecimiento de la agricultura y el uso del ferrocarril para el transporte del ganado. El lento desarrollo en el medio rural redujo aún más las posibilidades de producir tráfico.

5. EL EFECTO DE LOS SUBSIDIOS ESTATALES

En promedio para todo el periodo, alrededor de 3% del presupuesto anual del gobierno central se destinó a las empresas ferroviarias por concepto de garantía (incluyendo el valor de los bonos entregados para pagar deudas atrasadas, y los intereses sobre estos bonos cuando las empresas los mantenían en su poder). En el decenio posterior a 1892, cuando el Estado empezó a pagar la garantía en tiempo y forma (ahora a una tasa de 3.5%), éste absorbía alrededor de 6% del presupuesto estatal anual. A principios del siglo XX crecieron los ingresos netos de explotación de las empresas y aumentaron los ingresos del Estado, de forma que, hacia 1913, se cubría la garantía con sólo 2.5% del presupuesto público. En total, el Estado gastó más de 14 millones de dólares (a precios de 1913) en el periodo, o más de 13 000 dólares por kilómetro.

Estos montos contribuyeron enormemente a los ingresos de las empresas. Sin el subsidio estatal, la rentabilidad media de la red tal como se desarrolló durante el periodo de expansión hubiera sido de 1.5%, o menos de la mitad del valor estimado en el apartado anterior. La contribución del Estado uruguayo a la rentabilidad del sector ferroviario (1.7%) estuvo acorde con lo que ocurrió en otros países. Por ejemplo, los datos reportados por William Summerhill para seis de las líneas ferroviarias más importantes de Brasil —país donde también se aplicó una garantía de interés— muestran que el Estado contribuía entre 0.2 y 3 puntos porcentuales a la rentabilidad de las empresas en los decenios anteriores a 1913.

La política de garantizar las ganancias de las empresas ferroviarias en Uruguay fue fuertemente criticada durante la época. La forma del subsidio —un valor fijo pagado sobre cada kilómetro construido— creaba incentivos para hacer el trazado de la vía más largo de lo necesario. Tender la vía alrededor de obstáculos geográficos reducía la necesidad de construir obras de ingeniería costosas; esto reducía el costo medio de la vía, pero aumentaba el kilometraje total. También había incentivos para construir una red barata y de baja calidad porque el subsidio se pagaba sobre un valor fijo, y reducir el capital efectivamente invertido aumentaba la rentabilidad porque el monto garantizado se mantenía igual. Barrán y Nahum señalan que los problemas con el servicio que se reclamaban durante la época derivaban en parte de estas prácticas, y que el "ahorro en la construcción, por las numerosas curvas y pendientes, … hacía onerosa la explotación de la línea … Todo ello las compañías lo descargarían sobre el cliente del ferrocarril —el ganadero, el agricultor, el comerciante—, y las altas tarifas serían, en parte, un resultado de los defectos de la construcción". Es decir, en opinión de estos autores, en vez de incentivar la reducción de las tarifas, el subsidio alentaba su aumento. Asimismo, independientemente de la calidad de la red, la prestación del servicio podía verse afectada por la forma del subsidio. Para una línea que no tenía perspectivas de producir altos ingresos de explotación, en términos económicos lo más racional podía ser ofrecer un servicio mínimo, reduciendo así los gastos, y depender principalmente de la garantía para sus ganancias. No obstante, como ya se discutió, la red fue construida con propósitos claramente desarrollistas. En este sentido, las empresas habrían, dentro de lo posible, intentado ofrecer un servicio eficiente para alentar el establecimiento de unidades productivas en las zonas por donde pasaba. Las deficiencias en el servicio probablemente se asociaban más con que la rentabilidad de las empresas (inclusive del subsidio) fue muy baja, lo que imponía la necesidad de reducir gastos, que con una estrategia de aprovecharse del subsidio estatal.

Otro tema relacionado con la garantía es el efecto de los atrasos e incumplimientos de los pagos por parte del Estado, y el reajuste negociado en 1892, los cuales redujeron los retornos de la inversión percibidos por las empresas. Si las garantías se hubieran pagado en tiempo y forma antes de 1892 (asumiendo que ninguna parte de la red renunciara a la garantía, como ocurrió en la realidad), la rentabilidad habría ascendido hasta un poco más de 4%. En el caso de que la tasa garantizada de 7% sobre el capital fijo se hubiera mantenido para todo el periodo, la rentabilidad media habría llegado a 5%. La discrepancia entre esta última tasa y la tasa garantizada deriva, en parte, de que el valor del capital efectivamente invertido era más que el valor fijo establecido, sobre todo por las mejoras que se hicieron al tronco central de la red a lo largo del periodo para que pudiera sustentar un tráfico elevado, y que aumentaron el costo medio por kilómetro (este hecho, por sí solo, indica una estrategia desarrollista). Estas cifras muestran que las pérdidas en la rentabilidad derivadas del incumplimiento del Estado con los acuerdos de garantía no eran menores. No obstante, aunque sí se hubiera pagado en tiempo y forma, la red en promedio no habría sido rentable.

EPÍLOGO

La expansión de la red con el impulso de las empresas extranjeras se acabó en el segundo decenio del siglo XX. El clima político se había vuelto más hostil al capital británico, y el Estado comenzó a tomar acciones más intervencionistas. En 1907 se creó un Ministerio de Obras Públicas, seguido en los años posteriores por la fundación de agencias de contraloría y dirección de varias actividades económicas, especialmente aquéllas relacionadas con los servicios públicos. En 1915 el Estado se hizo cargo de algunas pequeñas líneas: el Ferrocarril y Tranvía del Norte, el ramal de Durazno a Trinidad, el Ferrocarril Uruguayo del Este y un aislado tramo de Rocha a la Paloma. Éstas se organizaron en un nuevo organismo llamado Ferrocarriles y Tranvías del Estado. Posteriormente el Estado absorbió 100 km más de la vía de las empresas privadas, y construyó por su cuenta varios ramales que empalmaban con la red británica, para sumar en total unos 460 km.

Las empresas privadas entraron en un proceso de consolidación, en el que las más pequeñas cedían la operación del servicio al CUR. En el decenio de 1930 ya había un único administrador para toda la red, aunque el capital de las cinco grandes empresas existentes se mantuvo separado. Probablemente la década de 1920 fue el periodo más rentable para las compañías británicas: aumentaron las cantidades transportadas debido a la fuerte demanda de las exportaciones uruguayas, mientras que la empresas dejaron de construir nuevas líneas, lo que les permitió ahorrar en gastos de capital. No obstante, pronto entrarían en crisis, iniciando un prolongado declive del sector ferroviario en el país.

Las fluctuaciones en el tipo de cambio y el control por el Estado de las divisas después de 1931 dificultó a las empresas pagar los insumos importados, como los repuestos y el combustible, y también complicó el pago de los intereses y dividendos de las obligaciones financieras. Por esta razón, a partir del segundo decenio del siglo XX la fijación de las tarifas se convirtió en un punto de conflicto entre las empresas privadas y el Estado. Las empresas necesitaban subir los precios para cubrir los costos de productos importados, que se pagaban en libras, mientras percibían ingresos en pesos uruguayos depreciados. El Estado temía que aumentar las tarifas afectara negativamente a otros sectores, y amenazaba con intervenir directamente en la fijación de las tarifas.

En parte debido a estos conflictos, la venta de las empresas ferroviarias al Estado uruguayo había sido discutida en varias instancias desde el segundo decenio del siglo XX. En 1921 se propuso la venta del CUR en el contexto de una disputa sobre la fijación de tarifas. A fines de ese mismo decenio se replanteó la idea entre el gobierno y el CUR, quienes llegaron a un acuerdo en 1931, pero la caída del peso con respecto a la libra ese año, canceló ese proyecto. Frente a los problemas para el comercio exterior provocados por la segunda Guerra Mundial, aumentaron los costos de las empresas y su rentabilidad se redujo fuertemente. El administrador de los ferrocarriles de propiedad británica en Uruguay, Hugh Grindley, planteó cuatro opciones al gobierno uruguayo para solucionar lo que él veía como una situación insostenible: permitir un aumento en las tarifas, renovar las garantías, crear una compañía mixta en la cual el Estado pondría parte del capital, o vender todos los ferrocarriles británicos al Estado uruguayo. En la primera instancia, la estatización total de la red no era la opción preferida, pero pocos años más tarde resultó ser la solución más viable.

Las deudas que el Reino Unido había acumulado con Uruguay durante la segunda Guerra Mundial eran enormes; las libras en cuentas congeladas sumaban 17 millones. En un arreglo similar al que se hizo con otros países, se canceló parte de la deuda mediante la venta de las empresas de propiedad británica al Estado uruguayo. En el inicio de las negociaciones oficiales el gobierno ofrecía alrededor de 5.7 millones de libras, con base en el valor de las acciones de las empresas, mientras que los británicos pedían 10.7 millones. El convenio de compra-venta se firmó el 2 de marzo de 1948, estableciendo un precio de 7.15 millones de libras, y la transferencia legal de la infraestructura a manos del Estado se efectuó el 31 de enero de 1949.

La nacionalización de la red ferroviaria estaba acorde con los ideales desarrollistas de la época, que implicaban una mayor intervención del Estado en la economía, incluyendo el control directo de "sectores estratégicos". Se argumentaba que la infraestructura podía ser utilizada al servicio de la industria y la agricultura nacionales, en vez de que sirviera a los intereses del capital extranjero. No obstante, el ferrocarril estatal enfrentaba dificultades importantes. La competencia fuerte y creciente del transporte automotor, que ya se había sentido desde la década de 1930, reducía las posibilidades de aumentar el tráfico ferroviario. Al mismo tiempo, la vía, las instalaciones y el material rodante estaban en muy malas condiciones. Por tanto, hacerse cargo de la red a fines del decenio de 1940 presentaba problemas muy difíciles de resolver.

Por un lado, había que decidir la forma en que las nuevas adquisiciones se articularían con los ferrocarriles que ya estaban en manos del Estado, así como con el sector transporte en su conjunto. Las cinco empresas ex británicas, que se combinaron bajo el nombre Ferrocarril Central del Uruguay en el momento de la compra, fueron fusionadas con los Ferrocarriles del Estado tres años más tarde, en 1952, para formar la Administración de Ferrocarriles del Estado (AFE), la entidad estatal que ha manejado el servicio ferroviario desde ese año hasta el presente. Se proponía también declarar el transporte de larga distancia (viajes de más de 100 km) de "servicio público"; el transporte automotor sería absorbido por la misma entidad que controlara el servicio ferroviario, creando así un monopolio estatal del transporte interdepartamental. No obstante, la propuesta no consiguió el apoyo necesario, y la AFE nació teniendo que enfrentarse a un mercado de transporte cada vez más competitivo.

Por otro lado, en casi dos decenios la red ferroviaria no había tenido inversión en renovación y mantenimiento. Las dificultades para importar bienes de capital y materiales para dar servicio a las instalaciones y al parque motor, así como el descenso en los ingresos de las empresas británicas, habían creado una situación que, en palabras de Agustín Maggi, administrador de los ferrocarriles nacionalizados, era "extremadamente precaria". Maggi propuso un plan que contemplaba la construcción de nuevas estaciones, talleres y viaductos, así como mejoras y rectificaciones de vías, y la construcción de puentes y nuevas conexiones en las partes más transitadas de la red. El material de tracción, que tenía en ese entonces un promedio de 45 años de uso, también necesitaba ser renovado. Se apuntaba a que todo el parque motor utilizara diésel, citando las eficiencias que se producirían en términos de mantenimiento, reparaciones, y especialmente en los gastos de combustible.

A la larga, este plan de inversiones, así como los que se implementaron en los siguientes decenios, resultaron inadecuados para poder mantener los niveles de tráfico, al mismo tiempo que fueron un peso importante en los gastos de la empresa. Por otra parte, la caída en el tipo de cambio real en este periodo (en promedio 30% anual contra el dólar entre 1952 y 1965) seguía encareciendo los insumos importados, lo que, junto con aumentos salariales efectuados, llevó a un crecimiento enorme en los costos de la empresa, que se duplicaron entre 1948 y 1966. Mientras tanto, los ingresos de la AFE entraron en declive, en parte por la política tarifaria, que se convirtió en un problema permanente e insoluble para la empresa pública. Por un lado, la creciente competencia del automotor no dejaba mucho margen para incrementar las tarifas ferroviarias. Por otro, en algunos lapsos se mantuvieron las tarifas bajas para reducir las presiones inflacionarias, y se aplicaron "tarifas sociales" para privilegiar a ciertos grupos de usuarios del servicio. Los ingresos netos de los ferrocarriles estatales, tanto como de los británicos, fueron deficitarios desde el decenio de 1940, pero luego de la nacionalización entraron en declive, y en la década de 1960 llegaron a consumir más de 6% del presupuesto anual del gobierno central.

A principios del decenio de 1960 se implementaron medidas para contener los gastos, frenar la caída en los ingresos y reducir los déficits. Se cancelaron algunos de los servicios menos rentables. En la década de 1970 se comenzó a reducir el número de empleados, que se había mantenido en alrededor de 10 000 después de la fusión de los ferrocarriles británicos con los estatales. En 1987 se hizo una reforma completa de la empresa, cerrando algunas líneas, y el año siguiente eliminando el servicio de pasajeros. La tendencia en el déficit se revirtió, y en los últimos dos decenios se ha mantenido por debajo de 1% del presupuesto del gobierno central. La gráfica 3 muestra el déficit anual de los ferrocarriles del Estado entre 1948 y 2010.

Al momento de terminar este artículo, 2014, la red ferroviaria sigue siendo de propiedad estatal. Sólo hay 1 641 km de vía en operación, es decir, alrededor de 50% del máximo histórico. El servicio de pasajeros se ha rehabilitado, pero sólo para las

Gráfica 3. Ingresos netos de explotación del sector ferroviario uruguayo, 1948-2010

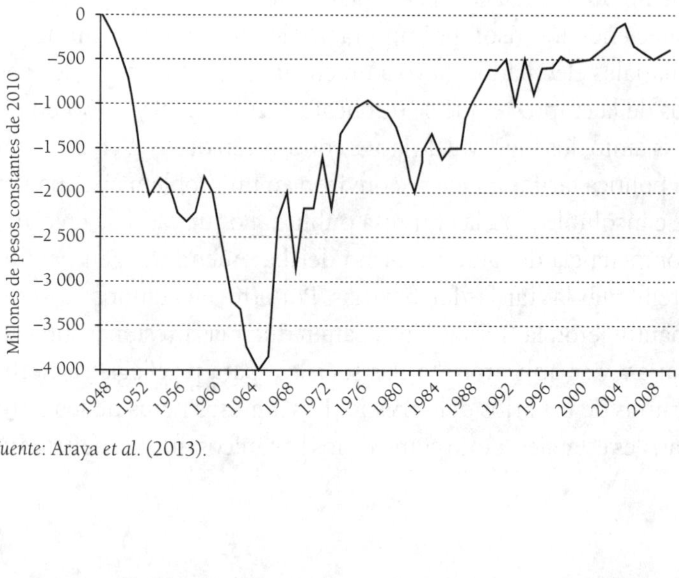

Fuente: Araya *et al.* (2013).

zonas suburbanas de Montevideo. A pesar de la reducción de la cantidad de vías en uso, en algunos años la red ha transportado niveles de carga que se acercan a los mejores periodos de la primera mitad del siglo XX. Sin embargo, el tipo de carga ha cambiado: en vez de transportar ganado, lanas y cueros, ahora mueve principalmente cemento, piedra y soya.

En el periodo de expansión anterior a 1913, alentado por las perspectivas de captar un comercio regional, así como por las posibilidades de impulsar el desarrollo de la economía doméstica, se invirtió en una de las redes más densas de Latinoamérica. No obstante, el ferrocarril uruguayo, junto con el puerto de Montevideo, perdieron en la captación del tráfico regional frente a las redes y los puertos argentinos y brasileños. A pesar de los esfuerzos de las empresas británicas, el desarrollo de la economía rural también fue decepcionante, y el país se quedó con una red sobredimensionada para el tamaño de su territorio y su capacidad productiva. Sin embargo, lejos de ser una traba para el desarrollo, desde sus inicios el ferrocarril uruguayo fue importante para mover lana y cueros, y en los primeros decenios del siglo XX se convirtió en el principal modo de transporte de ganado en pie, permitiendo la instalación de la industria frigorífica. Además sirvió para integrar el mercado nacional, y ayudó a consolidar el poder del Estado central sobre el territorio. A pesar de esto, la sobredimensión de la red pesó mucho en las perspectivas del sector, lo que contribuyó a su declive a partir del segundo tercio del siglo XX.

BIBLIOGRAFÍA

Acevedo, Eduardo (1934), *Anales de la Universidad, (1894-1915): Anales históricos del Uruguay*, t. V, Montevideo, Casa A. Barreiro y Ramos.

Araya, Federico, Magdalena Bertino, Gastón Díaz y Milton Torielli (2013), "Uruguay, evolución histórica de la Administración de Ferrocarriles del Estado (AFE): factores determinantes de su desempeño", ponencia presentada en el V Congreso de la Asociación Internacional de Historia del Ferrocarril, Santiago de Chile, 12-13 de septiembre.

Baracchini, Hugo (1978), *Historia de las comunicaciones en el Uruguay*, Montevideo, Universidad de la República.

Barrán, José Pedro, y Benjamín Nahum (1971), *Historia del Uruguay rural moderno, 1886-1894*, t. II, Montevideo, Ediciones de la Banda Oriental.

—— (1973), *Historia del Uruguay rural moderno, 1895-1904*, t. III, Montevideo, Ediciones de la Banda Oriental.

—— (1978), *Historia del Uruguay rural moderno, agricultura, crédito y transporte bajo Batlle, 1905-1914*, t. VII, Montevideo, Ediciones de la Banda Oriental.

Bértola, Luis, Luis Calicchio, María Camou y Gabriel Porcile (1999), "Southern Cone Real Wages Compared: A Purchasing Power Parity Approach to Convergent and Divergent Trends, 1870-1996", Montevideo, Facultad de Ciencias Sociales, Universidad de la República.

Díaz, Gastón (2014), "La inversión ferroviaria en Uruguay antes de 1914: rentabilidad privada, subsidios e impacto económico", tesis de maestría, Montevideo, Facultad de Ciencias Sociales, Universidad de la República.

Dirección General de Estadística, *Anuarios estadísticos*: 1884-2011.

Finch, Henry (2005), *La economía política del Uruguay contemporáneo, 1870-2000*, Montevideo, Ediciones de la Banda Oriental.

Herranz-Loncán, Alfonso (2014), "Transport Technology and Economic Expansion: The Growth Contribution of Railways in Latin America Before 1914", *Revista de Historia Económica/Journal of Iberian and Latin American Economic History*, vol. 32, núm. 1, marzo, pp 13-45.

—— (2011), "The Role of Railways in Export-Led Growth: The Case of Uruguay 1870-1913", *Economic History of Developing Regions*, vol. 26, núm. 2, pp. 1-32.

Marmouget, Luis M. (1969), *Los transportes*, Montevideo, Nuestra Tierra.

Martínez Montero, H. (1955), *El río Uruguay. Geografía, historia y geopolítica de sus aguas y sus islas*, Montevideo, separata de *Revista*

Histórica, t. XXI, núm. 61-63; t. XXII, núm. 64-66; t. XXIII, núm. 67-69; t. XXIV, núm. 70-72.

Martínez Díaz, Nelson (1987), *Los ferrocarriles británicos en Uruguay*, Montevideo, Ediciones del Nuevo Mundo.

Millot, Julio, y Magdalena Bertino (1996), *Historia económica del Uruguay*, t. II: *1860-1910*, Montevideo, Fundación de Cultura Universitaria.

Mourat, Ó. (1973), *La crisis comercial en la cuenca del Plata (1880-1920)*, Montevideo, Ediciones de la Banda Oriental.

Nahum, Benjamín (1994), *Deuda externa uruguaya: 1864-1913*, Montevideo, Ediciones de la Banda Oriental.

Rapoport, Mario (2000), *Historia económica, política y social de la Argentina (1880-2000)*, Buenos Aires, Ediciones Macchi.

Rodríguez Carrasco, Ángel (1998), "Los ferrocarriles en la cuenca del Plata", en *Historia de los ferrocarriles de Iberoamérica (1837-1995)*, Madrid, Unión Fenosa.

Román, Carolina, y Henry Willebald (2012), "Indicadores de inversión en el largo plazo: una propuesta para Uruguay, 1870-2011", documento de trabajo núm. 21/12, Instituto de Economía, Udelar.

Summerhill, William R. (2005), "Big Social Savings in a Small Laggard Economy: Railroad-led Growth in Brazil", *Journal of Economic History*, 65, núm.1, pp. 72-102.

—— (2006), *Order against Progress. Government, Foreign Investment, and Railroads in Brazil, 1854-1913*, Stanford, Stanford University Press.

Winn, Peter (2010), *Inglaterra y la tierra purpúrea: Gran Bretaña y Uruguay en el siglo XIX. Boom, quiebra e imperio económico 1880-1903*, t. II, Montevideo, Ediciones de la Banda Oriental.

7
ARGENTINA

Andrés M. Regalsky y Elena Salerno

INTRODUCCIÓN

El progreso económico de una sociedad es impensable sin un adecuado sistema de transporte, por medio del cual pueda movilizar sus recursos y relacionar a productores y consumidores en un mercado integrado. En Argentina los ferrocarriles fueron un medio indispensable para esta tarea, ante las limitaciones que los medios terrestres tradicionales, y aun los de navegación fluvial, tuvieron para afrontar ese desafío.

En los primeros decenios del siglo XIX, como señalara Enrique Barba, el pésimo estado de los caminos y el carácter rudimentario de los medios de transporte terrestre, simples tropas de carretas tiradas por bueyes y recuas de mulas, limitaba el desarrollo de los mercados en gran parte de lo que entonces se definía como la Confederación Argentina.

Por otro lado, gran parte del actual territorio argentino se hallaba bajo soberanía indígena. En el sur, la Patagonia entera y la mitad meridional de las provincias de Buenos Aires, Córdoba, San Luis y Mendoza. En el norte, el denominado Gran Chaco que incluía además de la provincia de ese nombre y Formosa (hasta el límite con Paraguay), la mitad norte de la de Santa Fe y el nordeste de Córdoba.

Las escasas ciudades se hallaban muy dispersas y a gran distancia unas de otras. El camino de Buenos Aires a Mendoza, en el oeste, implicaba recorrer unos 1 000 km sobre terreno llano pero desértico, lo que demandaba casi 50 días de viaje en carreta. A Córdoba, la principal ciudad del interior, en el centro del país y con un relieve más áspero, se llegaba en algo más de 30 días. Las distancias y duración de los viajes hacia el noroeste eran aún mayores: 1 200 km y 60 días de viaje a Tucumán. De ahí a Jujuy, ya en el camino a Bolivia, restaban 400 km, y a medida que se iba ganando altitud, las recuas de mulas eran más utilizadas, aun cuando su capacidad de carga fuera mucho más limitada (la carreta podía transportar unos 1 700 kg de carga).

Las únicas vías navegables eran los dos grandes ríos, Paraná y Uruguay, que bordeaban la denominada región "litoral" o este del país, en dirección norte-sur, para desembocar en el Río de la Plata. Santa Fe distaba unos 500 km de Buenos Aires, y Corrientes —en el camino a Paraguay— unos 1 000. Asunción se ubicaba casi 500 km más allá. En relación con el transporte terrestre, no cabe duda que el fluvial resultaba mucho más veloz. Para ir de Buenos Aires a Paraguay se podía demorar, según el tipo de barco, 90 días, y para regresar unos 30 o 40. En tanto entre Corrientes y Buenos Aires se demoraba unas 25 jornadas, y de Santa Fe a Buenos Aires, unos 18 días. Sin duda el transporte río arriba, en ausencia de vientos favorables era más dificultoso que la bajada hacia el Plata, pero aun así los tiempos eran considerablemente más cortos que en transporte terrestre, y la capacidad de carga de cada unidad, muy superior: entre 35 y 40 toneladas promedio para las embarcaciones —en su mayor parte precarias— que surcaban el Paraná.

A partir de mediados de siglo se experimentó en el país una verdadera revolución en el sistema de transportes, que fue una de las bases fundamentales de la formidable expansión económica que se verificó en ese mismo periodo y hasta las vísperas de la primera Guerra Mundial. Los cambios, que comenzaron paulatinamente y se aceleraron a partir del decenio de 1880, se resumieron en la aplicación de la energía de vapor, cuyo símbolo más emblemático fue el ferrocarril. No obstante, antes que las líneas férreas adquirieran una dimensión capaz de modelar el crecimiento de la economía, otras innovaciones en los transportes terrestres y fluviales fueron iniciando los cambios.

A mediados del siglo XIX, el transporte fluvial en el litoral tuvo un temprano proceso de expansión con la entrada de nuevos empresarios —fruto de la creciente inmigración, sobre todo de italianos— y el aumento en el volumen de mercancías que trasladaba. Fue en esta rama, al igual que lo sucedido en Estados Unidos, donde primero se dio la aplicación de la tracción a vapor. Hacia fines de la década de 1840 comenzó a emplearse en los buques, en principio para el traslado de pasajeros. Paulatinamente estos vapores ampliaron su capacidad de carga, y comenzaron a disputar exitosamente el tráfico de mercancías. Por las características del litoral fluvial, que impedían aprovechar adecuadamente los vientos para las embarcaciones a vela, pudieron acortar de forma significativa la duración de los viajes. Hacia 1880, transportaban ya 50% de la carga de cabotaje, y para el final del siglo, su participación subía a casi 90% del tonelaje de registro.

En el caso del transporte terrestre el proceso de cambios fue más lento y difícil, y estuvo mucho más vinculado —y dependiente— de la situación político-institucional del país. Las primeras novedades se registraron en el transporte de pasajeros, mediante la rápida difusión de las galeras y diligencias, importadas de Estados Unidos y explotadas por empresas que tenían también a su cargo el servicio de correos, y contaban con apoyo financiero del Estado. Estas *mensajerías* permitieron asimismo introducir mejoras en el transporte de carga, al explorar e inaugurar nuevos caminos más cortos y directos. También contribuyó a ello uno de los primeros proyectos ferroviarios, el del ferrocarril de Rosario a Córdoba, diseñado en 1854 pero abierto 16 años más tarde, cuya traza fue entre tanto adaptada para el transporte de tracción animal entre ambas ciudades, lo que permitió acortar la distancia considerablemente. Al mismo tiempo, la introducción en ese entonces de carros de cuatro ruedas, tirados por caballos y mulas, duplicó la velocidad del transporte en relación con la carreta tirada por bueyes, aunque con un mayor costo.

Fue en ese contexto que tuvieron lugar, en 1854, las primeras concesiones de ferrocarriles. Un aspecto llamativo fue su considerable retraso respecto a lo sucedido en otros países del área, ya que las primeras concesiones de ferrocarriles se habían otorgado en Perú en 1826, en Brasil en 1836 y en Chile en 1848. Sin duda, hubo que aguardar la caída del gobierno tradicional de Juan Manuel de Rosas, refractario a estas "novedades", en 1852, y la asunción de gobiernos de signo liberal en Buenos Aires y en el resto del país. De todos modos, la apertura efectiva del primer tramo de vía férrea, en 1857, resultó apenas un año posterior al de Brasil, y un poco más tardía en relación con Chile y Perú (1851).

1. LOS CICLOS DE INVERSIONES EN FERROCARRILES

No es posible abordar en pocas páginas un fenómeno de la magnitud, complejidad y repercusiones del desarrollo ferroviario en Argentina. Sólo se intentará bosquejar aquí algunas de sus características. Por lo pronto, la construcción de la red puede considerarse el resultado de sucesivos ciclos de inversiones, alimentados hasta 1914 por el flujo de capital extranjero, y luego también por el ahorro interno, que pueden ayudar a dar un ordenamiento para el análisis de esta evolución. El primer ciclo arrancó, muy paulatinamente, en 1854, con la primera concesión en Buenos Aires del Ferrocarril Oeste, y puede darse por cerrado hacia 1880; el segundo se extendió entre 1880 y 1902, época en que se abrió un tercero que se extendió hasta 1920, aproximadamente. Los últimos dos ciclos se pueden datar de 1920 a 1934, y de 1934 a 1948. En todos ellos se puede identificar una fuerte fase ascendente, interrumpida por una crisis, generalmente de alcance internacional (en 1875-1876, 1891-1892, 1913-1914, 1929-1930 y 1939-1940, siendo esta última y la tercera, producto del estallido de las dos guerras mundiales). Por cierto, luego de cada crisis sobrevino una fase descendente, de ralentización o detención de las inversiones, asociada al proceso de liquidación de los quebrantos producidos previamente, y que en general, salvo en el decenio de 1890, fue de breve duración.

El primer ciclo, 1854-1880

El comienzo del primer ciclo de inversiones ferroviarias estuvo ligado a una serie de factores, algunos de ellos de carácter internacional y otros de índole local. Entre los primeros puede citarse el crecimiento progresivo de los mercados financieros y la abundante disponibilidad de capitales, la expansión del comercio internacional y el marcado atractivo que presentaba en ese contexto la explotación de tierras nuevas, como las del Río de la Plata. En el plano nacional influyeron, además, ciertos hechos institucionales que derivaban del importante papel del Estado como asegurador del proceso. El punto de partida, después de la caída de Rosas, puede relacionarse con la relativa estabilidad que se logró, luego de una primera confrontación, entre los gobiernos rivales, con sede en Buenos Aires y en Paraná, que sucedieron a aquél. Significativamente fue el de Buenos Aires el único con capacidad y recursos para poder llevar a la práctica las nuevas políticas de promoción, el que pudo lograr la puesta en marcha del primer proyecto ferroviario en el país.

La primera línea, correspondiente al Ferrocarril Oeste, era un pequeño tramo urbano de tan solo 9 km que iba de la estación del Parque (casi en el centro de Buenos Aires) a Floresta. Hacia 1860 había sido prolongada hasta las tierras del futuro pueblo de Moreno, completando 39 km. Producto de la iniciativa de un núcleo de comerciantes, hacendados y políticos locales, la construcción sólo se pudo llevar a cabo con el apoyo decisivo del gobierno provincial, que al poco tiempo adquiriría la línea. Limitado en esa primera etapa a la condición de línea suburbana, con mayor peso del tráfico de pasajeros que de cargas, su puesta en marcha —con fondos exclusivamente de origen local— constituiría el preámbulo para el verdadero lanzamiento de la era ferroviaria en Argentina, que se puede situar en 1862.

A partir de ese último año la proliferación de proyectos, el aumento de la escala de los mismos y su mayor impacto económico convirtieron al ferrocarril en un protagonista indudable de las transformaciones económicas. Luego de la fugaz incursión de empresarios locales en el primer Ferrocarril Oeste, los principales actores de esta expansión iban a ser las autoridades públicas, nacionales y provinciales, y los grupos de inversores extranjeros. Esto se puede relacionar con el inicio de la presidencia de Mitre, que implicó la reunificación del país, luego de 10 años de enfrentamientos entre Buenos Aires y las demás provincias, bajo la égida de un gobierno claramente favorable a las inversiones y el comercio extranjeros, y con los recursos necesarios, y para controlar la aduana de Buenos Aires para cumplir con sus compromisos.

La magnitud y el patrón de localización de los emprendimientos guardaron asimismo una estrecha relación con la evolución de las actividades productivas que en su momento contribuyeron a modelar. En este primer ciclo las inversiones fueron de magnitud limitada y en áreas bien diferenciadas. El Ferrocarril Oeste, el de mayor longitud en los primeros años, y que a partir de 1860 quedó bajo administración del estado provincial, llegó con su línea principal a Chivilcoy, a 160 km de la cabecera, en 1866. En ese punto comenzó a asumir importancia en el transporte de carga, particularmente de productos agrícolas que le darían su perfil característico. En el decenio de 1870 retomó su expansión, llegando a los 426 km en 1880.

Los siguientes proyectos, originados en 1857 en coincidencia con la apertura del Oeste (ferrocarriles Norte y Buenos Aires y Ensenada), y llevados a cabo por empresas británicas, estuvieron asociados con el desarrollo de la ciudad capital, su periferia y los puertos de cabotaje más próximos. Al igual que el Ferrocarril Oeste en su etapa inicial, constituyeron inversiones muy modestas, su longitud no pasó de 30 y 55 km, respectivamente, y conservaron su carácter suburbano hasta ser absorbidos por otras empresas.

El Ferrocarril del Sud, cuya concesión fue otorgada en 1862, se vinculó en cambio con el desarrollo de la producción lanera para la exportación en la zona rural al sur de Buenos Aires. La longitud del tramo inicial hasta Chascomús, habilitado en 1865, era de 114 km. Hacia 1880, sucesivas ampliaciones lo habían transformado en el más extenso del país, con 563 km. Como signo característico de esos tiempos, dichas ampliaciones se verificaron a partir de la década de 1870 y merced a la fuerte presión de productores y autoridades locales que requerían sus servicios. Paradójicamente, hasta que no se decidió realizarlas, la competencia de las carretas en el tráfico de lanas, que tanto preocupaba a sus directivos, no pudo ser superada.

De distinto carácter fue el proyecto del Central Argentino, que buscaba unir el puerto de Rosario, el de mayor gravitación y futuro al norte de Buenos Aires, con la ciudad de Córdoba, fundamental para la comunicación con otras regiones del país. Además del tráfico con el interior, buscaba desarrollar la producción de una extensa región despoblada que atravesaba, mediante el fomento de la colonización agrícola. Concebido en la misma época que el Ferrocarril Oeste, en un contexto de fuerte competencia entre el gobierno de Buenos Aires y la Confederación, la precaria situación financiera de esta última y la cuantiosa envergadura del proyecto impidieron llevarlo a cabo. Iniciado en 1863, al concluirse en 1870 constituía la línea de mayor longitud (396 km) e inversión de capital (alrededor de un millón de libras).

Otros proyectos, iniciados ya en el decenio de 1870, se conectaron con el desarrollo de la navegación fluvial en los ríos Paraná y Uruguay: el ferrocarril de Buenos Aires a Campana (77 km) y el Argentino del Este (155 km) Este último buscaba remontar el tráfico de cabotaje al norte de Concordia, donde la navegación tropezaba con obstáculos naturales.

Sin embargo, los planes más significativos fueron los efectuados por el Estado nacional, y financiados mediante endeudamiento externo: la línea de Villa María a Villa Mercedes, en dirección a Cuyo (el Ferrocarril Andino), y la de Córdoba a Tucumán (el Central Norte). Este último, el primero en trazarse en trocha angosta con el fin de minimizar los costos, presentaba en 1877 la desusada extensión de 547 km. En los últimos años del decenio, el efecto de la crisis internacional hizo descender las construcciones verticalmente, tanto de las compañías extranjeras como de los gobiernos nacional y provincial, que se vieron llevados por la caída de recursos fiscales a una política de mayor austeridad.

El segundo ciclo: auge y crisis, 1880-1902

Las reticencias y limitaciones observadas en el primer ciclo se superaron abruptamente en el decenio de 1880, para dar lugar a una fase de verdadera "manía ferroviaria" que habría de culminar, abruptamente, en la crisis de 1890. En ese lapso Argentina se convirtió en uno de los receptores de capital extranjero más importantes del mundo, lo que alimentó tanto las inversiones directas como los proyectos del sector público con financiamiento externo. Luego, la crisis de 1890 sumergiría al mercado de inversiones en una profunda atonía, que se prolongaría durante más de una década.

El comienzo de este ciclo se encuentra nuevamente ligado a ciertos hechos institucionales, como la asunción de la presidencia por el general Roca, tras la federalización de Buenos Aires, que culminaba un largo proceso de consolidación del Estado nacional, y la exitosa "campaña del desierto" contra los indígenas, que duplicó la tierra susceptible de explotación. También deben mencionarse los factores económicos externos, como el mejoramiento en las condiciones del transporte y el comercio internacionales, que abrían un abanico más amplio de posibilidades para exportar productos desde estas regiones.

El patrón de localización de las inversiones ferroviarias estuvo fuertemente concentrado en tres grandes áreas (cuadro 1): la provincia de Buenos Aires, donde continuaba la prosperidad ganadera del lanar; la provincia de Santa Fe, escenario de un explosivo crecimiento agrícola; y ciertas áreas del interior, donde tomaron impulso los cultivos industriales, como el del azúcar. La competencia y superposición de líneas fue muy intensa en algunas áreas: la provincia de Santa Fe (cuya longitud de vías aumentó en proporción superior a la de Buenos Aires), la ruta del litoral al noroeste, donde se produjo una verdadera saturación de líneas, y el acceso a Buenos Aires, requerido por todas las grandes compañías. Hacia 1886 la apertura de dos nuevos ferrocarriles, Buenos Aires y Rosario y Buenos Aires al Pacífico, permitió enlazar en un solo sistema las redes de trocha ancha que tenían su cabecera en Buenos Aires con aquellas que terminaban en el puerto de Rosario.

Cuadro 1. Distribución de la red ferroviaria por provincias, 1880-1914

	Buenos Aires		Santa Fe		Región pampeana		Resto del país		Total	
	(km)	(%)	(km)	(%)	(km)	(%)	(km)	(%)	(km)	(%)
1860	39	100	—	—	39	100	—	—	39	100
1870	326	44	115	16	732	100	—	—	732	100
1880	1070	44	115	5	2030	84	402	16	2432	100
1900	4791	29	2266	22	11923	72	4686	28	16609	100
1914	12225	36	5133	15	24325	73	9185	27	33510	100

Nota: región pampeana: Buenos Aires, Santa Fe, Córdoba, Entre Ríos y La Pampa.
Fuente: Dirección General de Ferrocarriles (1914: 122-124).

Hasta ese año, asimismo, la expansión de las líneas estatales marchó a la par de las privadas, y representaba casi la mitad de la longitud total de la red. Los ferrocarriles Andino y Central Norte totalizaban entonces casi 1 900 km, conectando a las provincias de Cuyo, y a Catamarca y La Rioja, lo mismo que a Tucumán y Santiago del Estero. Las líneas provinciales, en plena expansión (el Oeste y el de Santa Fe a las Colonias), sumaban otros 1 000 km. A partir de 1887, en un notable giro de la política oficial, estos ferrocarriles fueron transferidos uno a uno a los grupos inversores extranjeros, que aumentaron su participación en el sistema hasta más de 90% de la longitud total.

Al completarse la fase de expansión de las construcciones, hacia 1892, la longitud total de la red ferroviaria superaba los 13 500 km, y el tamaño de las empresas había aumentado considerablemente. Entre las más grandes, todas ellas británicas, el Ferrocarril Sud tenía 2 250 km, el Central Argentino 1 200, el Buenos Aires y Rosario casi 1 500 y las tres secciones del Central Córdoba (incluyendo las adquiridas al Central Norte), 1 380. La compañía de capital francés que había arrendado la red provincial de Santa Fe también alcanzaba unos 1 300 km. Las restantes tenían en cambio una dimensión local o regional. Después de la crisis de 1890 muchas de ellas fueron absorbidas por las más grandes. Estas adquisiciones, a las que debe agregarse la del Ferrocarril Oeste, enajenado por el gobierno bonaerense, consolidaron la situación de las grandes compañías y redujeron las áreas de fricción y competencia.

En cuanto a las líneas estatales, la crisis de 1890 sorprendió al Estado nacional con algunos ramales dispersos y deficitarios, que por sus mismas condiciones económicas no habían podido transferirse a concesionarios privados, y que totalizaban poco más de 1 000 km. A finales del decenio la extensión de la red estatal se había ampliado a unos 2 000 km, con la absorción de dos fallidas compañías de capitales francés que le permitieron constituir un nuevo eje para articular la ruta de Tucumán a Santa Fe, que pasó a constituirse como nuevo Ferrocarril Central Norte.

El tercer ciclo, 1902-1920

La reactivación de las inversiones, tras la brusca interrupción que significó la crisis de 1890, tuvo lugar a principios del siglo XX. El comienzo de una nueva etapa expansiva en el comercio internacional y la normalización de los mercados financieros tras el fin de la guerra anglo-boer, sirvieron de telón de fondo para un proceso que en el plano local, tuvo entre sus hechos sobresalientes la liquidación de las últimas secuelas de la crisis de 1890, la adopción de una política monetaria de matriz más ortodoxa, que aseguró la conversión a tasa fija del peso papel en oro, y el nuevo clima de paz que abrieron los acuerdos firmados con Chile para zanjar los diferendos fronterizos.

En los años que transcurrieron hasta el estallido de la primera Guerra Mundial se alcanzó el máximo nivel histórico de afluencia de capital extranjero y de líneas construidas, que se duplicaron: de 16 563 km en 1900 se pasó a 33 586 en 1914. Alrededor de 88% correspondía a las compañías privadas; el resto era de propiedad estatal (cuadro 2).

La principal área de inversiones fue la región pampeana, y muy especialmente la provincia de Buenos Aires, que dio cuenta por sí sola de más de 50% de la longitud incorporada en esos años por las compañías privadas (cuadros 1 y 2). Allí tenía lugar desde los años noventa una notable expansión de la agricultura, ligada a la modernización de la ganadería bovina, que estaba transformando a Argentina en uno de los máximos exportadores mundiales.

Esto alentó la introducción de nuevas compañías, que intentaron sustraer ciertas áreas a la influencia de las grandes empresas establecidas. Entre ellas cabe destacar dos compañías francesas: la General de Buenos Aires, de trocha angosta y 1 200 km de longitud, que se introdujo entre las principales líneas británicas en el centro y norte de la provincia, buscando captar tráfico sobre la base de un servicio supuestamente más económico, y el Rosario a Puerto Belgrano, de 800 km, que con un trazado perpendicular intentó derivar el tráfico del oeste bonaerense hacia sus puertos terminales, más próximos que el de Buenos Aires.

Esta acción fue neutralizada por las grandes compañías que continuaron su expansión mediante la multiplicación de sus ramales. Así, al finalizar el ciclo habían adquirido una dimensión colosal: los capitales declarados del Sud y del Oeste (cuya fusión era casi un hecho) sumaban unos 370 millones de pesos oro (más de 50 millones de libras), y su longitud era de casi 9 000 km. Seguían en importancia el nuevo Central Argentino (fusionado a su vez con el Buenos Aires y Rosario), con más de 5 300 km de longitud, y el Buenos Aires al Pacífico, que después de varias fusiones totalizaba 5 500 km.

Mientras tanto el Estado expandía su red sobre la base de dos líneas, el nuevo Central Norte, que conectaba el noroeste con el litoral santafecino, y el Argentino del Norte, que se conectaba con las provincias andinas desde San Juan a Catamarca, buscando los puertos y mercados del litoral a través del norte de Córdoba. A pesar de los proyectos para llevar a ambos hacia el puerto de ultramar de Rosario, se decidió que confluyeran en el de Santa Fe, menos importante y alejado de los principales mercados, para evitar superposiciones con las compañías privadas. A partir de 1909, una nueva etapa de construcciones se concentraría en los territorios

Cuadro 2. Evolución de la red ferroviaria argentina (1870-1945)

Años	Red ferroviaria total (km)	Compañías británicas (km)	(%)	Compañías francesas (km)	(%)	Ferrocarriles estatales (km)	(%)
1870	732	545	74.5	0	0	187	25.5
1885	4 508	2 102	46.6	0	0	2 406	53.4
1900	16 563	13 236	79.9	1 311	7.9	2 016	12.2
1915	34 806	25 446	73.1	4 014	11.5	5 346	15.4
1930	40 600	26 587	65.5	4 179	10.3	9 834	24.2
1945	43 239	24 811	57.4	4 291	9.9	14 137	32.7

Fuentes: Dirección General de Ferrocarriles, años seleccionados.

Red ferroviaria de Argentina, 1947

Fuentes: elaborado con base en datos de López y Waddell (2007); Dirección General de Ferrocarriles (1913-1943); Stones (1993). Un agradecimiento a Jorge Waddell por su asesoramiento. Apoyo técnico del Departamento de Sistemas de Información Geográfica de El Colegio de México.

nacionales de Chaco y Formosa y de la Patagonia, recientemente conquistados a los indios y cuya viabilidad económica era todavía una incógnita. Más allá de su papel como instrumento de soberanía y de poblamiento en esas comarcas desoladas, su instalación favorecería la explotación forestal, en los primeros, y del ganado ovino, en el último. De forma paralela el gobierno de la provincia de Buenos Aires volvía a introducirse en el campo ferroviario mediante la construcción de una línea que uniría la capital provincial, La Plata, con las zonas rurales del oeste bonaerense (unos 500 km).

Hacia 1914, con el estallido de la primera Guerra Mundial, se paralizó el flujo de inversiones procedentes de Gran Bretaña y del continente europeo, que alimentaban esta política de construcciones tanto de modo directo (en el caso de las compañías extranjeras) como indirecto (en los casos del Estado nacional y de la provincia de Buenos Aires). En los años siguientes la construcción se detuvo y apenas se completó la habilitación de las últimas secciones construidas por los ferrocarriles estatales.

2. LOS ACTORES DE LA EXPANSIÓN

El Estado promotor y regulador

De lo expuesto previamente surge la importancia del papel del Estado como actor de la expansión ferroviaria. El comienzo de cada fase ascendente de las inversiones —de Mitre a Roca— estuvo precedido de actos institucionales que marcaban la consolidación de un Estado nacional indispensable como garante, al tiempo que brindaba el marco de estabilidad y el clima de optimismo necesarios. Su papel no se agotó, sin embargo, con esta acción —si se quiere— "indirecta". Hubo asimismo otra más "directa", constituida por las políticas estatales de fomento y regulación de la actividad ferroviaria, que ejercieron gran influencia en el desarrollo de este sector.

La promoción de los ferrocarriles figuró en un primer plano en los programas de modernización enarbolados por los gobiernos que se sucedieron a partir de la caída de Rosas, en 1852. Esta promoción o apoyo se valió de diversas herramientas. De una manera más amplia, vino con el carácter de "servicio de utilidad pública" que se reconoció a los proyectos, y por el cual los beneficiarios gozaban de ciertas prerrogativas, como la expropiación de los terrenos necesarios para el paso de las vías y una serie de desgravaciones impositivas.

Sin embargo, la herramienta de promoción más poderosa hasta la crisis de 1890, fue la garantía de una utilidad o interés mínimo sobre el capital invertido. Proyectada para minimizar los riesgos en el periodo de maduración de las inversiones, comenzó otorgándose por un plazo que lo excedía largamente: 40 años y a una tasa de 7% anual, comparable con el interés efectivo de los primeros empréstitos públicos externos. Las aportaciones gubernamentales, que cubrirían la brecha con el nivel de rentabilidad garantizada, debían ser reembolsados cuando las utilidades excediesen dicha tasa, o cuando vencieran los plazos de vigencia.

El sistema dio lugar a numerosos conflictos, por las dificultades para determinar los gastos legítimos de explotación y el monto de capital sobre el que se calculaba el rendimiento. En ese sentido, fueron frecuentes las denuncias de sobrecapitalización (*watering*), ya fuera en perjuicio del Estado o de los propios accionistas, y generalmente en provecho de los constructores de las líneas o de los intermediarios en la colocación de los títulos.

Durante el primer ciclo todas las concesiones incluyeron esa cláusula, y hubo sólo una, la del Ferrocarril Sud, que alcanzó un nivel de utilidades suficiente como para retirarse. En el decenio de 1880, algunas de las nuevas compañías (Buenos Aires y Rosario, Gran Sud de Santa Fe y Córdoba) se formaron sin pedir ese beneficio, y otra importante, la Central Argentino, pudo reintegrar lo recibido. En las nuevas se redujo la tasa de garantía, lo mismo que su término, de 40 a 20 años.

Entre 1887 y 1889, durante la presidencia de Juárez Celman, hubo una plétora de nuevas concesiones: 67 en tres años, sólo del gobierno nacional, contra 23 en el cuarto de siglo anterior. Aunque fueron una minoría, el número de las que contaron con la garantía resultó superior al total acumulado hasta entonces. Cierto es que se redujo la tasa a 5%, pero también se modificaron los mecanismos de pago a favor de los inversores, generando un egreso creciente de fondos hasta que la crisis fiscal y financiera de 1890 evidenció la imposibilidad de continuar con ese sistema, el que finalmente fue cancelado en 1895, contra la entrega de títulos públicos.

Una modalidad utilizada algunas veces durante este periodo fue el subsidio directo para la construcción de líneas, cuyos montos representaron no más de un año de garantía sobre el capital empleado en esos tramos. Mucha mayor repercusión alcanzó otro tipo de subsidio: la donación de tierras. En 1862 el Central Argentino la recibió como un medio, adicional al de la garantía, para facilitar la organización de la empresa en el mercado de Londres. Por su magnitud, unas 390 000 hectáreas a lo largo de la vía, constituyó de hecho una fuerte aportación de capital por el Estado, aparte del que hizo como suscriptor de acciones. Las tierras fueron vendidas en su mayor parte en los años ochenta, cuando la región se convirtió en el eje de un gran desarrollo agrícola. El sistema sólo volvió a aplicarse como un método alternativo al de las garantías en algunas concesiones provinciales. Excepcionalmente ambos subsidios volvieron a combinarse en el caso del Oeste Santafecino, cuyo promotor local, Carlos Casado, y no la compañía, recibió una extensión de tierra fiscal similar a la del Central Argentino, aunque en una distante zona de frontera.

Como contrapartida a esta acción promotora, el Estado fijó en los contratos algunas normas regulatorias. Una de las principales era la que autorizaba su intervención en las tarifas cuando la rentabilidad superase un cierto nivel, tan elevado en algunos casos (en el Central Argentino fue de 15%), que no dio prácticamente ocasión para que se aplicara. Por lo demás, al abandonar las empresas más rentables el régimen de garantías, el gobierno perdía también el seguimiento de las cuentas de capital y de explotación que le permitían ponerla en práctica. Esto se agravó sensiblemente tras la rescisión general de los años noventa. De hecho, el principal mecanismo regulatorio pasó a ser la competencia que las propias compañías entablaban entre sí.

La situación encontraría una salida en 1907, con la denominada ley Emilio Mitre, que introdujo un nuevo mecanismo de control tarifario a cambio de la prórroga generalizada de las franquicias aduaneras. Estas franquicias, que permitían la importación libre de derechos de todo tipo de material ferroviario, eran el único subsidio de importancia vigente de las concesiones originales. Sin embargo, se hallaban próximas a caducar en el caso de las compañías más antiguas, y esto había provocado varias situaciones conflictivas, como la del Central Argentino que había pretendido eludir el vencimiento fusionándose con el Buenos Aires y Rosario, más reciente, con lo que además eliminaba la competencia en una región de gran importancia comercial. La reacción de las autoridades ante este caso, autorizando la entrada de nuevas empresas en la zona, desembocó finalmente en la mencionada ley.

El nuevo régimen contó con la adhesión de todas las compañías, incluso de las más nuevas. También para estas últimas las nuevas condiciones de las franquicias eran más convenientes, lo mismo que el mecanismo de control tarifario. Así, al establecer reglas de juego más favorables y destrabar las situaciones conflictivas, brindó el marco propicio para el último auge de las inversiones en los ferrocarriles argentinos.

No deja de tener interés señalar que la adhesión voluntaria de las compañías, implicó su aceptación de la ley general de ferrocarriles 2873 de 1891 que hasta entonces desconocían, amparándose en sus concesiones, y reforzó la facultad regulatoria del Estado. Esto permitiría más adelante, después de la reforma electoral que posibilitó el acceso al gobierno de nuevos sectores, encabezados por el líder del radicalismo, Hipólito Yrigoyen, que el gobierno pudiera bloquear, ya en los tiempos económicos más turbulentos de la primera Guerra Mundial, nuevos aumentos en las tarifas, basándose en que la ley estipulaba que las mismas debían ser "razonables y justas".

Con la crisis de los años treinta, otro tema que tuvo que ver en la relación entre el Estado y las compañías fue el control de cambios, ya que la devaluación, sumada a la depresión, afectaba la rentabilidad de las compañías en su moneda de origen. A partir de 1934 diversas resoluciones oficiales les permitieron enviar sus remesas a tipos más convenientes que los estipulados para empresas de otras ramas económicas.

Capital extranjero y grupos de empresarios

Los grupos de empresarios extranjeros constituyeron sin duda el otro actor preponderante en el proceso de las inversiones ferroviarias. Hacia 1880 las compañías controladas por estos grupos (y que pueden considerarse como inversiones extranjeras directas) comprendían más de la mitad de la red ferroviaria, y al finalizar el periodo, más de 80%. La participación autónoma de grupos empresariales locales fue escasa y ocasional, como lo muestra la experiencia inicial del Ferrocarril Oeste, por la carencia de un mercado de capitales al que pudieran acceder fácilmente. En los pocos casos que pudieron concretarse, como el de Carlos Casado y el Ferrocarril Oeste de Santa Fe, en el decenio de 1880, y el de los Lacroze y el Ferrocarril Central de Buenos Aires, a principios del siglo XX, fue por su capacidad para lograr acceso al financiamiento en los mercados europeos.

Las inversiones extranjeras directas, canalizadas por medio de los mercados de valores hacia un tipo de empresa que se ha dado en llamar *free standing company*, contaron con la participación de dos grandes sectores. Por una parte, de una gran masa de accionistas, e incluso inversores institucionales, que adquirían los títulos de las empresas en esos mercados por la renta que esperaban obtener, sin posibilidades ni expectativas de controlarlas. Para ellos las inversiones podían calificarse como "de cartera". Por el otro, de quienes promovían y organizaban las empresas, e intervenían en su conducción, así como en la recaudación e inversión de los fondos, que eran los que asumían el verdadero rol empresarial en las inversiones.

Estos últimos se reclutaron inicialmente en los círculos mercantiles ya ligados al Río de la Plata, pues eran todavía tiempos de muchas dudas y reservas sobre las perspectivas reales de Argentina en los medios financieros europeos. En el caso del Ferrocarril Sud, participaron casas comerciales metropolitanas como Asworth y Drabble, así como miembros de la comunidad británica local, algunos de ellos con grandes propiedades en el área a servir (Parish, Robertson, Fair, Lumb), lo que según Colin Lewis le dio un carácter más "anglo-criollo" que puramente inglés. En el caso del Central Argentino la iniciativa fue de ingenieros y contratistas ferroviarios (como Wheelwright y la poderosa firma de Brassey, Ogilvie & Wythes), interesados en el negocio como medio para ampliar su propio radio de actividades.

A partir del decenio de 1880, la presencia financiera se fue tornando más destacada, por la creciente complejidad y dimensión de las empresas, así como por la ampliación del público involucrado en la suscripción de títulos en los mercados europeos. Así, el Ferrocarril Sud, desde una base inicial de sólo 198 accionistas, que podían caber perfectamente en la red de relaciones del grupo iniciador, llegó a tener 2 000 en 1880 y nada menos que 36 000 hacia 1914. Fue sin embargo en las nuevas compañías donde esos intereses adquirieron mayor relevancia. Una serie de *merchant banks* como J.S. Morgan (Gran Oeste Argentino), A. Gibbs (Nordeste Argentino) y sobre todo Murrieta (Central Córdoba, Buenos Aires al Pacífico y subsidiarias) constituyeron el eje que articuló a grupos inversores que incluyeron una constelación de financieros, agentes de bolsa, abogados, ingenieros consultores y, también desde entonces, contratistas ferroviarios (Meiggs, Hume, Clark).

Para varios de esos actores, la lógica de su participación en las compañías, además de sus ganancias como grandes accionistas y directivos, estaba en las utilidades externas al negocio en sí pero derivadas del mismo (ejecución de obras, provisión de materiales, servicios jurídicos y financieros, negocios inmobiliarios vinculados, nuevas oportunidades comerciales). Sin embargo, por la misma heterogeneidad de los grupos británicos a lo largo del periodo, es difícil arribar a conclusiones generalizables.

Donde las perspectivas son más claras, por su mayor homogeneidad, es en el caso de las compañías francesas establecidas a partir de fines de los años ochenta. La presencia dominante de grandes establecimientos bancarios (sobre todo bancos de inversión y "mixtos": Paribas, Union Parisienne, Société Générale), cuyo interés radicaba en las operaciones conexas (garantía y colocación de los títulos, financiamiento y servicio de tesorería), convergía con la de los otros participantes, mayormente financieros y también, en un comienzo, industriales vinculados al sector ferroviario. La importancia de los beneficios "externos" contrastaba con los magros resultados de la explotación de esas líneas, y denotaba una cierta superficialidad en la toma de las decisiones de inversión, influidas por la acción de agentes y promotores —generalmente vinculados con las élites locales— en un grado muy superior al observado en las inversiones británicas.

El Estado empresario

Es en esta problemática de relaciones entre el Estado y los empresarios privados que se puede ubicar la acción del "Estado empresario". Las primeras experiencias tuvieron lugar a comienzos del decenio de 1860, cuando el gobierno de la provincia de Buenos Aires adquirió el Ferrocarril Oeste, y a fines del mismo decenio, cuando el gobierno nacional resolvió encarar la construcción de los que serían el Ferrocarril Andino y el Central Norte. En ambos casos, la intervención tuvo un sentido de subsidiariedad respecto de los grupos inversores privados, que habían mostrado su incapacidad, en un caso, y su desinterés, en el otro, para llevar a cabo esos proyectos. Consecuente con esa orientación resultó la decisión de transferir las líneas al sector privado, a partir de 1887, cuando el interés de los empresarios extranjeros lo hizo posible. La misma lógica primó en la reconstrucción de la red del Estado después de 1890, que incluyó la adquisición de las líneas privadas más deficitarias, que resultaban inviables al rescindirse las garantías.

La intervención estatal en la construcción y explotación ferroviaria tuvo sin embargo en ciertos momentos un sentido de regulación y competencia con los grupos inversores extranjeros. Esto sucedió especialmente en la provincia de Buenos Aires, donde el Ferrocarril Oeste tuvo reiterados roces por el control de áreas de influencia con el Ferrocarril Sud en los decenios de 1870 y 1880, cuando el gobierno provincial acometió su expansión hacia distintas áreas. Esta expansión acarreó un excesivo endeudamiento, que finalmente derivaría en la enajenación de la compañía estatal.

A comienzos del nuevo siglo, en un marco de tensiones con las grandes compañías inglesas, se planteó un programa de ampliación de la red estatal nacional hasta los puertos de Rosario y Bahía Blanca, mientras el gobierno bonaerense, por su parte, decidía construir una nueva red de trocha angosta, también con sentido competitivo, que sería fuente de frecuentes conflictos en los años veinte.

El programa de ampliaciones de la red nacional, si bien no llegó a los puertos mencionados ni entró en competencia con las compañías inglesas (las que por entonces retomaron su expansión), tomó forma en la creación de la primera empresa organizada como ente autónomo del Estado, y que funcionó hasta fines de 1948: la Administración General de los Ferrocarriles del Estado (AGFE). En ella quedaron subsumidas las líneas estatales existentes (Central Norte, Argentino del Norte) y las que en adelante se erigieran. Su creación, en septiembre de 1909, no fue la expresión de una voluntad planteada de antemano, sino más bien, el resultado colateral de dos años de idas y vueltas en los proyectos del Poder Ejecutivo para darle un nuevo estatuto legal al órgano regulador de la actividad sectorial, la Dirección General de Ferrocarriles, en medio de una profunda crisis del oficialismo.

Al poco tiempo la ciudad de Santa Fe, adonde llegaba la línea del Central Norte, se convirtió en su centro operativo y, a partir de 1917, en la sede de la Jefatura General de Tráfico (JGT). Mientras tanto, la sede central de la AGFE estaba en Buenos Aires, dándole a su conducción un carácter bicéfalo que contribuyó a las complicaciones de gestión que la caracterizaron. Recién en 1938, con la adquisición del Central Córdoba, que tenía acceso directo a Buenos Aires, se unificó la dirección en esta última ciudad. Su plan de obras, interrumpido durante la Gran Guerra, fue retomado en el decenio de 1920 con los mismos lineamientos: construir las líneas que permitieran acceder y poner en valor los distintos territorios nacionales, aún casi sin poblar, y asegurar la conexión ferroviaria con los países limítrofes: Bolivia, Chile y Paraguay.

En su estructura se fue afianzando una burocracia técnica constituida básicamente por ingenieros que habían iniciado su carrera en el Ministerio de Obras Públicas del que dependía, y que pudieron encarar una carrera meritocrática en el seno de la institución. Por otra parte, los desafíos que la orografía planteaba en varios proyectos fueron su escenario de formación profesional. Sin embargo, su relación con el poder político no estuvo exenta de conflictos, pero ésta mejoró en los años de la restauración conservadora de 1930 a 1943, cuando la conducción quedó en manos del ingeniero Pablo Nougués, un personaje imbuido a la vez de prestigio profesional y buena llegada al poder político. Fue también entonces cuando la gestión pudo lograr niveles de eficiencia suficientes como para evitar los cuantiosos déficits en que se había incurrido en años anteriores.

3. EL IMPACTO ECONÓMICO
Y LA FORMACIÓN DE UN MERCADO NACIONAL

El impacto económico de las transformaciones en el sistema de transportes, a partir de la mitad del siglo XIX, resulta casi imposible de abarcar: todas las variables de las que se dispone de datos mostraron hasta 1914 un aumento exponencial. La población, cifrada en 1.1 millones hacia 1850 se multiplicó más de siete veces, el comercio exterior en los 50 años previos a 1914, aumentó casi 15 veces, y así otros indicadores, como la superficie cultivada, la cantidad de ganado, etc. Todo esto ponía en evidencia el cambio de escala económica que supuso la ocupación y puesta en valor de una gran parte del territorio nacional. Tal expansión hubiera sido imposible de imaginar sin una mejora sustantiva en los servicios de transporte. Algunas mediciones del ahorro social que implicaron los ferrocarriles lo estiman entre 20 y 25% del PIB hacia 1913 (Herranz-Loncán, Summerhill), tomando en cuenta el mayor costo que hubiera entrañado el viejo sistema de transportes.

Por sus características, resulta conveniente diferenciar la influencia de los cambios anteriores a 1880 de los que sobrevinieron a partir de este último decenio. En los primeros años, la influencia del ferrocarril fue muy limitada, y en todo caso acompañó a las transformaciones ocurridas en los otros medios de transportes hasta entonces predominantes. Así, la superioridad de la navegación fluvial, reforzada por la temprana aplicación del vapor, llevó a una organización del espacio fuertemente ubicada en el litoral, con el auxilio de las vías terrestres. La apertura y expansión del puerto de Rosario fue uno de los hitos de esta etapa, en cuanto permitió reducir las distancias de los principales mercados y áreas productoras del interior (Córdoba, Cuyo, Tucumán). Esto tuvo como correlato el incremento del comercio y la producción agrícola en las áreas ribereñas, sobre todo del río Paraná, y el surgimiento de una constelación de puertos y embarcaderos a todo lo largo de la vía navegable.

Por su parte, los primeros ferrocarriles en la provincia de Buenos Aires se expandieron por detrás de la demanda, en zonas ya estructuradas en torno al transporte tradicional. Tal vez por este hecho, pero también por la escasa longitud de las líneas, les fue difícil superar la competencia de esos medios, pese a sus enormes ventajas en términos de velocidad. Sin duda el transporte por carretas, tropas y arriería funcionaba con tan bajos costos que, en los trayectos más largos, le permitían desalentar el cambio al medio ferroviario. Así, aun el Central Argentino, pese a su mayor dimensión, tuvo que llegar a acuerdos especiales con los fleteros cuyanos a comienzos del decenio de 1870.

La experiencia de esta línea, que al contrario de las de Buenos Aires buscaba crear su propia demanda en las vastas praderas que atravesaba entre Rosario y Córdoba, permite asimismo otra constatación: las limitaciones del nuevo transporte ferroviario para imponer *per se* cambios productivos profundos. Debió esperar a la década de 1880 para poder desarrollar su *hinterland* agrícola, y mientras tanto tuvo más peso el intercambio comercial con Córdoba, tanto para el despacho de mercaderías de importación como para la salida de la producción exportable de esa provincia.

Pero si el impacto económico de los ferrocarriles fue al comienzo limitado, su contribución resultó muy significativa en otra esfera: la político-institucional. En ese sentido, la velocidad que introdujo el ferrocarril (10 horas para el trayecto de Rosario a Córdoba, por ejemplo, frente a los tres o cuatro días de las diligencias, y los 20 a 30 días del transporte carretero) resultó crucial para el afianzamiento político-militar del naciente Estado nacional. Esto atendía tanto al mantenimiento del orden interno, en las provincias del norte y de Cuyo, como al control de la frontera indígena, que quedó a una distancia más corta. Su papel en la logística de la campaña militar de 1879 no puede ser minimizado.

A partir de los años ochenta el impacto económico de la expansión de la red ferroviaria, que adquirió ya dimensiones nacionales, fue mucho más acentuado. En el cuadro 3 se aprecia el fuerte aumento del volumen de la carga transportada. Éste se produjo en condiciones que implicaron una sustancial mejora tanto en términos de velocidad de circulación respecto de los medios de transportes anteriores, como en el costo de los fletes. En 1884 el producto por ton/km se calculaba en 0.015 pesos oro (frente a 0.035 a que equivalía en las estimaciones de mediados de siglo). Hacia 1913 promediaba, en el caso de las cuatro compañías más grandes, 0.010 pesos oro.

La expansión ferroviaria indujo, por otra parte, una reorganización del espacio que dejó de depender como eje articulador de las grandes vías fluviales. Por una parte, el frente portuario de ultramar se desplazó hacia al sur, y pasó a incluir desde princi-

Cuadro 3. Incremento de la red ferroviaria argentina, del tráfico y las exportaciones

Año	Longitud de vías en servicio (km)	Carga transportada (miles toneladas)	Superficie cultivada (miles de ha)*	Valor exportaciones (millones pesos oro)
1885	4.508	3.050	1.922	72.0
1900	16.563	12.660	4.170	157.3
1912	31.461	40.370	21.518	497.6
1912/1885	7.0	13.2	11.2	6.9

* Región pampeana, solamente.
Fuentes: Dirección General de Ferrocarriles (1914: 400 y ss.); Cortés (1969: 147); Halperín *et al.* (s/f).

pios del siglo, como tercer punto de salida, al puerto de Bahía Blanca. Junto a Buenos Aires y Rosario, concentraban 70% del valor de las exportaciones y 60% de su volumen. Por otra parte, se revalorizaron los ejes de comunicación hacia el interior del país, posibilitando el aumento del valor de la retaguardia hasta entonces despoblada del litoral, que se fue transformando en la actual región pampeana, lo mismo que la de ciertas economías regionales.

La fuerte expansión agrícola que se puede advertir en el cuadro 3 (más de 1 000% de incremento en el área cultivada) se verificó principalmente en las provincias que formaban esta región, las que al terminar el periodo daban cuenta de casi 90% de la superficie agrícola de todo el país. Como se aprecia en el cuadro 2, allí se había tendido 70% de la red ferroviaria. En una primera fase, su epicentro estuvo en la provincia de Santa Fe, donde hacia 1895 se hallaba más de un tercio de la superficie cultivada nacional, casi totalmente de trigo. Para 1914 ese lugar era ocupado por Buenos Aires, seguido de Córdoba, y la proporción de cereales se había diversificado hacia el maíz, lino, avena y otros. Esta expansión hizo posible, en primer lugar, el surgimiento del país como uno de los grandes exportadores mundiales de trigo, maíz, lino, y de carnes vacunas de alta calidad, que formaron parte del mismo complejo productivo.

Empero, también fue relevante el lugar ocupado por el consumo interno de algunos de estos bienes: 60% de la carne faenada y 50% del trigo. Este mayor papel del consumo es revelador de una de las consecuencias más relevantes de la expansión ferroviaria a partir de 1880: la formación del mercado nacional. Un hito decisivo fue la conexión ferroviaria entre Buenos Aires y Rosario, a comienzos de 1886, que junto con las prolongaciones del Andino a San Luis, Mendoza y San Juan, y del Central Norte a Santiago, Catamarca, Salta y Jujuy, permitió enlazar en un solo sistema a casi todas las capitales provinciales con el centro político y económico del país.

En ese sentido, las nuevas construcciones ferroviarias fueron un poderoso instrumento para la integración y homogeneización de lo que pasó a ser el espacio económico nacional. Este mercado nacional iba a posibilitar la expansión de ciertas economías regionales, sobre la base de importantes complejos agroindustriales, lo mismo que la de una emergente industria manufacturera con base en los grandes centros urbanos, especialmente en la ciudad de Buenos Aires, como bien lo ilustran los trabajos de Fleming, Guy, Rocchi y Sánchez Román.

Algunos de estos avances se habían empezado a ver ya en los setenta. La terminación de la línea de Córdoba a Tucumán, en 1876, y una política de protección arancelaria que no cesaría de acentuarse en la década siguiente, dio comienzo a una expansión de la producción azucarera en esta última provincia, que en una primera instancia se dirigió sobre todo a los mercados del interior. Luego, a través de Rosario, ganó el acceso a los mercados del litoral para obtener, poco después de 1890, el control del consumo urbano porteño. El volumen de producción, de apenas 1 000 toneladas en 1870, aumentó unas nueve veces en ese decenio, volvió a hacerlo en igual proporción hasta 1894, y nuevamente se duplicó en los dos años siguientes. Para entonces, una grave crisis de sobreproducción impuso un techo a la actividad, que después obtendría nuevos máximos en vísperas de la primera Guerra Mundial. En ese entonces una nueva zona productora, la de los grandes ingenios de Salta y Jujuy, que había tomado impulso por la reciente apertura de los nuevos ramales ferroviarios construidos por el Estado, asumiría el liderazgo.

Otro de los casos fue el de la producción vitivinícola de Mendoza y San Juan, que comenzó a tomar relieve a partir de la llegada del Ferrocarril Andino en 1885. Este hecho, junto con la crisis del tradicional comercio de ganado con Chile, suscitaron un vuelco hacia el cultivo de viñas que en poco tiempo se transformarían en el pilar de la economía regional. Estimulada por una coyuntura de altos precios debido a la crisis de la filoxera en

Europa, la producción vinícola transportada por el ferrocarril pasó de unas 3 000 toneladas en 1887 a 43 000 en 1894 y a casi 140 000 en 1900, año en que sobrevino, aquí también, una crisis de sobreproducción. No obstante, la llegada del ferrocarril al sur de Mendoza en 1903 produjo un nuevo auge, que se extendería hasta casi el fin del periodo y permitiría triplicar los volúmenes previos. La concurrencia de líneas (el Gran Oeste Argentino, Buenos Aires al Pacífico, Oeste de Buenos Aires, Bahía Blanca al Noroeste) brindaría nuevas alternativas a los bodegueros mendocinos, lo mismo que a los sanjuaninos la nueva línea estatal, la del Argentino del Norte.

En ambos casos, el acceso al mercado nacional se vio acompañado de importantes cambios en los circuitos de comercialización, que quedaron centralizados en Buenos Aires y Rosario. Esta última albergaba la principal refinería del azúcar destinada a Buenos Aires, y una serie de casas comerciales que habían hecho fuertes vínculos con los empresarios cuyanos desde los años cincuenta. Su papel de centro distribuidor para gran parte del país, sostenido hasta 1886 por su condición de cabecera de uno de los grandes sistemas ferroviarios, pudo mantenerse luego por las bajas tarifas que la fuerte competencia obligó a las compañías a mantener. Hacia 1908, luego de la sanción de la Ley Mitre y de las fusiones y reacomodamientos que se sucedieron, este cuadro cambió. Un nuevo sistema de tarifas parabólicas sustituyó al anterior, estimulando el transporte de largas distancias en desmedro de las intermedias, y con ello, la concentración de los circuitos de comercialización en Buenos Aires, que dejó a Rosario en una posición más secundaria.

Si la integración del mercado nacional brindó oportunidades para el desarrollo de ciertas economías regionales, también posibilitó el surgimiento, en los principales centros urbanos, de una pujante industria manufacturera. Estimulada por el aumento de la demanda que el auge exportador y el fuerte crecimiento demográfico provocaba, especialmente a partir del decenio de

1880, la abundancia de mano de obra y la mayor accesibilidad de los insumos contribuyeron a situarla en las dos grandes ciudades-puerto. También aquí, la industria de Buenos Aires lograría capitalizar la centralización aludida de los circuitos de comercialización y transporte, para el abastecimiento de un mercado nacional cada vez más decisivo a medida que el tamaño de las empresas se expandía.

Finalmente, cabe también considerar los eslabonamientos hacia atrás que la actividad ferroviaria produjo en el desarrollo manufacturero. Sin duda este efecto fue mucho más débil que en la experiencia europea y de Estados Unidos, dada la alta propensión de las compañías ferroviarias de importar sus bienes de capital, y la inmadurez de esa rama industrial en el país. En ese sentido, fue la industria forestal de las provincias del norte la más favorecida por obtener el suministro masivo de durmientes. Sin embargo, el efecto en la industria metalmecánica no debe ser menospreciado. Por un lado, porque los talleres de reparación y armado de locomotoras y tren rodante se convirtieron en verdaderos establecimientos industriales, con importantes secciones de fundición, forja y matricería, y sobresalieron, en términos de equipamiento y de personal, entre los más grandes de su género. Hacia fines del decenio de 1920 empleaban unos 18 000 obreros, de un total de personal ferroviario de casi 150 000. El Ferrocarril Sud, con sus gigantescos talleres al sur de Buenos Aires, albergaba unos 2 700 obreros, mientras que el Central Argentino, en sus dos grandes establecimientos próximos a Rosario, superaba los 3 000. En ellos se podía producir, según un informe del US Department of Commerce, la mayoría de las partes de las locomotoras y los vagones (exceptuando las más complejas). Finalmente, con el enorme volumen de material de rezago ("hierro viejo") que dejaban disponible anualmente los ferrocarriles, también proveyeron de insumos a la naciente industria siderúrgica argentina. Inicialmente se trataba de plantas pequeñas y sin altos hornos que fabricaban piezas y herramientas para la agricultura y la construcción. Con el tiempo dieron paso a una industria en gran escala, encabezada por una empresa estatal (Somisa).

De esta manera, la moderna red de transportes había contribuido a formar un importante mercado nacional que, en 1914, era el más grande de América Latina y cuyas pautas de comercialización y consumo eran cada vez más homogéneas. Surgido como complemento del auge exportador, lo sustituiría como principal fuerza motriz del crecimiento cuando, a partir de 1930, el país ingresara en una nueva etapa: la de la industrialización por sustitución de importaciones.

EPÍLOGO

Las condiciones claramente expansivas de la economía internacional y nacional en las que tuvo lugar la construcción de la red ferroviaria argentina llegaron a un límite cierto en 1914, pero continuaron sosteniendo la centralidad de este medio de transporte hasta la gran crisis de 1929. Luego sobrevino una etapa de difícil adaptación a condiciones macroeconómicas menos favorables, bajo la presión de la competencia de nuevos medios de transporte, hasta llegar luego de la segunda Guerra Mundial a la nacionalización del sistema. En la larga etapa de administración estatal que siguió hasta fines del siglo XX, la decadencia del sistema ferroviario se acentuó casi sin pausas, hasta llegar en los años noventa a la privatización del sistema y la supresión de una parte significativa del mismo.

El final de la primera Guerra Mundial permitió reiniciar, paulatinamente, una nueva fase de inversiones en el sector, aunque, de mucha menor cuantía que en la anterior fase ascendente. La mayor parte de la ampliación de la red provino de las líneas estatales. Hacia 1920, la mejora en la situación de las finanzas públicas permitió al Estado la reanudación de algunos de los proyectos interrumpidos durante la coyuntura de la Guerra . El mayor esfuerzo estuvo dirigido a completar el recorrido de las dos líneas que atravesaban Chaco y Formosa, y una de las de la Patagonia, que unía el litoral marítimo con la ciudad lacustre de Bariloche, en la falda de los Andes. Asimismo se dio inicio a una línea destinada a proveer una segunda conexión ferroviaria con Chile, desde el noroeste argentino, y que sería conocida como el "tren de las nubes" por las elevadas alturas a las que llegaba para atravesar los Andes. Finalmente, se completó la conexión con los ferrocarriles de Bolivia por el lado occidental, al tiempo que se iniciaban los estudios para una segunda conexión, por el lado oriental.

En cuanto a las compañías privadas, de capital extranjero, la gran mayoría no retomó sus construcciones o lo hizo en mínima medida. Sólo el Ferrocarril del Sud hizo ampliaciones de cierta consideración, pasando de poco más de 6 000 a unos 6 700 km en 1929. En cambio, en casi todos los casos hubo, al promediar el decenio de 1920, mejoras y renovación de material e instalaciones. Entre las primeras se destacó la electrificación de una de las líneas suburbanas del Ferrocarril Central Argentino y la del Ferrocarril Oeste, además de la construcción de una nueva estación central por parte del Ferrocarril del Sud, que introdujo la primera locomotora diesel. Entre las segundas, se renovaron varios miles de kilómetros de vías para instalar rieles de más peso que soportaran un mayor tonelaje y permitieran más velocidad.

Desde la perspectiva de estas compañías, la segunda mitad de los años veinte fue el periodo en el que se alcanzaron los mayores niveles históricos en el volumen de carga transportada y, consecuentemente, de las entradas brutas. La rentabilidad de las principales compañías británicas se aproximó a los mejores registros de preguerra, aunque pesó desfavorablemente el aumento de gastos a que dio lugar la acción sindical de los trabajadores, obteniendo mejoras en relación con la jornada de trabajo y las jubilaciones.

La situación cambió abruptamente con el estallido de la crisis iniciada en la bolsa de Nueva York en octubre de 1929. Su impacto se sintió pronto en Argentina por la caída de precios de sus principales productos de exportación, carne y cereales, y una fuga de capitales que obligó ya en 1929 a suspender la conversión a oro de la moneda. Los efectos contractivos no hicieron más que profundizarse en los años siguientes, y así el volumen de carga ferroviaria bajó entre 1929 y 1933 más de 25%. Aunque las empresas impusieron reducciones de sueldos y disminuyeron personal, no lograron bajar sus costos en proporción al descenso de sus entradas brutas, viendo reducidos drásticamente sus márgenes de rentabilidad. En esas condiciones sus planes de inversión fueron totalmente interrumpidos.

A partir de 1934, y con la puesta en marcha de un plan de reactivación económica por parte del ministro Pinedo, en noviembre del año anterior, se comenzó a ver una cierta recuperación. Por otra parte, las pérdidas de cosechas en el hemisferio norte reforzaron el precio de los cereales, y los acuerdos comerciales con Inglaterra permitieron estabilizar los de la carne. Como parte de esos acuerdos, las compañías británicas pudieron remitir sus utilidades a un tipo de cambio más favorable que en los años previos. Sin embargo, una sombra comenzó a cernirse sobre el tráfico ferroviario por la competencia del transporte automotor. Por más que la política cambiaria restringió la entrada de nuevos automotores, el parque existente en Argentina era en proporción a su población uno de los más importantes del mundo, y como parte de la política de reactivación las obras de construcción y pavimentación de caminos le dieron un mayor poder de penetración. Fue en ese contexto que las compañías presionaron para que se emitiera una ley de coordinación de transportes, que de todos modos no solucionó su situación.

En ese contexto, los planes de inversión y reequipamiento de los ferrocarriles de propiedad extranjera continuaron paralizados, aunque se adoptaron algunas innovaciones con el objetivo de aumentar la oferta del servicio y reducir los costos operativos, con la incorporación de coches motores, distintos tipos de vagones y plataformas para cargas específicas, sistemas más modernos de señalización y comunicación, sustitución de algunos servicios de trenes por automotores y, sobre todo, la sustitución del carbón importado por petróleo obtenido en el mercado interno.

Las dificultades afectaron a las compañías menos rentables, como el Trasandino y el Central Córdoba, este último en posesión de una de las líneas más extensas de trocha angosta, que unía Tucumán, Córdoba, Rosario y Buenos Aires. Las negociaciones, que en ambos casos se iniciaron hacia 1934, desembocaron en su nacionalización hacia 1938. Los Ferrocarriles del Estado, por su parte, completaron dos proyectos de larga data, que permitían la conexión ferroviaria con Chile por el noroeste y con Bolivia por el oriente.

El estallido de la segunda Guerra Mundial volvió a empeorar las condiciones y motivó nuevos planes para una retirada ordenada de las compañías inglesas. Así Pinedo propuso, aunque no fue aceptada, una gradual toma de participación por el Estado en el capital de las compañías extranjeras. Al término de la guerra, el nuevo gobierno de Perón resolvió empezar negociaciones para adquirir la totalidad de las líneas de propiedad extranjera, lo que se concretó en el caso de las francesas en 1946 y en las británicas, mucho más importantes, entre 1947 y 1948.

Para entonces se llevaban casi dos decenios sin inversiones de envergadura, pero las condiciones de aguda escasez de divisas y déficit en la balanza comercial que sobrevinieron a partir de fines de los años cuarenta, impidieron al gobierno hacer las necesarias renovaciones y mejoras. De tal modo, los ferrocarriles bajo la administración estatal continuaron su funcionamiento de modo inercial, pero mostrando ahora un déficit de explotación cada vez más acentuado, y sin lograr conformar una estructura técnica de mandos como la que se había producido, por ejemplo, en la época de la AGFE, que ahora fue disuelta y subsumida en una nueva estructura organizacional, continuamente modificada.

De manera progresiva la red fue entrando en una situación de acentuada obsolescencia, intermitentemente alterada por algunos intentos de modernización, que con frecuencia venían ligados con planes de racionalización y disminución de la red que no hacían más que acentuar su retroceso en el mercado del transporte (el recordado Plan Larkin, a comienzos de los sesenta, fue uno de los más significativos). Las fuertes inversiones en la red vial y el desarrollo de la industria automotriz realizadas a partir de los años sesenta fueron la otra cara de la moneda.

Durante la última dictadura militar (1976-1983) la situación se agravó, con un sistema colapsado que cada vez era más difícilmente atendido por el Estado, carente de recursos, y afectado desde comienzos de los años ochenta por una crisis de la deuda externa que marcó todo el decenio, limitando las posibilidades de acción del nuevo gobierno de Alfonsín, tras el retorno a la democracia. Éstas fueron las precondiciones para el abrupto giro que adoptó el siguiente gobierno, de Carlos Menem, en el decenio de 1990, disponiendo la privatización de todos los servicios de carga, la eliminación de los de pasajeros, salvo en torno a la ciudad de Buenos Aires y en algunos itinerarios limitados, y la disminución radical de la extensión de una red que en parte estaba ya inutilizada. Las distintas líneas fueron transferidas a grupos *ad hoc* integrados por los grupos empresariales diversificados (Techint, Loma Negra, etc.) unidos a operadores internacionales que garantizaban un nivel de funcionamiento razonable en relación con los últimos tiempos, pero por debajo del que había tenido hasta hacía no más de 10 años. Estos concesionarios recibían una fuerte suma de subsidios anuales, equivalente a lo que drenaba antes el déficit de la explotación fiscal. No hubo en contrapartida significativos planes de inversión que permitieran revertir siquiera en parte el retroceso que los ferrocarriles habían experimentado en el conjunto del sistema de transportes. Tan sólo una estabilización que se derrumbaría cuando la crisis de 2001-2002 puso fin al esquema macroeconómico que lo sustentaba.

BIBLIOGRAFÍA

Abel, Christopher, y Colin Lewis (1985), *Latin America, Economic Imperialism and the State: The Political Economy of the External Connection from Independence to the Present*, Londres, The Athlone Press.

Álvarez, Juan (1912), *Estudio sobre las guerras civiles argentinas*, Buenos Aires, Roldán.

Barba, Enrique M. (1954), *Rastrilladas, huellas y caminos*, Buenos Aires, Raigal.

Brady, George (1926), *Railways of South America. I: Argentina*, Washington, Government Printing Office.

Bunge, Alejandro (1918), *Ferrocarriles Argentinos. Contribución al estudio del patrimonio nacional*, Buenos Aires, Imprenta Mercatali.

Cárcano, Ramón J. (1893), *Historia de los medios de comunicación y transporte en la República Argentina*, Buenos Aires, Lajouanne.

Coatsworth, John H., y Alan M. Taylor (coords.), *Latin America and the World Economy since 1800*, Cambridge, Harvard University Press.

Cortés Conde, Roberto (1969), "Patrones de asentamiento y explotación en los nuevos territorios argentinos (1890-1910), en Jara (ed.), pp. 105-118.

De Clercq, Hugo (1973), *The Development of the Comunication and Transportation Infrastructure of Argentina's more Advanced Economy 1850-1914*, Gainesville, University of Florida.

Dirección General de Ferrocarriles (1914), *Estadística de los ferrocarriles en explotación*, Buenos Aires.

Ferns, Harry S. (1968), *Gran Bretaña y Argentina en el siglo XIX*, Buenos Aires, Solar–Hachette.

Fleming, William (1987), *Regional Development and Transportation in Argentina. Mendoza and the Gran Oeste Argentino 1885-1914*, Nueva York, Garland Publishing.

Goodwin, Paul B. (1974), *Los ferrocarriles británicos y la U.C.R., 1916-1930*, Buenos Aires, Ediciones La Bastilla.

Guy, Donna (1980), *Argentine Sugar Politics: Tucumán and the Generation of Eighty*, Tempe, Arizona State University.

Halperín-Donghi, Tulio, H. Gorostegui de Torres y R. Cortés Conde (s/f), "Evolución del comercio exterior argentino. Exportaciones", Buenos Aires.

Herranz-Loncán, Alfonso (2011), "El impacto directo del ferrocarril sobre el crecimiento económico argentino durante la primera globalización", *Revista Uruguaya de Historia Económica*, año 1, núm. 1, pp. 34-53.

Jara, A. (ed.) (1969), *Tierras nuevas*, México, El Colegio de México.

Jones, Charles (1995), "Los antecedentes de la moderna corporación transnacional: los grupos de inversión británicos en América Latina", en Marichal (coord.).

Kroeber, Clifton (1967), *La navegación de los ríos en la historia argentina (1794-1860)*, Buenos Aires, Paidós.

Lewis, Colin M. (1983), *British Railways in Argentina, 1857-1914. A case study of foreign investment*, Londres, University of London.

López, Mario Justo (h) (1991), *Historia de los ferrocarriles de la provincia de Buenos Aires, 1857-1886*, Buenos Aires, Lumière.

―――― (1994), *Historia de los ferrocarriles nacionales*, Buenos Aires, Lumière.

―――― (2000), *Ferrocarriles, deuda y crisis. Historia de los ferrocarriles en la Argentina 1887-1896*, Buenos Aires, Lumière.

López, Mario Justo (h), y Jorge E. Waddell (2007), *Nueva historia de los ferrocarriles argentinos*, Buenos Aires, Lumière.

Marichal, Carlos (coord.) (1995), *Las inversiones extranjeras en América Latina, 1850-1930*, México, FCE.

Ortiz, Ricardo M. (1946), *El ferrocarril en la economía argentina*, Buenos Aires, Editorial Problemas.

―――― (1955), *Historia económica de la Argentina*, Buenos Aires, Raigal.

Palermo, Silvana (2001), "The Nation Building Mission: The State-Owned Railways in Modern Argentina (1870-1930)", tesis de doctorado, Stony Brook, State University of New York.

Regalsky, Andrés M. (1986), *Las inversiones extranjeras en la Argentina 1860-1914*, Buenos Aires, Centro Editor de América Latina.

―――― (2002), *Mercados, inversores y élites: las inversiones francesas en la Argentina, 1880-1914*, Buenos Aires, Untref.

Rocchi, Fernando (2006), *Chimneys in the Dessert. Industrialization in Argentina during the Export Boom Years, 1870-1930*, Stanford, Stanford University Press.

Rogind, William (1937), *Historia del Ferrocarril Sud, 1861-1936*, Buenos Aires, Establecimiento Gráfico Argentino.

Salerno, Elena (2003), *Los comienzos del Estado empresario: La Administración General de los Ferrocarriles del Estado (1910-1928)*, Buenos Aires, CEEED–Universidad de Buenos Aires.

Sánchez Román, José A. (2005), *La dulce crisis. Estado, empresarios e industria azucarera en Tucumán, Argentina (1853-1914)*, Sevilla–Madrid, Universidad de Sevilla–CSIC.

Scalabrini Ortiz, Raúl (1948-1986), *Historia de los ferrocarriles argentinos*, Buenos Aires, Editorial Plus Ultra.

Schickendantz, Emilio, y Emilio Rebuelto (1994), *Los ferrocarriles en la Argentina, 1857-1910*, Buenos Aires, Fundación Museo Ferroviario.

Schvarzer, Jorge, y Teresita Gómez (2006), *La primera gran empresa de los argentinos. El Ferrocarril del Oeste (1854-1862)*, Buenos Aires, FCE.

Schvarzer, Jorge, Andrés Regalsky y Teresita Gómez (comps.) (2007), *Estudios sobre la historia de los ferrocarriles argentinos (1857-1940)*, Buenos Aires, CESPA–Universidad de Buenos Aires.

Stones, H.R. (1993), *British Railways in Argentina*, Kent, P.E. Waters & Associates.

Summerhill, William R. (1998), "Market Intervention in a Backward Economy: Railway Subsidy in Brazil, 1854-1913", *Economic History Review*, vol. LI, núm. 3, pp. 542-568.

—— (1998), "Railroads in Imperial Brazil, 1854-1889", en Coatsworth y Taylor (coords.).

—— (2005), "Big Social Savings in a Small Laggard Economy, Railroad-Led Growth in Brazil", *The Journal of Economic History*, vol. 65, núm. 1, pp. 72-102.

Wright, Winthrop R. (1980), *Los ferrocarriles ingleses en la Argentina. Su influencia en el nacionalismo económico, 1854-1948*, Buenos Aires, Emecé Editores.

Zalduendo, Eduardo A. (1975), *Libras y rieles. Las inversiones británicas para el desarrollo de los ferrocarriles en Argentina, Brasil, Canadá e India durante el siglo XIX*, Buenos Aires, Editorial El Coloquio.

8
CHILE

Guillermo Guajardo Soto

INTRODUCCIÓN

La República de Chile se ubica en el extremo suroeste de América del Sur, con un largo y estrecho territorio de 756 950 km², entre el océano Pacífico, la cordillera de los Andes y que en el extremo austral alcanza el Paso de Drake, sumando un total de alrededor de 6 000 km de fronteras que limitan al norte con Perú y al este con Bolivia y Argentina. En esa angosta y montañosa faja de tierra, en el decenio de 1850 se inició la construcción ferroviaria tanto privada como pública para atender fundamentalmente las necesidades del sector primario-exportador, expandiéndose este medio de transporte hasta 1930, en la época en que el país había logrado una complejidad social y económica mayor que la de un simple polo exportador. Durante ese periodo la élite chilena mantuvo el control de la agricultura y de las finanzas, en tanto que los empresarios manufactureros desde la década de 1880 se expandieron en el mercado interno, a la vez que se fue definiendo una división del trabajo entre capital público y privado. En virtud de ésta, la inversión del Estado chileno en infraestructura y ferrocarriles tendió a concentrarse en las provincias agrícolas del centro y sur, y el capital privado, británico en su mayoría, se concentró en los ferrocarriles mineros del norte que monopolizaron el transporte de productos de exportación. En 1910 los ferrocarriles públicos equivalían a la mitad de la red chilena, tanto en kilómetros (véase cuadro 1) como en capital invertido, y para 1920 el capital de las empresas ferroviarias estatales alcanzó 62% del total del sector, ubicándose en segundo lugar el capital británico con 21 por ciento.

El perfil descrito fue el que caracterizó la expansión ferroviaria en Chile, cuyo punto más alto se alcanzó en 1927, cuando se llegó a un total de 9 009 km de vías, bajando en forma inexorable desde el año siguiente por el cierre y disminución de las operaciones de los ferrocarriles de propiedad privada que atendían la minería de exportación, en particular de la industria del nitrato o "salitre" en las provincias desérticas del norte. Otro índice final de la expansión llegó en 1930, cuando se logró la máxima cobertura ferroviaria, con cerca de 12 km de vía férrea por kilómetro de superficie de territorio y 22 km de vía por 10 000 habitantes. Los signos de disminución de la expansión se empezaron a registrar a partir de 1911, cuando los kilómetros de vías de propiedad estatal superaron a las privadas por la disminución

Cuadro 1. Chile: longitud de vías de ferrocarril
de los sectores público y privado, 1876-1950
(kilómetros. Años seleccionados)

Año	Empresas estatales	Empresas privadas	Total
1876	863	674	1 537
1880	950	827	1 777
1890	1 106	1 641	2 747
1895	1 732	1 765	3 497
1900	2 125	2 229	4 354
1905	2 329	2 449	4 778
1910	2 830	3 144	5 974
1911	3 120	2 908	6 028
1915	5 122	3 094	8 216
1920	4 579	3 631	8 210
1925	5 459	3 182	8 641
1927	5 759	3 250	9 009
1930	5 807	3 130	8 937
1950	6 275	2 228	8 503

Fuente: Braun *et al.* (2000, tabla 9.1: 271-272).

de la inversión británica en este sector. Desde 1912, con la creación del Ministerio de Ferrocarriles, el Estado chileno incrementó la compra y construcción de líneas de conexión longitudinal hacia las provincias del norte, a la vez que se consolidaron en el centro y sur las vías que atendían los principales núcleos urbanos, industriales y agrícolas. La extensión de las compañías privadas siguió creciendo hasta 1918, cuando alcanzó su punto máximo con 3 945 km (véanse los cuadros 1 y 2); se puede afirmar que el debilitamiento del sector exportador salitrero fue determinante para poner fin a la expansión de ferroviaria. Después de la Depresión de 1929, el crecimiento de las vías quedó en manos del Estado y las líneas privadas se fueron concentrando en el mercado minero, razón por la cual en 1950 el 91% las vías férreas privadas estaban en las provincias del norte del país (véase cuadro 2). Para ese entonces otros medios de transporte le estaban arrebatando al ferrocarril su predominio.

Tal es la línea evolutiva que proponemos en este capítulo sobre Chile entre 1850 y 1930, para entender cuatro aspectos: 1] la participación privada y estatal desde las primeras empresas ferroviarias; 2] la especialización primario-exportadora que condicionó el desarrollo del ferrocarril; 3] la condición longitudinal del territorio, que ha impuesto grandes distancias lineales en las que se superponen los ferrocarriles, las carreteras, el transporte de cabotaje y más tarde la aviación, promoviendo una fuerte competencia entre los distintos medios; 4] la acción pública, que se concentró en la región central del país, avanzando longitudinalmente para unir el sur y el norte. Por razones de espacio, no consideramos en este análisis algunas líneas que quedaron fuera del gran núcleo territorial privado y público de nuestro interés, como las vías cortas y aisladas de la Isla de Chiloé, de la región de Magallanes, la línea internacional de Arica a La Paz, así como otras con servicios muy especializados, como el del mineral de hierro de El Tofo, al norte de La Serena.

El texto se integra por seis secciones. La primera trata las condiciones antes del ferrocarril en los caminos interiores, y la segunda analiza la política ferroviaria y los ciclos de construcción. La tercera se ocupa de los ferrocarriles salitreros como motor de la expansión privada; la cuarta estudia la expansión estatal y el inicio de la competencia carretera. En la quinta se presenta un panorama sobre los impactos económicos y sociales; en la sexta sección, que es el epílogo, se hace una síntesis del periodo posterior a la etapa de expansión hasta la actualidad.

1. DE LAS CARRETAS AL FERROCARRIL

Después de finalizar las guerras de Independencia en 1818, en los decenios siguientes la presión productiva y demográfica llevó en 1842 a crear el Cuerpo de Ingenieros Civiles, que se dedicó a la reparación y construcción de caminos y puentes, concentrando su actividad en las provincias del centro del país, como Santiago, Valparaíso y Colchagua. Pero los costos de reparación eran altos y los grandes usuarios, como los hacendados, no cooperaban en la construcción ni en la reparación porque consideraban que era una tarea estatal. Por esta razón el Cuerpo llevaba a cabo su tarea con grandes dificultades, con trabajos lentos e imperfectos por su inexperiencia. Además, la mala conservación deterioraba los caminos y afectaba el tráfico, situación que se agravaba por el hecho de que los medios de transporte eran muy primitivos, dañando los puentes y calzadas, como ocurría con las carretas que arrastraban por el suelo las cargas de madera.

En el caso del norte del país, antes de 1850 el cobre que era exportado a Inglaterra se transportaba mediante tropas de carretas hasta su embarque en el puerto. El carretonero era técnicamente inferior pero tenía la ventaja de una gestión comercial flexible que se podía negociar "cara a cara", hasta llegar a fletes que sólo cubrieran su subsistencia. Pero los aumentos en las exportaciones impulsaron las primeras compañías ferroviarias, entrando en operaciones la primera línea férrea de Chile en 1851 entre el puerto de Caldera y la ciudad de Copiapó. En todo caso, el impacto inmediato debe matizarse porque el ferrocarril no modernizó completamente la producción minera chilena debido a que estaba basaba en métodos coloniales y también porque las explotaciones se ubicaban en zonas áridas, con muy baja densidad poblacional, razón por la cual su efecto social fue más acotado, distinto a lo que ocurrió en las zonas agrícolas. En provincias del norte, como Coquimbo y Atacama, el territorio es estrecho y por su conformación longitudinal entre la cordillera de los Andes, la cordillera de la costa, los valles transversales y su cercanía con el océano Pacífico hizo que las carretas arrastradas por mulas siguieran compitiendo en la ruta hacia los puertos. En cambio, en las provincias de más al norte, como Tarapacá y Antofagasta, la mayor amplitud del territorio y más salidas a puertos brindaron las condiciones para un mayor predominio ferroviario.

La crisis de 1878 inició el declive de la minería metálica que había impulsado la construcción de la línea de Copiapó y anunció lo que sería a partir de 1881 el auge del sector del nitrato o "salitre", tras la incorporación al país de áreas dotadas con este recurso por la llamada Guerra del Pacífico (1879-1883), que significó la derrota de Bolivia y Perú y dio inicio a un gran ciclo exportador entre los decenios de 1880 y 1930. Este fertilizante se encuentra en mantos o estratos irregulares con espesores promedio de 4 a 5 metros, en una franja de territorio de 700 km de largo y de entre 160 y 80 km de ancho. Antes de ser incorporada a Chile, en la provincia de Tarapacá se empleaban en la década de 1850 alrededor de 3 000 mulas exclusivamente en el transporte de salitre. Pero cuando la producción superó las 45 000 toneladas anuales, el problema de la capacidad de transporte se agudizó por la carencia de caminos, en una zona en donde el principal obstáculo son las fuertes gradientes entre el altiplano y la costa. Algunos empresarios intentaron resolver el problema

mediante un andarivel, es decir, con un cable entre la parte alta
de la pampa y la playa para bajar el salitre, otros utilizaron cañe-
rías de hasta 20 millas de largo para transportar salitre en estado
líquido, sistema que no prosperó por las enormes carencias de
agua en la zona. Todo esto impulsó la instalación de ferrocarriles. La primera concesión la dio el gobierno de Perú en 1860,
pero sólo en 1868 se concretó al ser tomada por Ramón Montero y Hermanos, para construir una línea entre Iquique y La Noria que fue inaugurada en 1871.

En lo que se refiere a las provincias agrícolas del centro y sur,
hacia 1840, antes de la llegada de los ferrocarriles operaban
cinco tipos de transportes terrestres en la ruta entre la capital del
país, Santiago, y el puerto de Valparaíso, que era uno de los principales caminos nacionales. Esta ruta de 140 km comenzaba en
el puerto, subiendo una cuesta hasta una altitud de 430 m, para
luego alcanzar la cuesta de "Zapata" a 580 m, y finalmente cruzar
por la de Lo Prado, a 730 m, antes de bajar a la ciudad de Santiago ubicada a unos 530 m sobre el nivel del mar. Los cinco tipos
de vehículos fueron descritos por Thomson y eran bastante representativos de los que operaban en otras regiones: a] "birlo-
chos" para el transporte de personas, con dos asientos arrastrados por uno o dos caballos; b] carruajes o diligencias, jalados por
cuatro caballos, para seis personas; c] caballos sin remolque para
el transporte del propio jinete; d] carros o carretas para carga con
una capacidad de 55 quintales españoles de 100 libras, aproximadamente 45 kilos cada uno, arrastrados por bueyes que podían acomodar entre uno a dos pasajeros encima de los bultos;
e] mulas sin remolque con una capacidad promedio de 3.5 quintales españoles. Los servicios para pasajeros entre Santiago y
Valparaíso eran brindados por unos empresarios ingleses que
empleaban un vehículo tipo *stage coach* británico que salía de la
capital a las 6:00 horas en el verano, o a las 8:00 horas en el invierno. Se pernoctaba a unos 55 km de la capital y al día siguiente se reanudaba el viaje, llegando a Valparaíso en la noche del

segundo día. También podía hacerse en un solo día cambiando de caballos en la temporada seca.

El transporte de carga se hacía con carretas arrastradas por bueyes, montadas sobre ruedas y ejes de madera por la falta de hierro, que en el verano podían efectuar un viaje de ida y vuelta en un espacio de 15 días para cubrir los 140 km, mientras que en invierno la demora era de 30 días. La economía campesina brindaba tanto los operadores como el avituallamiento para las etapas, con comidas y refugio para las largas jornadas. A inicios del decenio de 1840 circulaban alrededor de 800 de esos vehículos entre Santiago y Valparaíso, cuyos dueños eran "chacareros" e "inquilinos" de las haciendas vecinas, quienes conformaban un empresariado popular del transporte. En el camino había posadas, pero los carretoneros por su pobreza preferían ahorrar, comiendo al aire libre y durmiendo sobre cueros y pieles de vaca.

Todo este conjunto de medios e infraestructuras era altamente deficiente y con un alto costo para los hacendados de zonas aisladas, quienes se veían imposibilitados a exportar. En ese sentido la llegada de las vías férreas vino a solucionar una de las graves trabas para la intensificación de los cultivos, ya que disminuyeron las pérdidas correspondientes por atrasos y se valorizaron los terrenos cercanos a la vía. Con la entrada en operación de toda la línea del ferrocarril entre Santiago y Valparaíso en 1864, en una zona netamente agrícola, el tráfico de carretas sobre el camino no desapareció completamente, ya que se mantuvo el transporte de productos desde zonas no atendidas por el nuevo medio de transporte. El ferrocarril fue un "liberador" para los agricultores que lograban llegar a sus estaciones y bodegas, porque les permitió llevar de la hacienda al embarcadero el producto sin intermediarios y a bajo precio. En 1868 se calculaba que el ahorro en fletes hacia Valparaíso para los exportadores de trigo había sido de 66% con respecto al pagado anteriormente a los carretoneros y de 6% del valor total de los productos transportados. Cabe señalar que entre las décadas de 1860 y 1920 Chile experimentó un ciclo exportador de trigo hacia el mercado británico, alcanzando en 1867 una cifra récord de 1.4 millones de quintales métricos exportados, que en gran parte se transportaron en ferrocarril hacia el puerto de Valparaíso.

2. LA POLÍTICA FERROVIARIA
Y LOS CICLOS DE CONSTRUCCIÓN

Como hemos señalado, el aumento en las exportaciones fue el motor que impulsó las primeras líneas que consolidaron un perfil económico de larga duración, caracterizado por ciclos exportadores predominantemente mineros: plata (1830-1860), primer ciclo del cobre (1830-1880), del nitrato o "salitre" (1880-1930) y segundo ciclo del cobre (1915-1971), como también un ciclo de exportación agrícola, el del trigo entre los decenios de 1860 y 1920. Cada ciclo requirió el equipamiento con medios de comunicación y de transporte en un país con grandes dificultades geográficas, con altos costos de mantenimiento de los caminos y en donde era impracticable la construcción de canales en las provincias centrales y del norte. Para superar esas barreras, el gobierno chileno a partir del decenio de 1850 empezó a suscribir deuda para financiar la construcción de ferrocarriles, y desde el decenio de 1860 ofreció garantías al capital invertido con subsidios, ayudas fijas por kilómetro construido y cláusulas de retorno del capital invertido. Entre 1854 y 1916 cerca de 30% de los presupuestos públicos se destinaron a obras de infraestructura y el sector estatal creció como operador de líneas férreas: en 1880, en un país que contaba con una población de 2.2 millones de habitantes el Estado controlaba 950 km, equivalentes a 53% del total, cifra que se elevó en 1930 a 5 807 km para una participación total de 64%. Todo esto se dio durante tres grandes ciclos de arranque y expansión.

La etapa libre, 1850-1883

En este ciclo arrancó la construcción de líneas de inversión privada para transportar la minería de cobre y plata de las provincias de Coquimbo y Atacama, en tanto que en la zona salitrera el primer ferrocarril comenzó a construirse en 1873 en Antofagasta. El antecedente de estos proyectos se encuentra en 1842, cuando el empresario estadounidense William Wheelright presentó al gobierno chileno un proyecto para construir una vía férrea entre el puerto de Valparaíso y la capital, Santiago, formándose en 1845 una sociedad integrada por banqueros y comerciantes ingleses de Liverpool y Londres. Pero en 1849, ante la demora del proyecto en el Congreso, Wheelright prefirió asociarse con empresarios mineros del norte para crear la Compañía del Ferrocarril de Copiapó —aproximadamente a 800 km al norte de Santiago—, que puso en operación en 1851 la primera línea férrea del país. La expansión exportadora de los decenios de 1850-1870 impulsó a los mineros a invertir en ferrocarriles, a diferencia de lo que ocurrió en la zona agrícola del centro, en donde el capital aportado por el Estado fue determinante para apoyar la exportación de cereales y la actividad comercial del puerto de Valparaíso conectado con Santiago. En 1852 se formó la compañía del Ferrocarril entre Santiago y Valparaíso (FCSV) con 50% de capital social aportado por el Estado, que aumentó a medida que se incrementaron las dificultades en la construcción y operación. En 1858 el Estado compró las acciones del FCSV con un préstamo de Baring, de Londres, y aportó recursos para construir el Ferrocarril del Sur (FCS), que uniría Santiago con Talca —una distancia de cerca de 250 km—, que se inició en 1856 con un tercio de capital estatal.

En conjunto, hasta 1883 se dio un desarrollo libre de las líneas férreas siguiendo la distribución territorial de los recursos naturales, estableciéndose el trazado básico de la mayoría de las líneas mineras en manos de compañías privadas, en gran parte en las provincias del norte.

La expansión compartida con el Estado de conexión transversal, 1884-1908

El fuerte crecimiento de la red ferroviaria chilena se dio con el inicio del ciclo exportador del nitrato o "salitre" entre los decenios de 1880 y 1930. Las anexadas provincias de Tarapacá y de Antofagasta incrementaron la extensión de vías y aportaron al gobierno cerca de 50% de los impuestos totales, pudiendo asumir una política de obras públicas y de construcción de ferrocarriles para unir los centros productivos de la parte más poblada con el norte del país. Las provincias australes y Magallanes quedaron desconectadas de la red por lo fragmentado de esos territorios. En este ciclo otra aportación institucional directa fue la creación de las primeras agencias técnicas de la administración pública chilena: en 1884 se creó la Empresa de los Ferrocarriles del Estado (EFE) fusionando el FCSV y el FCS, en 1887 se estableció el Ministerio de Industrias y Obras Públicas (MIOP) y en 1888 se estableció la Dirección General de Obras Públicas.

Hitos importantes en este ciclo se dieron a partir de 1888 con la compra que hizo el gobierno del Ferrocarril de Chañaral, que había entrado en crisis por la caída en los precios del cobre, y ese mismo año el Congreso autorizó la construcción de 1 175 km de vías destinadas en 73.4% a las provincias centrales y del sur del país, en tanto que el 26.6% restante sería para las provincias mineras de Coquimbo y Atacama. Buena parte de esas vías férreas estaban orientadas a ampliar la frontera agrícola y de colonización en el sur del país, con 403 km de vías, en tanto que para el norte se trató de líneas longitudinales para unir ferrocarriles mineros transversales desde La Calera a Ovalle y de

Huasco a Vallenar. De acuerdo con este plan, Zeitlin contabili-
zó 1 162 km: 18% fueron para las provincias de Atacama y Coquimbo, 30% entre Aconcagua y Maule y 51% de Ñuble a Val-
divia. En la zona central, 78% de las nuevas líneas iban de este
a oeste (cordillera de los Andes a la costa), es decir, para comunicar con la línea central, consolidando la posición dominante
de los terratenientes.

Con ello las líneas del Estado se fueron expandiendo en la
zona central, al tiempo que empezaron a darse crecientes problemas de orden financiero. En el periodo comprendido entre
1855 y 1884 (año de creación de la EFE), el coeficiente de explotación de los ferrocarriles estatales fue de 59% (de gastos en
relación con los ingresos). Desde 1884 hasta la reorganización
de EFE en 1907, los gastos se elevaron a 94% y de 1907 a 1914
se registraron las mayores pérdidas por gastos de explotación,
que llegaron a 127%. En 1884, para una línea en explotación
de alrededor de 940 km, había 5 000 empleados, es decir, cerca de 5.3 personas por kilómetro; en 1914 para una vía de
2 350 km la EFE tenía más de 21 000 empleados con un promedio de 8.8 por kilómetro, lo cual para el ingeniero Marín Vicuña
era exagerado. A esto se sumaba el problema financiero de EFE
dado por la estructura de tarifas que se vinculaba al valor de
cada producto, o sea, era una tarifa *ad valorem* que en vez de
cobrarse de acuerdo con el costo de transportar el producto se
fijaba por la capacidad de cada artículo para pagarla. Los costos
fijos no se distribuían proporcionalmente entre todo el tráfico,
sino que se concentraban en los productos de más alto valor.

Los problemas anteriores no fueron obstáculo para que
después de la compra del Ferrocarril de Chañaral, el Estado
adquiriera en 1895 los ferrocarriles de Elqui, en 1896 el de
Coquimbo, en 1901 el de Tongoy y en 1910 el de Copiapó. La
línea del Ferrocarril de Carrizal, en Atacama, logró mantenerse en operaciones por la producción de manganeso y cobre,
hasta que el terremoto y maremoto de 1922 paralizó su ope-

HISTORIA MÍNIMA DE LA EXPANSIÓN FERROVIARIA EN AMÉRICA LATINA

ración. En 1930, en plena Depresión, pasó a propiedad del Estado y en 1961 se cerró definitivamente.

La conexión longitudinal
y el fin de la expansión, 1909-1930

En el sur del país las líneas de la EFE en 1913 llegaron a Puerto Montt, uniéndose con Valparaíso mediante cerca de 1 200 km de línea troncal. En la parte norte del país, en 1908 las vías mineras empezaron a ser unidas mediante el Ferrocarril Longitudinal Norte (FCLN), línea que llegó hasta los límites de la zona salitrera, Pueblo Hundido —actual Diego de Almagro a cerca de 1 000 km al norte de Santiago—, para formar en 1917 la Red Norte de la EFE.

El proyecto del FCLN tomó forma durante la presidencia de Domingo Santa María (1881-1886), cuando se ordenó el estudio de una línea de La Calera a La Serena, pero su terminación se retrasó dos décadas por la falta de recursos, estudios y por el peso político de los intereses de los terratenientes que lo bloquearían. En 1908 el Congreso dio la autorización para construir las líneas fijando un presupuesto que no podía exceder de 7.5 millones de libras esterlinas. Se dio inicio con el tendido de una vía entre La Calera y Pintados, una distancia de alrededor de 1 300 km que presentó una serie de problemas para el Estado chileno en su política de obras públicas. Esto se debió a que se comenzó su construcción sin decidir su salida a un puerto, y ésta entró en el espacio dominado por compañías de capital británico, como el Ferrocarril de Antofagasta a Bolivia (FCAB), Nitrate Railways y Taltal Railway, cuyos ejecutivos en 1912 se opusieron al proyecto. Pero en 1914 el estallido de la primera Guerra Mundial debilitó los lazos con la economía británica y se decidió la salida al mar del FCLN por medio del llamado Ferrocarril de Iquique a Pintados (FCIP), lo que afectó el dominio de Nitrate Railway, que explotaba un total de 640 km de vías y controlaba el acceso al puerto de Iquique.

En 1915 las líneas estatales sumaban 5 868 km y eran administradas por una diversidad de agencias y operadas con distintos anchos de vía: 38.1% era de 1.676 m, 54.9% de 1 m, 2.1% de 76 cm y 4.9% era de 60 cm. El FCLN conectó las vías del norte con un ancho de un metro, pero en algunos puntos se construyó con otros anchos de escantillón y las cuestas obligaron a realizar transbordos de pasajeros y de mercaderías, en tanto que en ciertos tramos se usaron locomotoras con cremalleras. Una vez terminado el FCLN, la línea fue transferida al Estado y unida a los Ferrocarriles de Copiapó y Chañaral, absorbiendo pérdidas y una actividad económica deprimida junto con altos costos operativos por tramos improductivos y fuertes gradientes, sin poder captar buenos negocios.

El avance hacia el norte continuó con el FCIP construido con graves errores de diseño, cálculo y gestión. En 1924 el FCIP empezó a ser explotado en forma provisional llegando al puerto de Iquique, pero con una costosa obra de ingeniería para tener una ruta independiente de Nitrate Railways. La línea fue entregada oficialmente al servicio en 1929 y manejada por el gobierno, pero la tragedia tanto tecnológica como económica de este proyecto es que entró en operaciones en plena Depresión, cuando la industria se reestructuró radicalmente por las inversiones estadounidenses que integraron los ferrocarriles a los procesos de producción y concentración de plantas, lo que disminuyó la necesidad de una gran red ferroviaria en las zonas donde se ubicaban los yacimientos de nitrato.

3. EL MOTOR DE LA EXPANSIÓN PRIVADA: LOS FERROCARRILES SALITREROS

Un análisis aparte merecen los ferrocarriles que atendían la minería de nitrato en Tarapacá y Antofagasta, porque fueron grandes receptores de inversión privada en ferrocarriles. En 1915

Tarapacá y Antofagasta contaban con cerca de 3 200 km de líneas, equivalentes a 38% de las vías férreas del país, cifra que para el año 1950 bajó a 34% con 2 960 km, de las cuales 1 907 km representaban 85% de los ferrocarriles privados chilenos, según se anota en la cuadro 2. Su origen estuvo en las amplias concesiones dadas por los gobiernos de Perú y Bolivia desde el decenio de 1860, que después de la Guerra del Pacífico fueron reconocidas por el gobierno chileno. En 1916 estas líneas sumaban alrededor de 1 956 km y representaban 63% de los ferrocarriles privados y 23% del total de las vías férreas del país. Su fin llegó con los cambios en el mercado salitrero, la organización productiva, la construcción de caminos y el agotamiento de las primeras concesiones; en 1936 expiró la concesión de Nitrate Railway de la línea Iquique-La Noria y el gobierno traspasó su administración al FCIP, aunque la explotación continuó a cargo de Nitrate, que pagó a la empresa fiscal un derecho por uso de las vías. En conjunto estos ferrocarriles no constituyeron un sistema unificado, ya que los anchos de las vías variaban de 1.43 m a 76 cm, como se indica en el cuadro 3.

Para la industria del salitre el transporte ferroviario era un factor crítico. El costo principal del fertilizante era de bajada, cuando podía significar 12% de todo el valor del producto puesto en el barco, después de los gastos de embarque y derechos de

Cuadro 2. Chile: kilómetros y propiedad de los ferrocarriles
por regiones, 1950

	Estatales	Privados	Total	Porcentaje
Norte	2 609	2 031	4 640	54.5
Centro	1 859	98	1 957	23.0
Sur	1 719	99	1 818	21.3
Austral	88	—	88	1.2
TOTAL	6 275	2 228	8 503	100
Porcentaje	73.7	26.3	100	

Fuente: Guajardo (2007, tabla VIII.1: 155).

Cuadro 3. Chile: anchos de las vías férreas
en la zona salitrera, 1916

Metros	Kilómetros	Porcentaje
1.43	607	31.0
1.06	464	23.7
1.00	440	22.4
0.76	445	22.7
TOTAL	1956	100

Fuente: Guajardo (2007, tabla VIII.3: 165).

exportación. Pero era relativamente modesto con respecto al valor CIF del producto, es decir, el precio de poner la mercancía en el puerto de destino, con flete y seguro pagado. No obstante, Thomson señaló que si se mide el costo por kilómetro, el flete ferroviario era muy alto a pesar de que la distancia de las oficinas al puerto pocas veces era superior a 100 km. Ese costo era más elevado si se le compara con el flete marítimo: antes de 1914 el flete terrestre comparado con el marítimo por kilómetro entre los puertos salitreros y los europeos, como Liverpool (una distancia de casi 10 000 millas náuticas), podía llegar a ser, por kilómetro, casi 100 veces más caro. Aunque esto es más o menos común, en este caso la diferencia entre ambos medios de transporte era extraordinaria.

4. AUMENTO DE LAS VÍAS ESTATALES, INICIO DE LA COMPETENCIA CARRETERA Y FIN DE LA EXPANSIÓN FERROVIARIA

La primera Guerra Mundial tuvo un impacto severo en una economía netamente exportadora como la chilena, lo que impulsó una serie de cambios en los años siguientes expresados en la Constitución de 1925, en la separación de la Iglesia y del Estado, en el incremento del poder del presidente y en la participación del sector público en la economía. En el ámbito ferroviario tuvo un gran efecto la huelga de los trabajadores de los yacimientos de carbón de Arauco, que se produjo en el sur del país entre marzo y mayo de 1920 y aceleró el cambio energético hacia la electricidad y el petróleo. La primera Guerra Mundial había demostrado que el petróleo tenía grandes ventajas, y en Chile el sector salitrero inició su consumo en gran escala a partir de 1903. Un año antes de la huelga, en 1919, la EFE estimó que el precio pagado por el carbón era cada vez más alto, en cambio, el precio del petróleo era de un tercio con respecto al carbón y su suministro se aseguraba mediante contratos a tres años. Las compañías carboníferas chilenas se oponían al uso del petróleo pero la EFE debía ahorrar en combustible, ya fuera mediante la electrificación o el consumo de petróleo.

La "huelga larga" del carbón de marzo a mayo de 1920 provocó una crisis con secuelas hasta 1921, que cuestionó el papel de los ferrocarriles como eje troncal del movimiento del país, fragilidad demostrada en 1919 con la caída de unos puentes al sur de Santiago y luego con la huelga carbonífera. Pero también se había marcado un cambio de fondo en la relación entre el ferrocarril y varios sectores productivos, en especial con la agricultura que había sido beneficiada en el siglo XIX con tarifas bajas. A mediados del decenio de 1920 era más barato transportar productos agrícolas por malos caminos hacia Santiago desde 50 km, sin transbordos ni sustracciones. En cambio, de Santiago a Rancagua, 81 km al sur por tren, la EFE cobraba por carro completo que era de muy alto costo para productos agrícolas livianos pero voluminosos, situación que estimuló el tráfico por la carretera longitudinal. Una respuesta de la EFE se dio en 1923 con la creación de la Sección Fomento en el Departamento de Transporte para difundir el uso de fertilizantes, introducir nuevas formas de producción, así como informar sobre oportunidades de mercado para los productores.

Las repercusiones de estos fenómenos condujeron a cambios tecnológicos e institucionales relevantes, como la electrificación de la línea entre Valparaíso y Santiago que se concluyó en 1924 con un total de 380 km de vías troncales, desvíos y dobles vías con cinco subestaciones eléctricas suministradas por General Electric y 39 locomotoras construidas conjuntamente por Baldwin Locomotive Works y Westinghouse Electric. Esto marcó un giro tecnológico notable por el uso de la energía eléctrica y de tecnología de Estados Unidos, que si bien venía dándose desde la década de 1850, se incrementó durante la primera Guerra Mundial. En 1917 se envió personal de EFE a un curso en el Pennsylvania Railroad y en 1919 se estableció una oficina técnica en Nueva York que sostenía relaciones directas con firmas proveedoras. La tecnología y el capital estadounidenses también acompañaron la competencia de otros modos de transporte en los caminos, puertos y aviación, que irían erosionando el monopolio ferroviario.

El punto de arranque de la competencia caminera se encuentra en 1920, en el contexto de la crisis del carbón, cuando en marzo de ese año se promulgó una nueva ley de caminos que reemplazó a la de 1842. En ese entonces no se conocía a ciencia cierta el tipo y volumen del tráfico caminero, por lo que en 1925 el Departamento de Caminos de la Dirección General de Obras Públicas inició los primeros estudios sobre el tránsito levantando un registro en todos los puentes y caminos principales. Para 1928 se estimaba que la competencia de los caminos era evidente, aunque gran parte de los vehículos motorizados no tenían una presencia relevante en las zonas productivas de la agricultura y la minería. En 1925 cerca de 95% de los vehículos de carga eran de tracción animal, el resto eran vehículos motorizados de un total de 88 174 unidades, en tanto que 94% de los automóviles y 72% de los camiones estaban registrados en municipios urbanos.

Todo esto marcó los nuevos medios e infraestructuras que pusieron fin a la expansión ferroviaria, lo que fue definitivo con la Gran Depresión de 1929, que además retiró al sector salitrero como motor del crecimiento de la red de propiedad privada.

Red ferroviaria de Chile hacia 1945

Fuente: elaborado con base en datos de Guajardo (2007: 202-206). Apoyo técnico del Departamento de Sistemas de Información Geográfica de El Colegio de México.

5. EFECTOS ECONÓMICOS Y SOCIALES

En la expansión ferroviaria chilena si bien el Estado tuvo una participación creciente, el arranque no obedeció a un plan o estrategia nacional, sino que fue impulsado por las demandas del sector exportador chileno. Éste requirió una variada y fragmentada red de vías, que se materializaron en especificidades técnicas que las hacían incompatibles para interconectarse con otras. La tarea de darle un sentido y estrategia de conexión provino del Estado a partir de 1884, que lo hizo fundamentalmente en las provincias del centro y sur, para desde 1908 enfocar sus esfuerzos hacia el norte. Toda la expansión de este medio de transporte tuvo un resultado muy positivo para el sector exportador, minero fundamentalmente, y un alto costo para el Estado que llevó los beneficios de una mayor velocidad de viaje y menores tarifas al sector agrícola. También fue uno de los principales motivos del endeudamiento externo, ya que de 52 préstamos contratados por el Estado chileno entre 1822 y 1930, 34 fueron para construir obras públicas, ferrocarriles y puertos.

Como medio de transporte el beneficio fue inmediato tanto para los productores como para la población. De acuerdo con un estudio de Thomson acerca de evaluación socioeconómica aplicado para los primeros años del FCSV entre 1852 y 1863, el transporte de carga le dio altos beneficios a quienes contrataron el servicio más que a la compañía del FCSV. Con respecto al mercado agropecuario, Almonacid ha señalado que el sistema de tarifas de EFE ayudó a ordenarlo en función de las políticas estatales, pues las bajas tarifas facilitaron el traslado de productos agropecuarios a larga distancia. Esta política dañó financieramente a la EFE, que no tuvo ingresos suficientes para mejorar su eficiencia en el transporte, pero fue favorable para productores y comerciantes. No obstante, el efecto positivo para la producción y el consumo fue que las tarifas ferroviarias fueron un factor determinante para estructurar un mercado agropecuario nacional centralizado, al servicio de las actividades industriales y urbanas.

En ese sentido, la EFE fue la empresa pública encargada de llevar a cabo la tarea de conectar y cumplir una función de fomentar y subsidiar sectores de la economía y de la población antes de 1930, para lo cual adquirió un peso económico notable antes de esa fecha. A fines del siglo XIX los ferrocarriles consumían 16% del gasto público, porcentaje tan grande como el servicio de la deuda, y en 1914 la EFE constituían 52% de los bienes nacionales, con un capital calculado en 1912 en 20 millones de libras esterlinas. Sus pérdidas por operación llevaron en 1913 a plantear que debería hacerse una reforma completa del sistema tributario chileno para contar con nuevas fuentes de financiamiento y no depender de los ingresos de las exportaciones de salitre.

Y ese peso económico tuvo un importante efecto de tipo industrial, porque la EFE desde su creación en 1884 se constituyó en un poder de compra para las industrias metalmecánicas nacionales antes de las políticas de sustitución de importaciones. Para el decenio de 1920 la EFE había estructurado un sector de firmas proveedoras de vagones de carga, coches de pasajeros, algunas locomotoras y refacciones. Esto se puede abordar considerando el planteamiento de los eslabonamientos de Albert O. Hirschman, para quien la adquisición, instalación, mantenimiento y, de ser posible, el eslabonamiento entre las actividades productivas y la fabricación de maquinaria y equipos complejos eran relevantes para el desarrollo económico. En particular los "eslabonamientos hacia atrás", es decir, la producción de los bienes de capital y equipos necesarios para una actividad económica, conducían de forma más eficaz hacia la industrialización.

El impacto industrializador de los eslabonamientos de los ferrocarriles provino netamente del lado público. Algo distinto ocurrió con los ferrocarriles privados, que como hemos señalado en gran parte estaban en las provincias del norte del país atendiendo el transporte de salitre. En 1925, de los 2.7 millones de toneladas de salitre, bórax y otros minerales que se transportaban por los ferrocarriles del país, 97% era porteado por compañías privadas. Entre ellas, la línea más importante era el FCAB que no compraba sus vagones y locomotoras en Chile, aunque en conjunto los ferrocarriles privados ocupaban una mayor proporción de carros de carga: en 1916 en el transporte de salitre se ocupaban 9015 carros de carga (47% de todos los del país) con una dotación de 4.6 carros por kilómetro cuando el promedio nacional era de 2.2 y el de EFE de 1.5. El sector exportador y pilar de la economía era un importante mercado, intensivo en el empleo de carros de carga con escasa complejidad tecnológica que no se compraban en el país.

Otro factor que restringió el mercado de los ferrocarriles salitreros era la muy favorable orografía para el FCAB. En 1913 esta línea transportaba alrededor de 35% del salitre que Chile exportaba, contaba con 866 km de vías de circulación y en 1921 se le suponía detentor en el mundo del récord de carga movilizada en proporción a su material rodante. El tráfico más reditable era el de bajada, con trenes cargados hacia el puerto de Antofagasta, por lo que la mayor parte de la fuerza y costo de los trenes se consumía sólo en subir carros vacíos hasta los establecimientos de elaboración; sólo necesitaba emplear un tipo de carro de carga abierto, "carros cajón", y no un equipo sofisticado y diverso. Si bien obtenían altas ganancias sobre el capital invertido, le era favorable la orografía, pero por los altos impuestos a los que estaban sometidos desalentaban la renovación del equipo.

En cambio la EFE, creada en 1884 para operar las líneas ubicadas en las zonas central y sur del país, fue el principal mercado para los fabricantes chilenos. Éstos contaron con una débil protección estatal desde 1888, cuando se dio preferencia a los fabricantes nacionales en las compras del Estado aun cuando excedieran en 10% el valor de los importados. Dicha tolerancia protegió sólo las compras del sector público, es decir, a la mitad de la red chilena y no siempre fue respetada. Fue durante el periodo de la primera Guerra Mundial cuando la EFE asumió un papel para sustituir importaciones por las fuertes restricciones para comprar equipos en Europa y Estados Unidos. También se pudo llevar a cabo por la modernización tecnológica y de organización de los talleres de EFE dada a partir de 1914. En el sector privado fue fundamental el inicio de la producción de acero local por fundición eléctrica de la Sociedad Electro-Metalúrgica establecida en 1918 y ubicada en Santiago. Esa inversión le permitió a EFE establecer un plan en donde la producción de acero articuló a varias fábricas chilenas, mediante contratos para proveer piezas de acero y fabricar 2 350 vagones, 135 coches y 15 locomotoras. Este tipo de iniciativas además encontraron un campo favorable con los cambios políticos que se dieron en la década de 1920, ya que la rama industrial metalúrgica se vio favorecida desde esos años y con mayor fuerza a partir del decenio de 1940 por varios factores: el desarrollo de la industria siderúrgica, los planes de Ferrocarriles del Estado para aumentar su capacidad de transporte frente a la competencia carretera y las políticas de sustitución de importaciones.

EPÍLOGO, DESPUÉS DE LA EXPANSIÓN

Después del fin de la expansión, en el decenio de 1940 se buscó consolidar la red de EFE para reducir a dos tipos el ancho de las vías, de 1 m para la Red Norte (La Calera-Iquique) y de 1.67 m para la Red Sur (Valparaíso-Santiago-Puerto Montt). También se le otorgó la facultad de organizar servicios de transporte por caminos para vincular la vía férrea e incluso un servicio marítimo para trayectos regionales en el sur y la región austral. Pero también en 1939 empezó a construirse la Carretera Longitudinal de Santiago a Concepción con un ancho de 40 m y una longitud de 540 km, sin cruces a nivel con el ferrocarril, obra que se complementó con caminos de acceso mejorados y estabilizados por un total de 1 900 km.

En la década de 1950 los ferrocarriles como medio de transporte se estancaron en sus servicios y cobertura en una economía con fuertes distorsiones por la inflación y falta de correspondencia entre la asignación de recursos privados, públicos y la productividad de los proyectos. En 1956 el joven profesor de economía de la Universidad de Chicago, Arnold Harberger señaló que la justificación de subsidiar al transporte ferroviario con tarifas deficitarias como las de EFE, creaba "un sentido de cohesión dentro del país", algo "bastante interesante", pero fuera de todo cálculo económico. En el decenio de 1950 se llegó a los máximos niveles de tráfico con 14 millones de toneladas de carga transportadas, iniciándose la inexorable pérdida del monopolio terrestre al caer el número de pasajeros de 27.2 millones en 1955 a 21.8 millones en 1960. La respuesta que se dio entre 1960 y 1970 fue una modernización planificada, la dieselización completa de la red norte, la electrificación de la red sur en los tramos de mayor tráfico y la instalación de riel soldado en 1 000 km aumentando la velocidad y reduciendo los tiempos de viaje, como ocurrió con el viaje entre Santiago y Concepción que pasó de 11 a 7 horas. Pero el problema de fondo siguió siendo el alto costo de operación, las pérdidas y el aporte fiscal al presupuesto corriente sin lograr reducir el déficit y el endeudamiento.

Los cambios más profundos y definitivos para los ferrocarriles llegaron en el decenio de 1970. El gobierno socialista de Salvador Allende, entre 1971 y 1973, impulsó el equipamiento y le asignó a EFE diversas tareas para atender una economía cada vez más estatizada, estrategia acompañada de aumentos en los costos por salarios e inflación. En 1973 se habían logrado las metas básicas de 1960 con la electrificación entre Santiago y Talcahuano y la compra de locomotoras diésel. Sin embargo, los ambiciosos planes acabaron con el golpe militar del 11 de septiembre de 1973, con lo cual se rompió la trayectoria de casi un siglo de los ferrocarriles chilenos.

Las políticas neoliberales de la dictadura militar se tradujeron en privatizar y reducir el número y tareas de las empresas públicas. En octubre de 1973 se declaró a la EFE en reorganización, nombrándose un director designado por la Junta Militar de gobierno, se suprimieron servicios que se consideraban deficitarios, como el de pasajeros en la red norte, en tanto que en la red sur se cerraron ramales y en 1980 se cancelaron los servicios de carga para pequeños productores y se privilegiaron los clientes de grandes volúmenes. Lo más radical fue la reducción de personal por persecución política y motivos financieros. Entre 1974 y 1979 el personal de EFE se redujo de 25 690 a 13 081, y al finalizar la dictadura en 1990 había alrededor de 6 000 empleados concentrados en los servicios hacia el sur. Todas estas reducciones no lograron la mejora financiera, sino agravar los problemas por el gasto en despidos y jubilaciones, motivo por el cual en 1977 la EFE debió contratar un crédito avalado por el Estado para cubrir su presupuesto corriente. El aporte fiscal que en 1974 representaba 45% del gasto corriente se redujo hasta desaparecer en 1979, emprendiéndose lo que se denominó política de autofinanciamiento que acabó con la entrada del gobierno democrático en 1990. En 1987 se tomó la decisión de iniciar una privatización parcial de la EFE con la creación de empresas filiales y la venta de activos relevantes, como tramos que dejaban altos fletes en el norte en la explotación de hierro y la supresión de servicios de pasajeros entre Valparaíso y Santiago. En suma, entre 1979 y 1989 la EFE vendió activos por 100 millones de dólares, pagó intereses por un valor de 125 millones de dólares y su deuda para marzo de 1990 era de 104 millones de dólares, a la vez que redujo su red en 46.8% al pasar en 1979 de 8 095 km a 4 302 en 1990.

La transición democrática no significó una vuelta atrás, sino perfeccionar el proceso de privatización. En 1992 se promulgó la Ley Nº 19170, mediante la cual la EFE pasó a estar sujeta a las normas financieras, contables y tributarias de las sociedades anónimas abiertas, siendo sus balances y gestión revisados por firmas auditoras externas, aunque fiscalizada por la Contraloría General de la República por recibir recursos del Estado. Con esa normativa se crearon filiales para diferentes áreas de actividad, mediante la incorporación gradual de recursos y gestión privada, donde en 1993 destacó la creación del Ferrocarril del Pacífico, S.A. (Fepasa) como empresa de transporte de carga. En 1994 la EFE vendió 51% de la propiedad de Fepasa al sector privado, y en 2007 dejó de participar de su propiedad. Fepasa y otra firma, Transap (Transporte Ferroviario Andrés Pirazzoli, S.A.), en 2012 transportaron 11 millones de toneladas anuales de grandes volúmenes de productos forestales, mineros, industriales, agrícolas y de contenedores, alcanzando apenas los máximos de el decenio de 1950. En lo que se refiere a los servicios de pasajeros, éstos siguen a cargo de empresas filiales (sociedades anónimas) de la EFE que actúa como matriz del desarrollo y gestión de la infraestructura ferroviaria. La EFE movilizó durante el año 2012 una cifra de aproximadamente 30 millones de pasajeros, cercana a la de 1973.

Un sello característico de los ferrocarriles chilenos ha sido una continuidad de la participación privada y pública en la construcción y operación para atender mercados territorialmente definidos: uno primario exportador y otro agrícola y urbano. La estatización avanzó cuando acabó la expansión de los ferrocarriles salitreros sin desplazar completamente la propiedad privada, que se mantuvo en su reducto del norte del país transportando minerales de exportación y artículos de importación. Mientras tanto, la cobertura estatal se fue implantando en el territorio del centro y sur, con ramificaciones económicas, institucionales y laborales cuyo desmontaje sólo fue posible por la continuidad de políticas neoliberales, que entre 1973 y 1993 acabaron con un siglo de integración ferroviaria nacional. Su resultado ha sido volver al origen de la implantación del ferrocarril, definiéndose las redes de acuerdo con los ciclos exportadores, las concentraciones demográficas y los recursos naturales en explotación.

BIBLIOGRAFÍA

Alliende, Piedad (2001), "La construcción de los ferrocarriles en Chile, 1850-1913", *Revista Austral de Ciencias Sociales*, núm. 5, pp. 143-161.

———— (1993), *Historia del ferrocarril en Chile*, Santiago, Goethe Institut-Pehuén.

Almonacid-Zapata, Fabián (2011), "Transporte ferroviario y mercado agropecuario en Chile, 1930-1960", *Historia Agraria*, núm. 53, abril, pp. 97-128.

Arrizaga, Carlos, Tristán Gálvez y Ramón Silva (1980), *Desarrollo del transporte ferroviario en Chile*, Santiago, Universidad de Chile.

Aycart Luengo, Carmen (1998), "Los ferrocarriles de Bolivia, Perú y Chile, una aproximación a la historia de los Andes entre 1850 y 1995", en Sanz Fernández (coord.).

Barría Traverso, Diego (2008), "Continuista o rupturista, radical o sencillísima: la reorganización de ministerios de 1887 y su discusión político-administrativa", *Historia*, vol. 41, núm. I, enero-junio, pp. 5-42.

Blakemore, Harold (1990), *From the Pacific to La Paz: The Antofagasta and Bolivia Railway Company, 1888-1988*, Londres, Antofagasta Holdings PLC–Lester Crook Academic Publishers.

Braun, Juan, Matías Braun, Ignacio Briones y José Díaz (2000), "Economía chilena 1810-1995. Estadísticas históricas", documento de trabajo núm. 187, Santiago, Pontificia Universidad Católica de Chile.

Brown, Robert, y Carlos Hurtado (1963), *Una política de transportes para Chile*, Santiago, Universidad de Chile.

Cáceres Muñoz, Juan (2004), "Los obstáculos al crecimiento local: Estado nacional, infraestructura caminera y poder rural en Colchagua durante el siglo XIX", *Mapocho*, núm. 55, pp. 61-70.

Gross, Patricio (1998), "Desarrollo urbano y Ferrocarril del Sur: 1860-

1960. Impacto en ciudades y pueblos de la Red", Documentos Serie Verde núm. 4. Santiago, Pontificia Universidad Católica de Chile.

Guajardo, Guillermo (2011), "Mecánicos, empresarios e ingenieros en los orígenes de la industria de material ferroviario de Chile, 1850-1920", *Revista de la Historia de la Economía y de la Empresa*, Bilbao, núm. v, pp. 119-148.

—— (2010), "Raúl Simon Bernard (1893-1969): ingeniería y Estado en Chile", en Simon Bernard (coord.), pp. ix-xxxviii.

—— (2007), *Tecnología, Estado y ferrocarriles en Chile, 1850-1950*, Madrid–México, Fundación de los Ferrocarriles Españoles–UNAM.

Harberger, Arnold (2000), "Memorándum sobre la economía chilena", *Estudios Públicos*, núm. 77, pp. 399-418.

Martinic, Mateo (2005), "Ferrocarriles en la zona austral de Chile, 1869-1973", *Historia*, vol. 38, núm. 1, pp. 367-395.

Ramírez Caballero, Apolonia (1993), *Empresa de FFCC del Estado. Un caso de privatización en democracia*, Santiago, Programa de Economía del Trabajo.

Sanfuentes, Andrés (1987), "La deuda pública externa de Chile entre 1818 y 1935", Santiago, Notas Técnicas Cieplan núm. 96.

Sanz Fernández, Jesús (coord.) (1998), *Historia de los ferrocarriles de Iberoamérica (1837-1995)*, Madrid, Ministerio de Fomento.

Simon Bernard, Raúl (coord.) (2010), *La situación económico-política de los Ferrocarriles del Estado*, Santiago, Biblioteca Fundamentos de la Construcción de Chile–Cámara Chilena de la Construcción–Pontificia Universidad Católica de Chile–Biblioteca Nacional.

Soto, Raimundo (2010), "End of the Line: Railroads in Chile", Documento de Trabajo núm. 391, Santiago, Pontificia Universidad Católica de Chile.

Thomson, Ian (2005), "La Nitrate Railways Co. Ltd.: la pérdida de sus derechos exclusivos en el mercado del transporte de salitre y su respuesta a ella", *Historia*, vol. 38, núm. 1, pp. 85-112.

—— (2001), "Los beneficios privados y sociales de inversiones en infraestructura: una evaluación de un ferrocarril del siglo xix y una comparación entre ésta y un caso del presente", Documento núm. 23, Santiago, CEPAL.

Thomson, Ian, y Dietrich Angerstein (1997), *Historia del ferrocarril en Chile*, Santiago, Dirección de Bibliotecas, Archivos y Museos.

Vergara, Felipe (2003), *Rieles y durmientes, una vía al progreso. Antecedentes de la organización social y económica de la Empresa de FFCC del Estado, Valparaíso, Santiago (1852-1875)*, Valparaíso, Editorial Puntángeles–Universidad de Playa Ancha.

Zeitlin, Maurice (1984), *The Civil Wars in Chile (on the bourgeois revolutions that never were)*, Princeton, Princeton University Press.

APÉNDICE

UN SIGLO DE INDICADORES DE LOS FERROCARRILES LATINOAMERICANOS, 1870-1970

	1870						
	México	Cuba	Colombia	Perú	Brasil	Uruguay	Argentina
RED FERROVIARIA							
Extensión (km)	572	1319	107	669	745	20	732
km de vía × 1 000 km² de territorio	0.3	11.9	0.1	0.5	0.1	0.1	0.3
km de vía × 1 000 habitantes		0.9		0.3	0.1	0.1	0.4
OPERACIÓN							
Pasajeros transportados (miles)	724	3843			1184	777	1949
Pasajeros-km transportados (miles)						40	
Miles de pasajeros-km por km de vía							
Distancia media recorrida (pasajeros)							275
Carga transportada (miles de ton)	150				301	402	
ton-km transportadas (miles)	15000					20	
Miles de ton-km por km de vía							
Distancia media recorrida (carga)	100						
DESEMPEÑO							
Distribución de los ingresos por servicio:							
Pasajeros (porcentaje)	26						
Carga (porcentaje)	74						
Coeficiente de explotación (porcentaje)					47	164	54
Ingresos como porcentaje de PIB						0.06	
EQUIPAMIENTO							
Equipo motriz (número de locomotoras)		176					
Equipo carga*		2379					
Equipo pasajeros**		275					
EMPLEO							
Número de trabajadores							
Trabajadores por km de línea							

continúa 1880 →

	1880							
	México	Cuba	Colombia	Perú	Brasil	Uruguay	Argentina	Chile
RED FERROVIARIA								
Extensión (km)	1079	1418	107	2030	6930	358	2516	1777
km de vía × 1 000 km² de territorio	0.5	12.9	0.1	1.6	0.8	2.0	0.9	0.9
km de vía × 1 000 habitantes	0.1	0.9		0.8	0.5	0.8	1.1	1.1
OPERACIÓN								
Pasajeros transportados (miles)	1018						2752	
Pasajeros-km transportados (miles)					3789	7381		985 077
Miles de pasajeros-km por km de vía					1	21		554
Distancia media recorrida (pasajeros)								
Carga transportada (miles de ton)	250				958		773	
ton-km transportadas (miles)	34 250					11 813		
Miles de ton-km por km de vía	32					33		
Distancia media recorrida (carga)	137							
DESEMPEÑO								
Distribución de los ingresos por servicio:								
Pasajeros (porcentaje)	25							
Carga (porcentaje)	75							
Coeficiente de explotación (porcentaje)					52	59	50	
Ingresos como porcentaje de PIB						0.88		
EQUIPAMIENTO								
Equipo motriz (número de locomotoras)								120
Equipo carga*								2 269
Equipo pasajeros**								135
EMPLEO								
Número de trabajadores								
Trabajadores por km de línea								

			1890					
	México	Cuba	Colombia	Perú	Brasil	Argentina	Uruguay	Chile
RED FERROVIARIA								
Extensión (km)	9717	1673	282	1599	9973	9432	1133	2747
km de vía × 1 000 km² de territorio	4.9	15.2	0.2	1.2	1.17	3.4	6.4	3.6
km de vía × 1 000 habitantes	0.8	1.0		0.5	0.7	2.62	1.6	
OPERACIÓN								
Pasajeros transportados (miles)	5410			2556		11792	577	3582
Pasajeros-km transportados (miles)				34506			23543	
Miles de pasajeros-km por km de vía				22			21	
Distancia media recorrida (pasajeros)				14			41	
Carga transportada (miles de ton)	2734			442		5421		
ton-km transportadas (miles)	667096			19294			37677	
Miles de ton-km por km de vía	69			12			33	
Distancia media recorrida (carga)	244			44				
DESEMPEÑO								
Distribución de los ingresos por servicio:								
Pasajeros (porcentaje)	24			43				
Carga (porcentaje)	76			57				
Coeficiente de explotación (porcentaje)						70	62	
Ingresos como porcentaje de PIB							1.83	
EQUIPAMIENTO								
Equipo motriz (número de locomotoras)						1065		188
Equipo carga*						30840		237
Equipo pasajeros**						1522		3497
EMPLEO								
Número de trabajadores						23513		
Trabajadores por km de línea						2.5		

continúa 1900 →

	1900					
	México	Cuba	Perú (1904)	Brasil	Uruguay	Argentina
RED FERROVIARIA						
Extensión (km)	13585	1792	2043	13005	1726	16563
km de vía × 1000 km² de territorio	7.0	16.2	1.6	1.5	10.0	6.0
km de vía × 1000 habitantes	6.92	1.13	0.6		1.97	3.52
OPERACIÓN						
Pasajeros transportados (miles)	10709	2290	6134			18296
Pasajeros-km transportados (miles)			74493		32583	731856
Miles de pasajeros-km por km de vía			36		19	44
Distancia media recorrida (pasajeros)			12			40
Carga transportada (miles de ton)	7523		864			10335
ton-km transportadas (miles)	1978549		62406		79127	2149589
Miles de ton-km por km de vía	146		31		46	130
Distancia media recorrida (carga)	263		72			208
DESEMPEÑO						
Distribución de los ingresos por servicio:						
Pasajeros (porcentaje)	22					
Carga (porcentaje)	78					
Coeficiente de explotación (porcentaje)					65	60
Ingresos como porcentaje de PIB					1.73	
EQUIPAMIENTO						
Equipo motriz (número de locomotoras)		282				1245
Equipo carga*		5947				35165
Equipo pasajeros**		285				1412
EMPLEO						
Número de trabajadores						43486
Trabajadores por km de línea						2.8

	México	Cuba	Colombia	Brasil	Uruguay	Argentina	Chile
RED FERROVIARIA							
Extensión (km)	19 797	3 699	988	21 326	2 373	27 994	5 944
km de vía × 1 000 km^2 de territorio	9.9	33.6	0.9	2.5	13.5	10.1	7.9
km de vía × 1 000 habitantes	1.3	1.7		0.9	2.1	4.13	
OPERACIÓN							
Pasajeros transportados (miles)		8 710		37 297	1 492	59 771	13 735
Pasajeros-km transportados (miles)	1 060 444			920 582	78 680	2 293 838	
Miles de pasajeros-km por km de vía	54			43	33	82	
Distancia media recorrida (pasajeros)				25	53	38	
Carga transportada (miles de ton)	14 072	9 068		7 116		25 103	
ton-km transportadas (miles)	4 165 312			968 914	217 840	6 424 161	
Miles de ton-km por km de vía	210			45	92	229	
Distancia media recorrida (carga)	296			136		256	
DESEMPEÑO							
Distribución de los ingresos por servicio:							
Pasajeros (porcentaje)	20					30	
Carga (porcentaje)	80					65	
Coeficiente de explotación (porcentaje)	63				57	60	
Ingresos como porcentaje de PIB	3.22				2.37		
EQUIPAMIENTO							
Equipo motriz (número de locomotoras)		447		1 280		3 098	
Equipo carga*		11 698		16 082		74 101	
Equipo pasajeros**		455		1 551		2 544	
EMPLEO							
Número de trabajadores	28 490			45 869		107 162	
Trabajadores por km de línea	1.1			2.2		4.0	

continúa 1930 →

				1930				
	México	*Cuba*	*Colombia*	*Perú*	*Brasil*	*Uruguay*	*Argentina*	*Chile*
RED FERROVIARIA								
Extensión (km)	23345	5214	3262	4522	32478	2745	38120	8937
km de vía × 1 000 km² de territorio	11.7	47.4	2.9	3.5	3.8	15.6	13.7	11.8
km de vía × 1 000 habitantes	1.4	1.3		0.8	0.9	1.6	3.19	
OPERACIÓN								
Pasajeros transportados (miles)	20943	16305	9385	5881	148271	4078	170053	
Pasajeros-km transportados (miles)	1448013			225842	4396539	151353	4344335	
Miles de pasajeros-km por km de vía	62			50	135	55	114	
Distancia media recorrida (pasajeros)	69		3	38	30	37	26	48
Carga transportada (miles de ton)	13387	16336		3045	19633	1464	34778	
ton-km transportadas (miles)	4042874			205567	3690055	285255	11166242	
Miles de ton-km por km de vía	173			45	114	104	293	
Distancia media recorrida (carga)	302			68	188	195	321	159
DESEMPEÑO								
Distribución de los ingresos por servicio:								
Pasajeros (porcentaje)	21					21	28	
Carga (porcentaje)	68					79	66	
Coeficiente de explotación (porcentaje)	89					70	79	
Ingresos como porcentaje de PIB	3.43					1.44		
EQUIPAMIENTO								
Equipo motriz (número de locomotoras)	1623	664		177	3417		4132	
Equipo carga*	20268	18536		2292	45042		95793	
Equipo pasajeros**	899	750		262	3680		3693	
EMPLEO								
Número de trabajadores	45561				121078		148717	38526
Trabajadores por km de línea	1.4				3.7		3.9	4.3

	1950							
	México	Cuba	Colombia	Perú	Brasil	Uruguay	Argentina	Chile
RED FERROVIARIA								
Extensión (km)	23 332	5 344	3 500	3 097	36 681	2 852	42 865	8 503
km de vía × 1 000 km² de territorio	11.7	48.6	3.1	2.4	4.3	16.2	15.4	11.2
km de vía × 1 000 habitantes	0.9	1.0		0.4	0.7	1.3	2.53	
OPERACIÓN								
Pasajeros transportados (miles)	32 419	15 889		5 387	342 709	9 224	490 986	3 424
Pasajeros-km transportados (miles)	3 024 631		16 067	241 113	10 093 164	469 641	13 256 646	84 193 038
Miles de pasajeros-km por km de vía	130		5	78	275	165	309	9 902
Distancia media recorrida (pasajeros)	101			45	29	51	27	88
Carga transportada (miles de ton)	23 002	25 566		3 630	39 334	1 898	32 848	11 738
ton-km transportadas (miles)	8 395 730			403 194	8 282 592	393 316	16 119 749	482 060
Miles de ton-km por km de vía (carga)	360			130	226	138	376	57
Distancia media recorrida (carga)	365			111	211	207	491	155
DESEMPEÑO								
Distribución de los ingresos por servicio:								
Pasajeros (porcentaje)	16					29		
Carga (porcentaje)	84					71		
Coeficiente de explotación (porcentaje)	102					118	127	
Ingresos como porcentaje de PIB	1.68					0.87		
EQUIPAMIENTO								
Equipo motriz (número de locomotoras)	1 229			174	3 963			1 122
Equipo carga*	20 756			3 176	60 940			18 407
Equipo pasajeros**	1 127			205	5 081			1 306
EMPLEO								
Número de trabajadores	57 487				196 875	10 482	188 568	24 805
Trabajadores por km de línea	2.5				5.4	3.7	4.4	2.9

continúa 1970 →

	México	Cuba	Colombia	Brasil	Argentina	Uruguay	Chile
RED FERROVIARIA							
Extensión (km)	24 468	5 268	3 431	29 625	39 905	3 005	
km de vía × 1 000 km² de territorio	12.2	47.9	3.0	3.5	14.4	17.1	
km de vía × 1 000 habitantes	0.5	0.6			1.69	1.1	
OPERACIÓN							
Pasajeros transportados (miles)	37 399	13 005	2 954	332 410	439 805	7 797	
Pasajeros-km transportados (miles)	4 534 279			12 358 000		491 201	
Miles de pasajeros-km por km de vía	185		1	417		163	
Distancia media recorrida (pasajeros)	121					63	107
Carga transportada (miles de ton)	46 784	11 735		49 666	22 123	1 121	
ton-km transportadas (miles)	22 877 376			17 553 799	13 371 000	295 387	
Miles de ton-km por km de vía	935			593	335	98	
Distancia media recorrida (carga)	489				617	264	150
DESEMPEÑO							
Distribución de los ingresos por servicio:							
Pasajeros (porcentaje)	9					30	
Carga (porcentaje)	91					70	
Coeficiente de explotación (porcentaje)	152				146	253	
Ingresos como porcentaje de PIB	0.57				2.37	0.004	
EQUIPAMIENTO							
Equipo motriz (número de locomotoras)	1 075			1 839	1 073		
Equipo carga*	26 856	8 955		54 351	53 960		
Equipo pasajeros**	1 010			4 037	1 672		
EMPLEO							
Número de trabajadores	92 338			171 071	145 460	9 689	
Trabajadores por km de línea	3.8				3.6	3.2	

Notas: los países se colocan en el orden de aparición de los capítulos. El único país de las Antillas para el que se dispone de información es Cuba.

Solamente se incluyen en cada año los países para los cuales se dispone de datos.

* Suma de furgones, plataformas, góndolas y jaulas, tanques y otros.

** Suma de coches de primera y segunda clases.

Notas por país

México: los datos para 1870 corresponden a 1873. El número de trabajadores en 1910 y 1930 corresponde sólo a los Ferrocarriles Nacionales de México.

Cuba: los datos de pasajeros transportados en 1900 corresponden a 1899. A partir de 1930 el kilometraje incluye las vías industriales que brindan servicio público.

Brasil: los datos anteriores a 1935 no incluyen la totalidad de las empresas ferroviarias, sino solamente las pertenecientes al gobierno nacional o fiscalizadas por él. Los datos de carga transportada total y por km anteriores a 1950 no incluyen animales.

Chile: datos de pasajeros y equipo para 1880 y 1890 corresopnden sólo a ferrocarriles del Estado. Cifras de empleados de 1930 corresponden a 1925.

REFERENCIAS DEL APÉNDICE

México

Calderón, Francisco (1965), "Los ferrocarriles", en D. Cosío Villegas (coord.), *Historia moderna de México*, t. I, *El Porfiriato, la vida económica*, México, Hermes.

Coatsworth, John H. (1984), *El impacto económico de los ferrocarriles en el Porfiriato. Crecimiento contra desarrollo*, México, Era.

González Roa, Fernando (1975), *El problema ferrocarrilero y la Compañía de los Ferrocarriles Nacionales de México*, 2ª ed., México, Ediciones de la Liga de Economistas Revolucionarios de la República Mexicana.

INEGI (2000), *Estadísticas históricas de México*, 2 t., México, INEGI–INAH.

Islas Rivera, Víctor (1990), *Estructura y desarrollo del sector transporte en México*, México, El Colegio de México.

López Pardo, Gustavo (1997), *La administración obrera de los Ferrocarriles Nacionales de México*, México, UNAM–El Caballito.

Ortiz Hernán, Sergio (1987), *Los ferrocarriles de México: una visión social y económica*, 2 t., México, Ferrocarriles Nacionales de México.

Cuba

Abad, Luis V. de (1953), *Estadísticas y análisis de los ferrocarriles cubanos*, La Habana, Mercantil.

Anuario Estadístico de Cuba, 1973, 1980, 1990 y 2000.

Cuba, Comisión de Ferrocarriles, *Memorias*, 1910-1911, 1920-1921 y 1930-1931.

Cuba, Comisión Nacional de Transportes (s.f.), *Memorias*, 1949-1950.

Santamaría, A. (1998), "Los ferrocarriles en las Antillas españolas", en J. Sanz Fernández (coord.), *Historia de los ferrocarriles en Iberoamérica (1837-1995)*, Madrid, Fundación de los Ferrocarriles Españoles.

Zanetti, O., y A. García (1987), *Caminos para el azúcar*, La Habana, Editorial de Ciencias Sociales.

Colombia

Poveda, Gabriel (2010), *Carrileras y locomotoras*, Medellín, Fondo Editorial Universidad Eafit.

Perú

INEI (2001), *Compendio Estadístico 2001*, Lima, INEI.

Ministerio de Hacienda y Comercio (1931), *Extracto estadístico del Perú,1929-1930*, Lima, Imprenta Americana.

—— (1935), *Extracto estadístico del Perú, 1950*, Lima, Imprenta Americana.

—— (1969), *Anuario estadístico del Perú, 1966*, Lima.

Zegarra, L.F. (2013), "Transportation Costs and the Social Savings of Railroads in Latin America. The case of Peru", *Journal of Iberian and Latin American Economic History*, vol. 31, núm.1, pp. 41-72.

Brasil

IBGE (1990), *Estadísticas históricas do Brasil. Séries econômicas, demográficas e sociais (1550-1988)*, Río de Janeiro, IBGE.

Uruguay

Anuarios estadísticos de la República Oriental del Uruguay (1884-2010), Montevideo, Dirección General de Estadísticas.

Base de datos del Instituto de Economía, Facultad de Ciencias Económicas y de Administración, Universidad de la República. "Las empresas públicas en el Uruguay". <*http://www.iecon.ccee.edu.uy/base-de-datos-area-de-historia-economica/contenido/32/es/*>.

Díaz, Gastón (2014), "La inversión ferroviaria en Uruguay antes de 1914: rentabilidad privada, subsidios e impacto económico", tesis de maestría, Montevideo, Facultad de Ciencias Sociales, Universidad de la República.

Argentina

Instituto de Estudios Económicos del Transporte (1946), *Estadísticas de los Ferrocarriles argentinos. Ejercicio 1944-45. 1º de Julio 1944 – 30 de Junio de 1945*, Buenos Aires.

López, Mario Justo (h), y Jorge E. Waddell (2007), *Nueva historia de los ferrocarriles argentinos*, Buenos Aires, Lumière.

Poder Ejecutivo Nacional, Secretaría de Transportes, Empresa Ferrocarriles del Estado Argentino (1961), *Memoria, 1960/61*, Buenos Aires.

República Argentina, Dirección General de Ferrocarriles (1892-1943), *Estadísticas de los ferrocarriles en explotación*, Buenos Aires.

República Argentina, Ministerio de Obras y Servicios Públicos, Grupo de Planeamiento de Transportes (1962), *Transportes argentinos, Plan de largo alcance*, Buenos Aires.

Chile

Braun, Juan, Matías Braun, Ignacio Briones y José Díaz (2000), "Economía chilena 1810-1995. Estadísticas históricas", documento de trabajo núm. 187, Santiago, Pontificia Universidad Católica de Chile.

Olayo López, José (…), *Jeneralidades de Chile i sus ferrocarriles en 1910*, Santiago, Soc. Imprenta.

Servicio Nacional de Estadística (1954), *Comercio interior y comunicaciones año 1950*, Santiago, Gutenberg.

LOS AUTORES

Juan Santiago Correa

Economista y doctor en Sociología Jurídica e Instituciones Políticas de la Universidad Externado; magíster en Historia de la Universidad Javeriana. Actualmente se desempeña como secretario general y director de Investigación en el Colegio de Estudios Superiores de Administración. Es autor de los libros *Los caminos de hierro: ferrocarriles y tranvías en Antioquia*; *Moneda y nación: del federalismo al centralismo económico (1850-1922)*; *The Panama Railroad Company o cómo Colombia perdió una nación*; *Trenes y puertos en Colombia: el ferrocarril de Bolívar (1865-1941)*, y *Café y ferrocarriles en Colombia: los trenes santandereanos (1869-1990)*, entre otros. Correo electrónico: <*juansc@cesa.edu.co*>.

Gastón Díaz

Recibió un título de Bachelor's of Arts con especialización en Economía de la University of Illinois - Chicago en 2007. En 2014 completó una maestría en Historia Económica en la Facultad de Ciencias Sociales, Universidad de la República (Udelar), en Uruguay, y comenzó un doctorado en Historia Económica en la misma institución. Se desempeña como investigador en el Programa de Historia Económica y Social de la FCS-Udelar y en el Instituto de Economía de la Facultad de Ciencias Económicas y de Administración de la Udelar. Aparte de estudiar historia ferroviaria, su investigación se ha enfocado en el área de banca y finanzas. Correo electrónico: <*gastonymous@yahoo.com*>.

GUILLERMO GUAJARDO SOTO

Doctor y maestro en Estudios Latinoamericanos por la UNAM e historiador por la Universidad de Chile. Investigador titular de tiempo completo definitivo en el Centro de Investigaciones Interdisciplinarias en Ciencias y Humanidades (CEIICH) de la Universidad Nacional Autónoma de México (UNAM), adscrito al Programa de Investigación Ciencia y Tecnología en donde coordina la investigación "Tecnologías, organizaciones e infraestructuras para la innovación y la movilidad: un enfoque histórico interdisciplinario". Profesor y tutor en los posgrados de Estudios Latinoamericanos, Administración, Economía e Historia. Investigador nivel II del Sistema Nacional de Investigadores. Es coordinador de la Red Interdisciplinaria sobre Empresas y Servicios Públicos, miembro fundador de la Asociación Mexicana de Historia Económica y miembro titular de la Academia de Ciencias Administrativas. Sus temas de interés son relaciones internacionales en América Latina, historia económica, cambio tecnológico, infraestructura y empresas públicas. Cuenta con más de 100 publicaciones arbitradas y ha presentado un número similar de ponencias y conferencias en México y el extranjero. Correo electrónico: *<guillermo.guajardo@unam.mx>*.

SANDRA KUNTZ FICKER

Nació en Torreón, Coah. Licenciada en Sociología (UNAM), doctora en Historia (El Colegio de México), y especialista en Teoría Económica (UNAM). Desde 2003 es profesora-investigadora de El Colegio de México. Ha sido profesora o investigadora invitada en las universidades de Chicago, California en San Diego, Texas en Austin y Stanford, así como en la Hoover Institution de esa misma universidad. Actualmente es presidenta de la Asociación Mexicana de Historia Económica (AMHE) y coeditora de la *Revista de Historia Económica – Journal of Iberian and Latin American Economic History*. Asimismo es miembro del SNI, nivel III. Ha escrito o coordinado más de una docena de libros y publicado más de 50 artículos y capítulos de libro. Es autora, entre otros libros, de *Las exportaciones mexicanas durante la primera globalización, 1870-1929* (El Colegio de México, 2010), así como de *El comercio exterior de México en la era del capitalismo liberal (1870-1929)* (2007). Entre los libros que ha coordinado se encuentra la *Historia económica general de México. De la colonia a nuestros días* (El Colegio de México, 2010). Correo electrónico: *<skuntz@colmex.mx>*.

MARIA LÚCIA LAMOUNIER
Licenciada en Ciencias Sociales por la Universidade Federal de Minas Gerais (1981), maestra en Historia por la Universidade Estadual de Campinas (1986), y doctora en Historia Económica por la London School of Economics/University of London (1993). Actualmente es profesora asociada de la Facultad de Economía, Administración y Contabilidad de Ribeirão Preto, de la Universidade de São Paulo (USP) y profesora orientadora (maestría y doctorado) en el Programa Interunidades em Integração de América Latina (Prolam), de la Universidade de São Paulo. Posee experiencia de investigación en el área de Historia Económica y Social, con énfasis en la historia de Brasil en el siglo XIX, en particular en los siguientes temas: esclavitud, inmigración, transición, abolición, trabajo y ferrocarriles. Publicó *Formas da transição da escravidão ao trabalho livre: a lei de locação de serviços de 1879* (1986), Campinas, Papirus, y *Ferrovias e mercado de trabalho no Brasil do século XIX* (2012), São Paulo, Edusp. Correo electrónico: *<lucialamounier@fearp.usp.br>*.

ANDRÉS M. REGALSKY
Profesor en Historia (Universidad de Buenos Aires-UBA) y doctor en Historia (Université de Paris I-Panthéon/Sorbonne), se desempeña como profesor de grado y posgrado en la Universidad Nacional de Luján (UNLU) y en la Universidad Nacional de Tres de Febrero (Untref). Es investigador principal del Consejo Nacional

de Investigaciones Científicas y Técnicas-Conicet, con sede en el Instituto Torcuato Di Tella; miembro fundador del Centro de Estudios Económicos de la Empresa y el Desarrollo (UBA) y del Instituto de Estudios Históricos (Untref), del cual ha sido director; miembro del comité editorial de diversas revistas científicas, y ha sido presidente y vicepresidente de la Asociación Argentina de Historia Económica. Entre sus libros ha publicado *Las inversiones extranjeras en la Argentina*, *Mercados, inversores y élites*, y *Estudios sobre la historia de los ferrocarriles argentinos*, así como numerosos artículos y capítulos sobre transportes, servicios públicos y bancos en la segunda mitad del siglo XIX y primera mitad del siglo XX. Correo electrónico: *<regalsky@utdt.edu>*.

ELENA SALERNO
Profesora de Historia (1980) por el Instituto Nacional Superior del Profesorado de la Ciudad de Buenos Aires, licenciada en Historia por la Universidad Nacional de Luján (provincia de Buenos Aires, Argentina) y maestra en Historia por la Universidad Nacional de Tres de Febrero (Caseros, Argentina), donde comenzó el doctorado en Historia. Profesora investigadora en la Universidad Nacional de Tres de Febrero y miembro del Instituto de Estudios Históricos, donde participa del proyecto de investigación dirigido por el Dr. Regalsky de la misma Universidad. Con anterioridad, formó parte de equipos de investigación en la Universidad Nacional de Luján. Publicó *Los comienzos del Estado empresario: La Administración General de los Ferrocarriles del Estado (1910-1928)* Buenos Aires, Facultad de Ciencias Económicas, Universidad de Buenos Aires, 2003; "La evolución y los problemas de los Ferrocarriles del Estado durante la primera mitad del siglo XX" en Mario J. López y Jorge E. Waddell (comps.), *Nueva historia del ferrocarril en la Argentina. 150 años de política ferroviaria*, Buenos Aires, Lumière, 2007, pp. 395-437; así como artículos y capítulos en libros colectivos. Correo electrónico: *<elenasalerno@arnet.com.ar>*.

Oscar Zanetti Lecuona

Nacido en La Habana (1946). Doctor en Ciencias Históricas. Académico de número de la Academia de la Historia de Cuba y académico de mérito de la Academia de Ciencias de Cuba. Premio Nacional de Ciencias Sociales y Humanísticas 2011 y Premio Nacional de Historia 2014. Sus trabajos en el campo de la historia económica de Cuba, así como sobre historiografía y métodos de investigación históricas han dado lugar a una decena de libros y otras numerosas publicaciones. *Caminos para el azúcar*, realizado en colaboración con Alejandro García, recibió el premio "Elsa Goveia" de la Asociación de Historiadores del Caribe. En 1998 su ensayo *Comercio y poder* obtuvo el premio Casa de las Américas. Entre sus publicaciones más recientes figuran *Esplendor y decadencia del azúcar en las Antillas hispanas*, La Habana, Ruth Casa Editorial y Editorial de Ciencias Sociales, 2012, e *Historia mínima de Cuba*, El Colegio de México, 2013. Correo electrónico: <ozanetti@cubarte.cult.cu>.

Luis Felipe Zegarra

Doctor en Economía por la Universidad de California en Los Ángeles (UCLA). Actualmente es profesor de Economía de CENTRUM Católica, la Graduate Business School de la Pontificia Universidad Católica del Perú. En los últimos años ha publicado varios artículos sobre desarrollo económico y economía histórica, tales como "Bank Laws, Economic Growth and Early Banking in Latin America: 1840-1920" (*Explorations in Economic History*), "Women and Credit in Peru during the Guano Era. Was There Gender Discrimination in the Mortgage Credit Market of Peru?", "Transportation Costs and the Social Savings of Railroads in Latin America. The Case of Peru", y "Transport Costs and Economic Growth in a Backward Economy: The Case of Peru, 1820-1920" (los tres en *Journal of Iberian and Latin American Economic History*), "Free Banking and Banking Stability in Peru" (*The Quarterly Journal of Austrian Economics*), entre otros. Correo electrónico: <lfzegarrab@pucp.edu.pe>.

Historia mínima
de la expansión ferroviaria en América Latina
se terminó de imprimir en octubre de 2015,
en los talleres de Gráfica Premier, S.A. de C.V.,
5 de febrero 2309, Col. San Jerónimo Chicahualco,
52170 Metepec, Estado de México.
Portada de Pablo Reyna.
Composición tipográfica y formación:
Socorro Gutiérrez, en Redacta, S.A. de C.V.
Cuidó la edición la coordinadora.